技师学院发展研究

陈　伟　李兴军　著

科　学　出　版　社

北　京

内 容 简 介

本书基于"大力发展技工教育""将符合条件的技师学院纳入高等学校序列"的政策契机，以梳理技工学校历经百余年进化而逐渐形成的鲜明办学特色和独特优势为基础，针对技工学校中最高层次的办学机构——技师学院，考证其历史的发展源流、梳理其现实的升格转型实践，探究其面向未来的战略管理、面向现实的发展策略，从而在"历史—现实""发展战略—发展策略"分析框架中，展示技师学院的已有发展状态，揭示其未来发展可能。

本书可作为职业教育研究者的学术参考用书，也可作为技工教育管理者、技师学院办学者的培训教材。

图书在版编目（CIP）数据

技师学院发展研究 / 陈伟，李兴军著. -- 北京：科学出版社，2025.1.
ISBN 978-7-03-079680-6

Ⅰ. G718.1

中国国家版本馆 CIP 数据核字第 2024HP8105 号

责任编辑：彭婧煜　乔艳茹 / 责任校对：姜丽策
责任印制：徐晓晨 / 封面设计：义和文创

科 学 出 版 社 出版
北京东黄城根北街 16 号
邮政编码：100717
http://www.sciencep.com
北京华宇信诺印刷有限公司印刷
科学出版社发行各地新华书店经销
＊

2025 年 1 月第 一 版　开本：720×1000　1/16
2025 年 1 月第一次印刷　印张：16 1/4
字数：324 000
定价：148.00 元
（如有印装质量问题，我社负责调换）

目　　录

绪　　论

中国的技工教育，目前是由人力资源和社会保障部主管，是与教育部主管、由"中职—专科层次高职①—本科职业教育—专业学位研究生教育"所构成的职业教育子系统同时存在、彼此相对独立地运行的职业教育子系统，主要包括"技工学校—高级技工学校—技师学院"等层次依次递升的技工院校，依次培养"中级工—高级工—预备技师"。《技工教育"十三五"规划》（人社部发〔2016〕121 号）在"规范技工院校学制"部分，对两大职业教育子系统之间的对应关系做出了如下规定："技工院校招收初中毕业生，培养中级工、高级工、预备技师的学制教育期限分别为 3 年、5 年、6 年。高级技工学校、技师学院招收高中毕业生，培养高级工、预备技师的学制教育期限分别为 3 年、4 年。高级技工学校、技师学院招收对口专业中等职业学校（包括技工学校）达到中级技能水平学生，培养高级工、预备技师的学制教育期限分别为 2 年、3 年。技师学院招收达到高级技能水平学生，培养预备技师、技师的学制教育期限分别不少于 1 年、2 年。技工院校中级工班、高级工班、预备技师（技师）班毕业生分别按相当于中专、大专、本科学历落实相关待遇。"

技工教育，是中国特色职业教育体系的重要组成部分。在民族危难之时发轫，在社会主义建设和改革开放之中发展，在民族复兴之路上蓬勃，中国技工教育画出了一条从无到有、从弱到强的历史轨迹。技工教育的发展，既是近代中国学习和借鉴西方，特别是苏联的计划经济体制和职业教育体制的重要产物，也是中国经济、社会、教育发展和政府管理变革过程中的重要创新。在一个半世纪波澜壮阔的历史进程中，中国技工教育始终同民族解放、国家富强、人民幸福紧密联系在一起，培养了众多技能英才，谱写了壮美华丽的乐章②。

技工教育所面临的重大发展难题是，由于各级技工院校的毕业证书的社

---

① 目前中国的高等职业教育机构有专科层次的高等职业技术学院（简称高职）和本科层次的职业技术大学。高等专科学校（简称高专）与专科层次的高等职业技术学院属同一办学层次；为简便起见，下文中的"高职"都包括高职和高专两类学校；但考虑到某些语境下行文的严谨性，会酌情使用"高职（高专）"概念。

② 崔秋立. 向图强而生秉复兴而行——中国技工教育诞生 150 周年综述[J]. 中国培训, 2018(8): 6-8.

会声誉过低，它只能转而以其毕业生所获得的职业资格（技能等级）证书，与教育系统（即教育部所辖系统，下同）所主管的职业院校的毕业证书相对应；更大的困难在于，由人力资源和社会保障部所做出的"技工院校中级工班、高级工班、预备技师（技师）班毕业生分别按相当于中专、大专、本科学历落实相关待遇"政策规定，并没有得到劳动力市场的全面认可，也没有得到教育系统的认可。在教育部发布的历年教育事业发展统计公报中，技工教育常被纳入中等职业教育的统计范围，近年来又专门指明不再包括。随着经济社会发展，技工院校已发展并稳定为技工学校、高级技工学校、技师学院三种办学层次（注：本书在表述三种层次时，一般统称为"技工院校"；在叙述历史进程时，根据时段，分别表述；在单列技师学院问题时，仅称呼"技师学院"）。其中，技师学院的办学层次及其在中国学制体系中的定位，尤其没有得到应有的明晰和尊重，存在着波动性、不确定性、复杂性和模糊性等特征。具体而言，一方面，国家层面的政策逐渐认可技师学院的高等教育属性，日益鼓励把符合条件的技师学院纳入高等学校序列，多次写入规划并载入新修订通过的《中华人民共和国职业教育法》（简称《职业教育法》）。另一方面，从国内实践情况看，技师学院纳入高等学校序列的政策要求尚未得到全面落实且各省（自治区、直辖市）的落实进度并不平衡，仍是一个具体内涵有待梳理和挖掘、实践方式有待探究和创新的政策号召和实践课题。

面对上述发展难题和理论课题，技工教育的研究者和支持者尝试提出多种理论解释。解释之一是"技工教育特色论"，即体现在：坚持服务产业，为企业培养技术工人的办学定位；坚持面向实体，以先进制造业为重点培养技工的传统优势；坚持校企合作，推进"校企双制、工学一体"为代表的人才培养模式；坚持服务民生，以促进就业为导向、以技能提升为目标的培养方向；坚持双轮驱动，学制培养与职业培训并重的办学特色；坚持与生产劳动相结合，以劳动精神、工匠精神为统领的职业素养培养[①]。解释之二是"技工教育特别论"，即认为技工院校教育是一种不能与中职学校、高职院校教育相提并论，或相融通、相借鉴的特别教育形式，从其诞生之日起就有别于职业教育，长期独立于教育部门管辖，以职业培训和就业训练为主要任务的教育培训类机构。事实上，与中职学校、高职院校所提供的职业教育一样，技工院校教育也是职业教育，且是一种非常典型的职业教育，不过它有别于教育部门管辖的中职学校和高职院校，且独具特色罢了。技工教育的存在，

---

① 王晓君，崔秋立. 新中国成立 70 年技工教育的发展特色及贡献[J]. 中国培训，2019(10)：6-8.

表明职业教育的实践形式可以而且应当多样化①，这在 2022 年新修订的《职业教育法》中得以印证，并一锤定音。

在技能型社会建设和现代职业教育体系构建实践中，迫切需要以深度厘清技师学院的历史和现状为基础，面向未来发展详尽探究技师学院的战略管理，立足现实具体探讨技师学院的发展策略，既为落实"技师学院纳入高等学校序列"的政策要求总结有益的实践经验，也为深化技师学院的理论研究，进而丰富职业教育发展的理论研究，提供有益的学术研究素材。

一、研究缘起

（一）技能型社会建设成为新时代主题

中国作为发展中的人口大国，低端劳动力推动了劳动密集型产业几十年的迅猛发展，但遭遇了人口老龄化、少子化导致的青年劳动力短缺，在从劳动密集型产业向技术密集型产业转型升级中，存量劳动力和传统劳动力开发均面临着转型压力②。为此，近年来中国政府出台了一系列职业技能开发的政策文件，逐步将建设"技能型社会"作为新时代重要的社会任务之一。

2017 年，中共中央、国务院印发《新时期产业工人队伍建设改革方案》，第一次使用"技能形成体系"概念，用来改革完善职业教育和职业培训等相关制度体系，重新建构有利于产业工人技能素质提升的体制环境。这是该改革方案的一个理论创新和制度创新，体现了党和国家对推进产业工人队伍建设改革的重视和决心，为加快建设一支高素质的产业工人队伍明确了"路线图""时间表"，一项与亿万产业工人息息相关的重大改革拉开大幕。

2019 年 2 月，国务院印发《国家职业教育改革实施方案》，在 7 个方面提出了 20 项政策举措，包括完善国家职业教育制度体系、构建职业教育国家标准、促进产教融合校企"双元"育人、建设多元办学格局、完善技术技能人才保障政策、加强职业教育办学质量督导评价、做好改革组织实施工作等，引来社会高度关注。

2021 年 4 月，全国职业教育大会创造性提出了建设技能型社会的理念和战略。需要我们高举"技能型社会"这面旗帜，加快构建面向全体人民、贯

---

① 陈伟，黄大乾，李姿. 技工教育发展三题：历史、逻辑及定位[J]. 职教论坛，2017（22）：18-23.
② 张学英，张东. 技能型社会的内涵、功能与核心制度[J]. 职教论坛，2022（1）：35-41.

穿全生命周期、服务全产业链的职业教育体系[①]。2021 年 10 月，中共中央办公厅、国务院办公厅印发《关于推动现代职业教育高质量发展的意见》，提出 2035 年基本建成技能型社会。

2021 年 6 月，人力资源和社会保障部（习惯上简称为"人社部"）印发《"技能中国行动"实施方案》，从技能人才培养、使用、评价、激励等环节入手，围绕健全"技能中国"政策制度体系和实施"技能提升""技能强企""技能激励""技能合作"四大行动，提出 20 条具体举措。同时，根据各地实际，通过与省级人民政府签署部省（自治区、直辖市）共建协议等方式，推动各地打造"技能省市"。

2022 年 1 月，人力资源和社会保障部、教育部、国家发展和改革委员会、财政部联合印发《"十四五"职业技能培训规划》，明确以深化供给侧结构性改革为主线，推进技能型社会建设，全面实施技能中国行动，进一步健全完善劳动者终身职业技能培训制度。规划提出健全完善终身职业技能培训体系、提升职业技能培训供给能力、提高职业技能培训质量、加强职业技能培训标准化建设、完善技能人才职业发展通道等五项重点任务。

建设技能型社会，归根结底离不开职业教育和职业培训的支撑，从技能形成的制度框架上看，则要建构完善的学历框架和资历框架，并促进学历框架与资历框架的接续与对话。应该说，在学历框架中落实职业资格证书制度有助于实现学术教育与职业教育的融合，促进学生习得前沿性、匹配性的技能知识、提升技能水平。借助学校教育广泛的专业设置，在学历框架中落实职业资格证书制度可以将技能型社会的全产业链特征具象化[②]。我们期待通过技能型社会建设，扭转不科学的"唯学历"社会评价导向，重构社会形态，实现"国家重视技能、社会崇尚技能、人人学习技能、人人拥有技能"的良性氛围，这对支撑我国经济高质量发展、早日实现共同富裕，意义重大，影响深远。

技能型社会建设迫切需要大批高素质技术技能人才，而高素质技术技能人才培养离不开职业教育高质量发展。技师学院作为实施学制教育和职业培训并举的职业院校，面向社会开展学制教育、职业培训、公共实训、技能评价、竞赛集训、就业服务、创业孵化等技能人才全方位服务，在推进技能型社会建设中举足轻重。因此，研究技师学院发展，让更多人理解并认同技师学院，十分必要。

① 陈宝生. 办好新时代职业教育服务技能型社会建设[N]. 光明日报, 2021-05-01(7).
② 张学英, 张东. 技能型社会的内涵、功能与核心制度[J]. 职教论坛, 2022(1): 35-41.

（二）技能人才队伍建设存在诸多难题

大国崛起的关键是人才的崛起。从西方发达国家的发展历程来看，自19世纪中叶的第二次工业革命以来，美国、英国、德国、日本、瑞士等经济强国迅速崛起的背后，无一不是依靠高技能人才队伍的强有力支撑。某种意义上，高技能人才就是大国崛起的基石，高技能人才队伍的规模和质量，决定了一个国家的产业发展水平和经济社会发展质量[①]。多年来，我国一直高度重视高技能人才队伍建设，对其存在的问题甚为重视，但疑难甚多。

2011年7月，中央组织部、人力资源和社会保障部发布的《高技能人才队伍建设中长期规划（2010—2020年）》（简称《规划》）指出，高技能人才是指具有高超技艺和精湛技能，能够进行创造性劳动并对社会作出贡献的人，主要包括技能劳动者中取得高级技工、技师和高级技师职业资格的人员。《规划》指出当下突出问题主要包括：①高技能人才培养能力与经济发展对高技能人才需求之间的矛盾突出，高技能人才总量短缺，结构不合理，领军人才匮乏；②高技能人才培养投入总体不足，培养培训机构能力建设滞后，人才发展的体制机制障碍依然存在；③对高技能人才的认识仍有偏差，重学历文凭、轻职业技能的观念还未根本上得到扭转，企业职工和青年学生学习技能的积极性不高，高技能人才仍然面临发展渠道窄、待遇偏低等问题，人才成长发展的社会环境有待进一步改善。

毋庸讳言，现实中产业工人的境况并不尽如人意，其社会认同感有待提高，一些产业工人的职业自豪感也不够强。导致这种状况的原因固然很多，产业工人职业发展通道比较狭窄单一，发展空间受到限制，无疑是一个不容忽视的重要缘由。具体而言，产业工人的职业发展至少存在以下难题。第一，晋升难。按照现有职业技能标准划分，产业工人晋升主要是初级工、中级工、高级工、技师、高级技师等五级等级体系，由于要求产业工人必须具有较长的工作年限才能晋级，且晋升条件比较苛刻，因此通过提升技术获得晋升的机会有限。第二，跨界难。现实中不少企业技术技能认定与职位晋升不挂钩，干部和工人的身份界限尚未从制度上打破，产业工人向上晋升空间小，工人即使技能水平再高，也很难跻身管理层或者技术人员行列，出现所谓"天花板"现象。第三，流动难。产业工人在跨地区跨行业地正常流动时，尤其在大城市仍然面临户籍、医疗、子女入学等方面障碍，合理流动受到限制，既

---

① 对话|欧阳文伟: 高技能人才是大国崛起的基石[EB/OL]. (2022-10-11)[2022-10-20]. https://mp.weixin.qq.com/s/CsIoAQ5A03MJkpgZcTrPyA.

降低了人力资源的配置效率，也强化了结构性就业难。第四，出彩难。产业工人与企业管理层、技术人员相比，获取和占有资源有限，缺少相应的激励和保障机制，也缺少展现自我价值的平台，出彩的机会相对偏少。这些因素阻滞了产业工人的成长通道，影响了产业工人积极性、主动性、创造性的充分调动，也影响了社会生产力中这部分最积极、最活跃要素的作用的有效发挥，形成了产业工人个体与社会双重资源浪费[①]。

从我国技能人才队伍结构来看，当前矛盾突出表现为"四多四少"：初级工多、高级工少；传统技工多、现代型技工少；单一型技工多、复合型技工少；短训速成的技工多、系统培养的技工少。高技能人才供给不足已经成为制约中国制造、中国创造的关键"短板"。从就业领域看，当前矛盾突出表现为"就业难"与"招工难"并存。其中，"就业难"主要体现为部分劳动者知识技能不能适应现代产业的新发展新要求，"招工难"主要体现为技能人才尤其是高技能人才短缺。[②]

为此，在《新时期产业工人队伍建设改革方案》颁布五周年之际，2022年10月，中共中央办公厅、国务院办公厅印发《关于加强新时代高技能人才队伍建设的意见》，从多个方面提出扎实的政策举措，全力打造技能生态，助推高技能人才队伍建设。一方面，从培养端发力，构建以行业企业为主体、职业学校为基础、政府推动与社会支持相结合的高技能人才培养体系。另一方面，从制度设计上发力，提出建立国家资历框架，贯通教育培训体系。另外，还强调从激励机制上发力，提升高技能人才的经济待遇和社会地位。

技能人才短缺是目前全球面临的共性问题，如何瞄准产业发展趋势，加强高技能人才队伍建设，关系到我国经济结构调整和产业转型升级能否顺利实现，也关系到经济社会发展的大局。技工院校整体上以技能提升为己任，而技工院校中层次最高的技师学院则以培养高技能人才为特色和使命。因此，研究技师学院的发展路径以充分发挥其技能开发潜力，极具政策意义和实践价值。

（三）世界技能大赛夺冠引起热议话题

世界技能大赛作为全球最具影响力的技能大赛，是世界青年展示技能、

---

① 龚惠文. 创新产业工人发展制度打通成长成才的绿色通道——《新时期产业工人队伍建设改革方案》系列解读（四）[J]. 兵团工运, 2017(9): 9-10.

② 吴帅. 擘画新时代高技能人才队伍建设新蓝图[J]. 职业, 2023, 625(1): 18-20.

学习技能的重要舞台。2011—2021 年，我国先后派出 179 名选手参加 5 届世界技能大赛，累计获得 36 枚金牌、29 枚银牌、20 枚铜牌和 58 个优胜奖[①]。据调查，这十年的获奖选手约 83%来源于院校，其中约 60%来自技工院校[②]，特别是技师学院。2022 年，世界技能大赛特别赛于 9 月中旬至 11 月下旬在 15 个国家分散举办，比赛项目共 62 个。中国选手共获得 21 枚金牌、3 枚银牌、4 枚铜牌和 5 个优胜奖，金牌榜和团体总分再次位居世界第一，践行了技能成才、技能报国的青春誓言，为祖国和人民赢得了荣誉[③]。

作为弘扬工匠精神，激励广大青年走技能成才、技能报国之路的载体，世界技能大赛效应演化为"高质量、高标准、高技能、高素质"的综合品牌文化，得到了社会各界的尊重和推崇。层层传导到职业院校，给全体学生带来充满希望的技能曙光，并且使其能够在世界技能大赛品牌形象的影响下感受到，自己也能在技术技能领域中实现职业抱负。

世界技能大赛归来的选手，作为星星之火，已掀起技能学习热潮，对院校学生产生了积极的影响。世界技能大赛获奖消息的传播，极大地鼓舞了同学们学习技能的热情，各地掀起了"向世界技能大赛获奖选手学习"的热潮，学习技能不仅有利于就业，而且可以像其他优秀的人才一样，通过竞技的舞台站上更高的领奖台，彰显自己和国家的实力。榜样就是标杆，榜样就是旗帜。世界技能大赛之后，一个个经典小故事被发掘出来。通过转发、讲述、报告会、见面会等一系列丰富多彩的形式，将世界技能大赛文化与技工院校学生成长进行有效融合，激发学生内心深处的竞争因子，让其在世界技能大赛文化的熏陶下对技能学习产生浓厚的兴趣，从而逐渐开始向往技能。世界技能大赛效应，促进了青年技能人才的成长，实现了更广范围的"以赛促学"。

借鉴世界技能大赛选手选拔、培养的成功经验，引领技工院校学习、内化世界技能大赛文化理念，对接世界技能大赛项目技术标准，完善技能人才培养方案，提高人才培养质量，是当下各技工院校的工作重点之一。将世界技能大赛标准与规则规范逐步向技工院校学生渗透，提高其认知水平并使其主动遵守，在实践中更加规范、标准、高质量地应用技能，是世界技能大赛促进学生成长的核心所在[④]。

① 辜东莲, 盘笑莲, 李兴军. 世界技能大赛参赛选手基本情况调查[J]. 中国培训, 2022(9): 54-57.
② 魏杰.【世赛照亮梦想 4】星星之火掀起技能热潮[N].中国组织人事报, 2022-03-31(1).
③ 李心萍. 完善培养体系、强化激励机制、畅通发展路径——持续壮大高技能人才队伍[N]. 人民日报, 2022-12-07(13).
④ 林少宏, 刘利莉. 世界技能大赛对技工院校学生成长的促进研究[J]. 中国培训, 2020(10): 4-5.

技工院校何以成为"世界技能大赛冠军"的摇篮？有研究者认为，原因大致包括：人力资源和社会保障部门推动的一体化课程改革和校企合作，已经让全国的各类技工院校实现了与企业的无缝对接；在技工院校选手摘金夺银的背后，是技工院校强大的办学实力；只有与世界先进企业和先进标准对接的技工院校培养的选手才有机会冲击世界技能的最高奖项；在世界技能大赛的推动下，技工院校正在加快与国际人才培养标准对接，正在与国际企业和先进产业对接[①]。用最好的设备、最高的标准、最强的师资来打造世界技能大赛冠军至少说明：用足够的成本投入，技工院校技能培养大有可为。因此，研究技工院校，特别是其高层次的技师学院发展，培养高端国际通用型技能人才，必要且可行。

（四）大力发展技工教育载入法治命题

2022 年 4 月 20 日，十三届全国人大常委会第三十四次会议表决通过新修订的《职业教育法》，并决定于 5 月 1 日起施行，这是《职业教育法》制定 26 年来的首次修订。其中，技工教育的地位和作用得到进一步彰显，多次出现了"技工教育"、"技工学校"和"技师学院"，明确要"大力发展技工教育"。如此清晰地将技工教育写进法律，在历史上还是第一次[②]。

尽管同属于职业教育类型，但教育系统的职业院校和人社系统（即人力资源和社会保障部所辖系统，下同）的技工院校在招生、教学、管理、实训和技能比赛等方面各有一套体系，也各有所长。面对同一类就业岗位，各自有不同的教学模式和考核模式；同一教育类型，却分属两家，历来被学界诟病。

有学者指出，在推进技能型社会建设上，无论是教育系统的职业院校还是人社系统的技工院校，双方的目标是一致的、共同的。对于家长和学生来说，读的是国家建设的学校，学的是为国家做贡献的本事；对于社会用人单位来说，英雄不问出处，谁能给企业创造效益谁就是好样的[③]。

与子同裳，与子偕行；与子同德，与子共赢。技师学院与职业技术学院，同类不同型，同教不同层。大力发展技工教育，需要切实依靠技师学院。因此，研究技师学院发展，与高职院校一同走上高素质技术技能人才培养大道，"万物并育而不相害，道并行而不相悖"，值得期待。

---

① 孙兴伟, 黄晓云, 张洁. 技工院校何以成为"世赛冠军"的摇篮[N]. 中国劳动保障报, 2017-11-29(1).
② 崔秋立. 勇于肩负起法律赋予的历史使命[N]. 中国劳动保障报, 2022-05-11(4).
③ 崔秋立. 勇于肩负起法律赋予的历史使命[N]. 中国劳动保障报, 2022-05-11(4).

（五）纳入高等学校序列作为研究课题

2014年，教育部等六部门印发《现代职业教育体系建设规划（2014—2020年）》，提出"根据高等学校设置制度规定，将符合条件的技师学院纳入高等学校序列"，促进学历高等职业教育与非学历高等职业教育的协调发展。同年，《人力资源社会保障部关于推进技工院校改革创新的若干意见》（人社部发〔2014〕96号）明确，"积极协调有关部门将技师学院列入高等学校序列，按照高职生均经费标准落实办学经费"。

在此政策导向下，一些地方的人力资源和社会保障部门尝试用好政策以实现创新发展，积极寻求技师学院的变革发展出路，从政策和实践层面推动技师学院纳入高等学校序列，并探索形成了技师学院"纳入高等学校序列"的一些路径。但是，技师学院"纳入高等学校序列"的政策落实，在不少省份尚处于探索阶段，在某些地区甚至仍是实践盲区和纸面转载，未有实质性的实践探索和改革调整。

2021年3月，全国政协委员刘悦伦建议尽快出台标准，推动"技师学院纳入高等学校序列"试点工作。探索建立职业教育和学历教育有机衔接机制，通过学分互认推进学历、学位、技能等级证书互认，最终实现技工院校学生达到同等学力即可直接取得相应的高等学校学历，促进教育公平[①]。2022年3月，全国人大代表黄细花提交了《关于加快推动符合条件的技师学院纳入高等学校序列的建议》，建议加大工作力度，加强部门间的沟通协调，尽快在路径选择、学校命名、管理模式、办学特色等方面达成一致意见，加快推动符合条件的技师学院纳入高等学校序列。考虑"符合条件的技师学院纳入高等学校序列"属于突破教育体制机制的重大改革创新，建议可以将广东作为试点，选择粤港澳大湾区符合条件的若干所高水平技师学院，组织开展探索改革，为建设世界一流职业教育体系先行先试[②]。可见，作为不少技师学院努力的方向与目标，技师学院"纳入高等学校序列"命题数年来悬而未决，存在学理、管理上的争议。

"技师学院纳入高等学校序列"的命题，不仅意味着要从高等职业教育的角度定义技师学院、确定技师学院的战略发展前景，还意味着要从大职业教育的角度审视高等职业教育体系。对于技师学院而言，"纳入高等学校序列"

---

① 林仪. 全国政协委员刘悦伦：加快推动技师学院纳入高等学校序列[EB/OL]. (2021-03-03)[2021-10-25]. http://www.rmzxb.com.cn/c/2021-03-03/2799118.shtml.

② 高杨. 全国人大代表黄细花：推进符合条件的技师学院纳入高等学校序列[N]. 人民政协报，2022-03-10(16).

是当前一段时期的重大发展契机，是肯定其高等教育性质的直接论述，是解决其尴尬处境的重要对策；对于高等教育而言，"将符合条件的技师学院纳入高等学校序列"是丰富高等学校序列内涵的应然之策，是完善高等职业教育结构、优化高等职业教育功能的应时之举，是满足经济社会的人才需求和人民群众的教育需求的顺势之行。

受"技（即人社部所属的技工教育）—职（即教育部所属的中职、高职、应用技术类本科、专业学位研究生教育）"（以下简称为"技—职"）两分型职业教育体系的影响，教育部门一直不认可技师学院的学历及其高等教育性质，理由是技师学院不在教育行政部门的管理范围内[①]，加上教育部门掌握"教育-考试"管理权，技师学院的学生不能向大专层次的高职院校转学，更不能直接参加本科及以上层次的升学考试。受限于管理体制，技师学院毕业生不得不通过成人考试或自学考试等方法，获取大专学历。这是教育资源的重复投入，不仅造成技师学院处境尴尬，还阻碍了技师学院的健康发展。

上述问题并非孤立存在，而是环环相扣。非学历高等教育、升学通道不畅等问题发酵的结果是，教育部门和社会对技师学院的认可度低，这一局面阻碍技师学院纳入高等职业教育体系，造成技师学院招生渠道不畅，师资队伍建设滞后，进而没有好的生源和优质师资，也就没有优良的教育教学和人才培养效果，继而难以保障毕业生质量和技师学院的"相当于"某些层次高等教育的性质，必将进一步降低技师学院的社会声誉、阻碍技师学院发展成为高等学校。所以，突破体制壁垒，推动优质技师学院纳入高等学校序列、强化高等教育属性，是技师学院突破发展瓶颈、切断恶性循环、走出发展困境的根本选择。

总之，完善高等职业教育体系是建设现代职业教育体系不可回避的内容，而将技师学院"纳入高等学校序列"是完善高等职业教育结构不可或缺的部分。在加快建设现代职业教育体系的政策背景下，必须重视技师学院的发展建设和"纳入高等学校序列"的实践探索。因此，研究技师学院发展，特别是围绕技师学院"纳入高等学校序列"的实践问题开展实证分析和理论研究，能为技师学院的改革发展和实践探索提供科学指导。

二、文献综述

技师学院，是一个极具中国特色的实践话题，也是一个仍待高度关注、

---

① 关晶, 石伟平. 我国职业教育体系存在的问题及其完善对策[J]. 职业技术教育, 2012(7): 5-9.

深入研究的学术论题。回顾技师学院研究历程，摘取前人研究的重要观点和政策重要论点，有助于我们进一步认识技师学院的前世今生，进而为技师学院发展探明前进的方向。

（一）文献总体分析

以中国知网（China National Knowledge Infrastructure，CNKI）数据库收录的文献作为研究样本可以发现，进入 21 世纪之后技师学院才开始被纳入研究视野，第一篇研究性文献是 2001 年常州高级技工学校宦平的《论技师学院在我国高职教育体系中的地位》[①]。以 2000—2023 年为时间轴，以"技师学院"作为篇名，共检索出 4193 篇文献。其中，2006 年以后，"技师学院"文献才开始大量增加。其学术热度与技师学院的发展状况高度一致（图 0-1）。

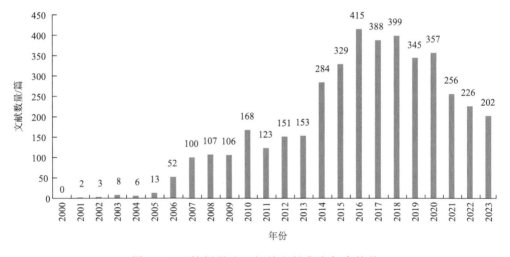

图 0-1　"技师学院"相关文献发表年度趋势

对上述文献进行去重并删减宣传报道类文献后，总计留下 2526 篇有效学术性文献。运用 CiteSpace 6.1.R3 对 2526 篇文献样本的关键词进行聚类分析，生成图谱，找出了信度较高的 15 个簇类，其中的聚类关键词为：技师学院、校企合作、东莞市、技工教育、技工院校、职业教育、对策、职业院校、技能大赛、技能培训、广州市、教师、工匠精神、广东省、教学质量（图 0-2）。这表明技师学院研究与其他职业院校存在一定的类似性，涉及的主题大同小

① 宦平. 论技师学院在我国高职教育体系中的地位[C]//2001 中国电子教育研究论文集. 2001: 167-169.

异、异曲同工；校企合作是技工教育的基本办学制度，技能大赛和技能培训是技师学院最突出的特色。

图 0-2　　"技师学院"文献关键词聚类分析

运用 CiteSpace 6.1.R3 对以"技师学院发展"为题名的 262 篇文献进行分析，提炼出信度较高的 14 个簇类，其聚类关键词为：技师学院、技工院校、实践探索、技工教育、秦皇岛、发展之路、职业院校、东莞市、职业教育、内涵发展、义乌市、协同发展、技师学校等（图 0-3）。这表明在技师学院发展研究中，一些地区已经有意识地探究技师学院的发展问题，并就技师学院的内涵发展、协同发展积累了一定的经验，形成一些共识。

图 0-3　　"技师学院发展"文献关键词聚类分析

　　分别对上述 2526 篇文献和 262 篇文献的作者进行可视化分析,发现撰写"技师学院"相关文献最多的是以中国劳动社会保障出版社、《职业》杂志等为主的记者、编辑群体,在全国各地的实践界虽然也有一些作者关注技师学院及其发展研究,但发文数量、研究的连续性都不太强(图 0-4)。

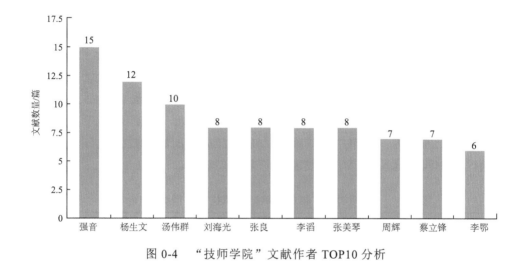

图 0-4　"技师学院"文献作者 TOP10 分析

　　通过 CNKI 查询,共有 4193 篇含有"技师学院"题名的文献。对其进行文献来源分析,发现《职业》杂志占据 50% 的比例,《中国培训》占据 20% 的比例,这两种由人力资源和社会保障部主管的杂志,是技工教育领域发文的主渠道(表 0-1)。不过,技师学院相关文献来源单一,核心期刊发表的文章不多。这种状况的出现,一方面与技工院校重生产实习、轻文化理论的固有传统相关;另一方面也从侧面表明,学术界不太关注技师学院发展研究,技师学院的相关研究成果比较匮乏。

表 0-1　"技师学院"相关文献出版物排名情况(Top10)

序号	出版物名称
1	《职业》
2	《中国培训》
3	《陶瓷科学与艺术》
4	《中国劳动》
5	《山东人力资源和社会保障》
6	《四川劳动保障》

续表

序号	出版物名称
7	《考试周刊》
8	《山东省人民政府公报》
9	《中国劳动保障报》
10	《广东印刷》

通过 CNKI 查询，并分析研究技师学院的机构来源可以发现，浙江交通技师学院、淄博市技师学院、深圳技师学院等单位的研究成果数量在国内排名前列（表 0-2）。这表明针对技师学院开展研究的机构基本上都是技师学院本身，几乎没有看到专业教育研究机构的专职研究人员涉足其中；关注技师学院研究的机构，多集中在广东、山东、江苏、浙江等技工教育较为发达的地区，中西部地区技师学院发表的研究成果较少。

表 0-2　　"技师学院"相关文献研究机构排名情况（Top10）

序号	机构名称
1	浙江交通技师学院
2	淄博市技师学院
3	深圳技师学院
4	江苏省盐城技师学院
5	广州市工贸技师学院
6	江苏省常州技师学院
7	宁波技师学院
8	江苏省徐州技师学院
9	仪征技师学院
10	东莞市技师学院

（二）技工教育的基础研究

从目前的研究进展看，学术界较为重视对技工教育相关的概念内涵或功能进行探讨和论证。冷锁金指出，职业教育的培养目标的内涵和外延，在不同历史时期相应发生变化是必然的。作为技工教育工作者，应该高瞻远瞩，动态适应需要和主动调整培养目标的相关内容才是明智的。[①]陈伟等对技工教

---

① 冷锁金. 构架新世纪职业教育的"立交桥"——论新形势下的技工学校培养目标的内涵和外延[J]. 教育发展研究, 1999（11）: 42-45.

育的内涵发展进行了梳理与反思，发现技工教育系统对内涵发展概念的理解与运用存在各取所需、以偏概全、畸轻畸重、人云亦云等认识误区。深入分析之后发现，内涵发展理念的确立旨在激发技工教育发展的内在动力、优化技工教育发展的内部条件、强化技工教育发展的内部功能、激活技工教育发展的内在效能，进而促进技工教育的良性发展。[①]李兴军从源头上对技工、技师等概念进行了考察和区分，研究发现，在技术官员或专业技术职务系列，技工或技师是按照技监、技正、技士、技佐系列称谓。在农、工、矿领域，按照技师系列称谓；在航空、船舶、公路交通、电报电话、机械、农技等领域，按照技工系列称谓；技工教育并不是隶属于职业教育的概念；技工教育切实诞生于企业生产实践；技工教育旨在训练一般技能和专门技能；技工教育是企业学徒制形式的人才训练储备制度；"技工学校"作为工业化进程中训练技术工人的专门机构延续至今，并衍生出"技工学校""高级技工学校""技师学院"，统称为"技工院校"；"技工教育"则历经"技术教育"而并入当前的"职业教育"或"职业技术教育"，或又顽强独立图存。[②]

　　学术界同样较为重视从技工教育发展史的角度，对技工教育提出"返本开新"式的建议或策略。张倩等通过回顾新中国成立 60 多年来（截至 2017 年）技工学校的发展历程，结合当前技工教育对实现工业大国向工业强国转变等的重要作用，提出未来技工教育要在传承中创新发展，回归以行业企业为主导，强化工匠精神的培育，开展学徒式学习，激励企业积极参与学校一体化课程体系开发等发展建议。[③]陈伟等从历史的角度研究后指出，新中国成立以来技工教育的发展，政治因素是其原初动力，经济因素是根本动力，职业教育规律日益成为决定技工教育发展程度与水平、效率与效益的关键因素。在此过程中，技工教育的中国特色逐渐形成。[④]王晓利和陈鹏对新中国成立70 多年来我国技工教育的发展变迁进行综合考察分析发现，我国技工教育大致经历了以高效服务生产为主导的技工教育蓬勃兴起阶段，以适应政治探索为特点的技工教育曲折发展阶段，以应对市场需求为中心的技工教育恢复调整阶段，以满足国家深化改革为抓手的技工教育快速发展阶段，以及以实现长效发展为重心的技工教育内涵丰富阶段等五个阶段。回顾、检视我国技工

---

① 陈伟，黄大乾，李姿. 技工教育内涵发展辨析[J]. 职教论坛，2017(31)：20-23.

② 李兴军. 括号里的职教：技工教育概念起源与发展[J]. 职教论坛，2019(10)：160-168.

③ 张倩，宁永红，刘书晓. 新中国成立以来的技工教育：历程、回归与超越[J]. 中国职业技术教育，2017(24)：65-70，81.

④ 陈伟，黄大乾，李姿. 技工教育发展三题：历史、逻辑及定位[J]. 职教论坛，2017(22)：18-23.

教育的发展历程，有助于深入认识技工教育在推动国家建设方面的独特作用和优势，为未来我国技工教育政策的制定提供理性借鉴，促进形成具有时代特征的技工教育新格局。[1]黄竞成等梳理广东技工教育发展历程发现，广东技工教育办学模式特征主要表现在：从实际出发加强管理体制机制改革，引领技工院校服务国家、地方社会发展；做好发展规划，引导技工院校面向未来发展；立足当地实际发展需要与历史传承，鼓励开设特色专业及培训；以赛促教、以赛促学、以赛促进，全面提高办学质量；从"引进来"到"走出去"，瞄准国际一流标准办学；博采众长，创新技工教育办学和教学模式，积极推动产教融合等六大方面。[2]

（三）技师学院及其高等教育性质研究

一是立足于技师学院的办学特点与办学现状，探讨技师学院的高等教育性质，并提出发展建议。刘玉明和刘晓宏指出，培养技师的教育目标彰显技师学院高等职业教育办学性质，但需进一步获取政策认可，以便在办学规格、办学条件、毕业生学历和待遇等方面享受与高等学校同等的待遇。[3]技师学院必须坚持面向企业一线培养高技能人才的办学宗旨，以期从对口就业率、生源素质、社会培训等方面获得社会的广泛认可，使技师学院在我国现代职教体系中成为独树一帜、不可或缺的一种高职教育类型。[4]陈琳分析了技师学院举办高等职业教育的优势，指出技师学院坚持高技能人才培养的办学定位是构建高等职业教育完整体系、完善高等教育体系的内在要求，并进一步探讨了技师学院举办高等职业教育要遵循职业教育办学规律，整合利用各方资源、引入高职院校的运行机制，提高办学的水平和效益。[5]戴春禄和西伟光基于技师学院的办学条件和办学性质，认为技师学院应纳入国民教育序列，提高技师学院的办学定位，加大政策支持力度，将技师学院建成高技能、高学历人才培养基地。[6]王甫良以法律保障为切入点，通过研究指出，现行技师学院法律制度存在法律位阶低、高等教育属性法律规定不明确、行政管理体制不畅、现有教师职称评定制度不利于师资队伍建设、办学经费无明确法律保障、无

---

① 王晓利，陈鹏. 新中国成立 70 年来技工教育的变迁理路及历史回响[J]. 中国职业技术教育，2020（3）：5-16.

② 黄竞成，伍秀芳，李海燕. 广东技工教育发展：历程回顾与特征分析[J]. 职业技术教育，2020（33）：61-66.

③ 刘玉明，刘晓宏. 对技师学院若干办学问题的思考[J]. 中国培训，2005（7）：45.

④ 宦平. 进入高职序列技师学院的功能定位与办学机制断想（上）[J]. 中国培训，2017（16）：40-43.

⑤ 陈琳. 技师学院举办高等职业教育的探讨[J]. 江苏教育学院学报（自然科学版），2009（3）：120-121.

⑥ 戴春禄，西伟光. 技师学院面临的问题及对策[J]. 机械职业教育，2010（2）：18-20.

平等高招权和毕业生无大专以上学历等问题，造成技师学院办学条件和办学效益低于高等职业院校。由此提出制定和完善法律制度、明确技师学院的高等教育性质、保障技师学院举办高等教育的条件等对策建议。① 王连英指出，技师学院存在若干办学问题，而政策上将技师学院学历和待遇与高等职业院校同等对待，是突破技师学院办学瓶颈的重要措施。② 杨燕红从分析技师学院发展存在的问题入手，认为在构建现代职业教育体系的背景下，技师学院要坚持高等教育和高技能人才培养的办学之路，加强内涵建设，提升办学品质。③

陆俊杰指出，新中国成立70多年来，类型教育无论在人们思想观念还是制度设计上均未完全消失，而是呈现时隐时现的状态。新时代强调职业教育是一种类型教育可视为一种理念回归。④ 姜雨松从职业教育内涵、外延、功能三个维度进行分析，认为技工教育符合职业教育"类"属性；但在院校主体形态、人才培养规格、教学形态、人才评价形态、师资队伍形态等多个维度上，技工教育具有鲜明的"型态"特质，二者属于同一种类的不同形态。⑤ 朱德全和石献记指出，经过不懈探索，中国职业教育在体系结构、人才培养目标、人才培养模式、发展路径等方面取得了长足进步，实现了从"层次教育"到"类型教育"的身份转变。⑥

二是以彰显技师学院的高等教育性质、探明其未来发展方向为基点，分析技师学院需要解决的问题，并提供解决对策。比如，有研究认为，技工教育的未来发展方向是，要与区域经济结构、产业结构相结合，改革办学体制，调整专业设置；要与区域所有制、就业、升学结构相结合，改革课程设置；要与区域人才结构相结合，明确培养目标定位；要与区域教育投资结构相结合，探索产业化办学机制。⑦ 俞永生明确指出，技师学院所提供的教育是一种基于且面向生产、服务、管理一线的专门技能型高等职业教育；创新办学模式，深化校企合作，是技师学院大力培养高级应用型人才的有效对策。⑧ 赵文

① 王甫良. 我国技师学院法律保障若干问题研究[J]. 职业教育研究, 2011(1): 23-25.

② 王连英. 技师教育的回顾与反思[J]. 吉林广播电视大学学报, 2011(10): 66-67.

③ 杨燕红. 技师学院适应经济转型发展的路径探索[J]. 科学咨询(科技·管理), 2014(27): 12-13.

④ 陆俊杰. 类型教育视野下职业教育的理念回归与特色超越[J]. 职业技术教育, 2020(19): 22-28.

⑤ 姜雨松. 职业教育类型论下我国技工教育的类属性、型特质与归转之思[J]. 职业技术教育, 2021(16): 55-60.

⑥ 朱德全, 石献记. 从层次到类型: 中国职业教育发展百年[J]. 西南大学学报(社会科学版), 2021(2): 103-117, 228.

⑦ 苏州市劳动保障局技工教育课题组. 苏州的经济发展态势及技工教育走向[J]. 职业技术教育. 2001(36): 34-37.

⑧ 俞永生. 发展技师学院的思考[J]. 中国培训, 2003(10): 47.

霞和栗洪敏认为，兼具高等教育和职业教育性质是技师学院的本质属性，而健全政策法规、建立技工教育分类管理体制、解决办学体制和教育投入问题，是保障技师学院高等教育办学质量的重要议题。[①]范文表提出，技师学院的未来发展重点是加强内涵建设，突破现行国民高等教育体制的制约，坚持技师学院的办学定位和办学特点，强化办学条件。[②]王晓沛认为，技师学院作为实施高等教育的院校，科研工作关系技师学院创新发展、人才培养质量和办学水平，技师学院必须重视科研，加强科研工作。[③]王联翔强调，技师学院作为职业教育的一种特殊形式，在终身教育体系中承担着技能升级、学历升级和素质升级的作用，构建校企结合的终身职业教育培训模式是技师学院在高等职业教育改革中的新尝试。[④]林忠侯认为，技师学院要坚持创新改革，抓住政策带来的新契机，落实技师学院"纳入高等学校序列"政策，解决技师学院毕业生待遇、招生平台、校企合作深入和多样化办学等问题。[⑤]宦平深入分析了进入高等职业教育序列后，技师学院必须坚持面向企业一线培养高技能人才的办学宗旨，并在办学机制上进一步发挥自身独特的优势，在校企合作、专业建设、师资队伍、课程开发等方面进行破冰式改革，以期在对口就业率、生源素质、社会培训等方面获得社会的广泛认可，使技师学院在我国现代职业教育体系中成为独树一帜、不可或缺的高职教育类型。[⑥]李全力依据区域经济、就业、教育发展需求和政策要求，认为技师学院纳入高等学校序列不但必要且可行，并为落实这一政策，针对指导思想、培养目标、学制、招生对象、院校名称和规模、专业设置、管理体制、机构设置、毕业生待遇等具体要素，提出了针对性建议。[⑦]

李湘云认为，技师学院的不同管理权属，一方面可以促使职业教育发展具有自主性、灵活性和创新性，但另一方面也可能造成职业教育资源配置公平受阻、高等职业教育结构优化延迟、职业教育系统内部沟通不畅等问题。[⑧]

---

① 赵文霞, 栗洪敏. 考问技师学院两大未解之题[J]. 中国培训, 2004(8): 40-41.

② 范文表. 技师学院建设过程中若干问题的思考[J]. 中国培训, 2011(1): 24-27.

③ 王晓沛. 论技师学院科研工作的定位及作用[J]. 职业教育研究, 2012(10): 11-12.

④ 王联翔. 技师学院的终身职业教育功能探析[C]//中国职协 2013 年度优秀科研成果获奖论文集(中册). 北京: 中国职工教育和职业培训协会秘书处, 2013: 1354-1366.

⑤ 林忠侯. 关于推进技工院校改革创新的几点思考[J]. 职业, 2015(9): 47-48.

⑥ 宦平. 进入高职序列技师学院的功能定位与办学机制断想[C]//中国职协 2015 年度优秀科研成果获奖论文集(中册). 北京: 中国职工教育和职业培训协会秘书处, 2015: 2303-2314.

⑦ 李全力. 技师学院纳入高等学校系列的探讨[J]. 桂林师范高等专科学校学报, 2015(3): 117-122.

⑧ 李湘云. 抓住契机把技师学院办成一流的高职院校[J]. 劳动保障世界, 2017(2): 54-55.

关于技师学院"升格"或"高等化"之后的归口问题，张宏亮归纳为两种主要意见：行政、业务完全归口教育部门和行政、业务分属教育、人社两部门；并指出有三种管理实践：保持隶属关系不变、全部归教育部门管理、双部门统筹管理；主张实行行政与业务归口分开管理。[①]李立文认为，技师学院"高等化"须打破"门户之见"，既不能为了追求学历而弱化既有技能优势，也不能刻意追求技师学院的独立性、特殊性而忽视师生的平等权利和技师学院的公平发展。需要全面分析各地技师学院举办高等职业教育的实践，促进技师学院组织转型与办学定位优化，丰富高等学校序列内涵，共同推进高等职业教育高质量发展。[②]

　　三是从高等职业教育体系出发，分析比较技师学院与高等职业院校在办学上的差异，以促进技能人才培养和完善高等职业教育体系为目标，要求明确技师学院的高等教育性质。李辉认为，高级技工教育与普通文化教育、学历教育最大的不同之处在于它们的教学体系不同。高级技工教育主要是按社会职业来设置专业，课程结构有明显的职业特征，即依据该职业岗位所需的知识和技能来设置课程、组织教学和实习、培养能胜任该岗位工作并能迅速进入角色的人才。同时，专业设置又要根据区域经济建设不同时期、不同行业技术更新对人才的需求进行灵活的设置，建立一种紧密结合市场需求的教育培养机制，按需要进行专业调整，对市场技能人才需求变化有较强的适应能力。[③]洪申我认为，高等职业教育与技术教育虽然在人才流向、培养规格、培养特点和教育内容侧重点存在区别，但两者的培养目标是一致的，且在培养模式和教学方法上存在共性。[④]宦平沿着高等职业教育发展脉络，得出技师学院属于高等职业教育体系中不可或缺的部分的结论。[⑤]王炳大和曹根基详细分析高等职业教育体系内的高等职业院校、高级技工学校和技师学院承担提升高技能人才的学习能力、实践能力和创新能力的任务，提出要促进高等职业教育体系系统创新的发展建议。[⑥]卢仁华比较分析了高等职业技术学院和技师学院的高技能人才培养模式，建议政府要一视同仁对待这两种高等职业教育。[⑦]郭永善认为，进行高等职业教育与培训体制改

① 张宏亮. "技师学院纳入高等院校序列"政策价值、权属争论与发展理路[J]. 职教论坛, 2021(2): 86-92.

② 李立文. 技师学院"高等化"再思考[J]. 职教论坛, 2021(9): 83-89.

③ 李辉. 发展高级技工教育的几点思考[J]. 中国培训, 1998(12): 37-38.

④ 洪申我. 试论高等职业教育与技术教育的区别[J]. 黎明职业大学学报, 1999(3): 68-71.

⑤ 宦平. 论技师学院在我国高职教育体系中的地位[C]//2001中国电子教育研究论文集. 2001: 167-169.

⑥ 王炳大, 曹根基. 培养高技能人才: 高职教育需要系统创新[J]. 职教通讯, 2006(6): 31-33.

⑦ 卢仁华. 高技能人才培养比较研究[J]. 职业, 2006(10): 52-53.

革是培养高技能人才的有效途径，高等职业院校、高级技工学校和技师学院是培养高技能人才的基地，应致力于教育的改革与发展，不断探求高技能人才培养的规律。[①]关晶和石伟平分析了我国职业教育体系的诸多问题，包括技师学院高等职业教育身份不明确问题，建议协调相关部门，并确认技师学院高等职业教育的地位，以完善我国职业教育体系。[②]孙琳以高等职业教育与高技能人才培养的关系为着眼点，认为在当前技能人才社会需求的形势下，迫切需要发挥高职院校（高等职业院校、高级技工学校和技师学院）高技能人才培养的主渠道作用。[③]

邓子云和张放平认为，我国现有的职业教育体系框架要么具有时代的局限性，要么不完整，构建理想的现代职业教育体系框架成为紧迫任务，理想的现代职业教育体系框架应采用"由上而下、由下而上、中间相遇""尊重现实、意愿优先""平等融合、职责合并""先易后难、项目驱动、分步实现"四个策略，应分"畅通上升渠道，初步构建转换渠道""畅通转换渠道，构建研究生职业教育培养体系""整合发展"三个阶段实施系列改革项目。[④]张宏亮指出，我国现代职业教育系统存在两种分属不同管理系统的职业教育子系统，即人社系统的技工教育与教育系统的职业教育，二者都是职业技术教育的不同形态，同类而不同型，都有中等（中职—技工学校）和高等（高职—技师学院）之分，构成并列二分的职业教育大系统。受体制机制、政策保障和经费支持等诸多因素影响，"技—职"之间各自为政且发展极不平衡，甚至形成了"职"上"技"下的纵向型关系，二者在生源、经费和政策方面的激烈竞争，既加剧了职业教育系统的内部耗散，又使其扩张外力受损。只有找到这些问题的根源及控制性因素，审时度势创造条件，才能使职业教育系统良性而有序地运行。[⑤]

（四）院校组织转型研究

组织转型是组织学的重要研究论题。在高等教育研究领域，院校组织转型一直广受重视。其中尤其值得注意的是，美国学者伯顿·克拉克从组织学视角开展的大学组织转型研究，经过浙江大学王承绪教授等国内学者的译介

① 郭永善. 进行高等职业教育与培训体制改革是培养高技能人才的有效途径[J]. 辽宁教育行政学院学报, 2009(8)：16-17.

② 关晶, 石伟平. 我国职业教育体系存在的问题及其完善对策[J]. 职业技术教育, 2012(7)：5-9.

③ 孙琳. 高技能人才培养与高职教育发展问题[J]. 职教论坛, 2012(13)：20-23.

④ 邓子云, 张放平. 理想的现代职业教育体系框架及其15年改革策略[J]. 现代教育管理, 2019(11)：93-100.

⑤ 张宏亮. 统筹、协同、竞合发展：我国"技工教育—职业教育"关系及未来走向[J]. 成人教育, 2021(4)：53-60.

进入中国之后①，恰好与改革开放以来的中国高等教育急剧变革、组织调整持续不断的时代背景相契合，因此备受重视、十分流行。

一是本科院校组织转型研究。相关研究表明，地方本科院校的组织转型，深受经济、政治、教育环境变化和院校自身文化、发展诉求等诸种内外部动因的影响。杨永飞和赵晓珂认为，区域经济转型发展和人才需求结构的变化，迫切要求地方本科院校为优化人才培养结构而做出转型发展的回应。②组织转型是院校主动适应社会发展之举，是维护其存在合法性的本质需求③，是避免同质化、谋求人才培养类型多样化、缓解人才供需矛盾的应对之策④，是内涵建设、提升办学效益的必由之路⑤。

地方本科院校组织转型是组织内部要素的变革，包括人才培养目标、培养模式、生源、培养方案、师资队伍、人才评价等方面全方位的人才培养体制改革⑥。纪多辙和杨露对新建本科院校的组织转型历程、发生的变化和动因进行描述与分析。研究认为，高校组织转型是在知识、政府和市场三种力量的共同作用下，组织精英在综合考量各种因素后自我选择的结果，学校在追赶传统学术性等级体系的过程中发生了"目标替代"现象，并且这种目标替代获得了制度环境的支持。⑦杨永飞和赵晓珂提出，地方本科院校组织转型，要以培养服务区域建设的应用型人才为目标，坚持产教融合、校企合作，建立以实践性为核心的人才培养模式，建立"双师型"教师队伍和符合应用技术大学特点的人事管理制度，同时还要强化政府主导、行业企业参与，积极为地方高校转型发展提供保障。⑧余孟辉进一步提出构建应用型人才培养课程模式，建设与应用型人才培养相适应的师资队伍的发展建议。⑨

① 伯顿·克拉克. 建立创业型大学：组织上转型的途径[M]. 王承绪译. 北京：人民教育出版社, 2003; 伯顿·克拉克. 高等教育系统——学术组织的跨国研究[M]. 王承绪, 徐辉, 殷企平, 等译. 杭州：杭州大学出版社, 1994.

② 杨永飞, 赵晓珂. 推进应用技术大学建设服务地方经济社会发展——关于地方高校转型发展的若干思考[J]. 中国成人教育, 2015(3)：19-22.

③ 李国仓. 地方本科高校转型发展热潮下的冷思考[J]. 高校教育管理, 2016(4)：72-78.

④ 余孟辉. 地方高校转型与人才培养质量标准初探[J]. 教育与职业, 2015(3)：27-29.

⑤ 何光耀, 黄家庆. 论地方新建本科院校的转型发展——地方本科高校转型发展研究之二[J]. 广西社会科学, 2014(10)：207-211.

⑥ 孟庆国, 曹晔. 地方高校转型发展：路径选择与内涵建设[J]. 职业技术教育, 2013(18)：68-71.

⑦ 纪多辙, 杨露. 新建本科院校组织转型的制度分析——基于H高校的案例研究[J]. 国家教育行政学院学报, 2016(8)：29-33.

⑧ 杨永飞, 赵晓珂. 推进应用技术大学建设服务地方经济社会发展——关于地方高校转型发展的若干思考[J]. 中国成人教育, 2015(3)：19-22.

⑨ 余孟辉. 地方高校转型与人才培养质量标准初探[J]. 教育与职业, 2015(3)：27-29.

地方本科高校组织转型的实现，依靠政府的大力支持与帮助、社会观念与行为的转变、学校自身的主动变革和家庭关系的积极改善等四个方面。[①]朱飞等[②]的研究表明，地方本科院校实现转型，必须厘清转型发展目标，明确办学定位；分析转型内容，采取有力措施；加强转型质量评估，增强转型效果，多措并举，从而实现地方本科院校的成功转型和特色发展。刘彦林和郭建如研究认为，应用型科研是应用型本科院校服务地方社会经济发展的重要途径，地方新建院校从规划、资源、结构等方面进行组织转型能够推动应用型科研的发展。学校层面组织转型的深度对教师关于"学校科研导向为应用型"的认知有显著影响；学校和院系两个层面系统协调转型才能使教师科研导向转为应用型；尽管组织转型对提高教师应用型科研项目比例的影响还较小，但学校为科研提供实验室或相应设施能够有效提高教师参与应用型科研项目的比例[③]。郭建如和刘彦林基于北京大学教育经济研究所2017年"地方本科院校转型发展"项目教师调查数据，分析学校层次和院系层次的组织转型对校企合作（状态、形式、合作深度、学校合作能力）的影响。研究发现，学校层次的"校企合作指导及激励"对校企合作的紧密性、稳定性以及相关专业在校企合作中的主导性影响较大；学校层次组织转型对校企合作的影响主要是通过院系层次组织转型的相应维度产生影响，院系层次组织转型的各维度都能显著影响校企合作状态；从转型类型看，学校层次和院系层次组织转型均深入的类型，校企合作质量相对更高。[④]

地方本科院校组织转型，是成绩与问题并生的过程，只有不断解决问题，组织结构才能真正转型。丁奕总结出地方本科院校组织转型产生观念转变、学校理念转变、教材建设、专业建设、师资队伍建设和学校布局六大主要问题，提出政府全力支持地方本科院校组织转型，以政策法规、财政经费为转型提供保障，院校自身要积极主动转型，加强与国际院校交流合作，获得经验支持解决转型问题。[⑤]张应强认为，现有教师队伍向"双师型"教师队伍转型、知识教学体系向实训教学体系转型，以及强化校企深度合作等三方面的

① 王立平，彭霓. 地方本科高校转型发展的动力源泉及实现路径[J]. 黑龙江高教研究，2016(3)：70-73.

② 朱飞，王荣荣，赵秋振，等. 地方本科院校应对转型发展的路径探析[J]. 高等农业教育，2015(9)：29-31.

③ 刘彦林，郭建如. 推动新建本科院校应用型科研发展的组织路径研究——基于2017年"地方高校转型发展"调查的实证分析[J]. 河北大学学报（哲学社会科学版），2022(1)：132-143.

④ 郭建如，刘彦林. 地方本科院校组织转型对校企合作影响的实证分析[J]. 江苏高教，2020(11)：26-34.

⑤ 丁奕. 转型地方高校发展的路径依赖与锁定效应分析[J]. 华中师范大学学报（人文社会科学版），2014(6)：163-168.

问题，是地方本科院校转型的症结所在。[①]曲殿彬和赵玉石指出，地方本科院校组织转型陷入"政府推而不动、行业合而不作、学校转而不变、教师改而无效"的困局；只有充分发挥国家、行业企业、学校、教师"四位一体"的行动协同作用，才能走出组织转型的困境。[②]也有学者以江西省的独立院校发展为例研究发现，独立学院对"母体"的依附性、教育投入的不持续性等问题是制约独立院校向应用型转型的主要障碍。[③]彭云飞和邓勤从应用型大学组织结构需要面对的问题出发，分析了地方院校组织结构重构的可行性，提出了构建学科学院和产业学院等为主要重构对象的应用型大学组织结构理论层面的设想，为地方院校的转型发展提供参考。[④]

有研究者结合其他学科理论探讨地方本科院校的组织转型路径。[⑤]何光耀和黄家庆从高等教育生态化的视角出发，提出地方高校转型发展应采取生态位差异化、系统生态因子互动的策略，优化内部生态环境。通过提高政策环境因子对转型发展的主导作用，增强社会环境因子对转型发展的促进作用，发挥与外部生态因子互动对转型发展的推动作用，推动地方高校转型发展的外部生态环境建设。刘海兰基于资源依赖理论认为，地方本科院校与外界环境有着密切的联系，存在生源、资金、信息等资源依赖，应以培养具有健全人格的社会公民和理智训练为教育的基本目标，其转型应适当地超越以实现对环境的控制；可通过加强合作、发挥联盟作用、完善内部治理结构、加强人才培养改革等方式实现转型。[⑥]郑超和楚旋基于扎根理论研究方法对地方本科高校战略转型的内涵、目标、条件、基本内容及实施模式等进行深入分析，并构建了包括战略转型信念、战略转型条件、战略转型内容、战略转型实施、战略转型结果等五个范畴的战略转型模式。[⑦]

此外，张慧洁和李泽彧指出，院校组织文化是大学在发展过程中"看不见的手"，其重要性不可忽视。院校组织文化转型的内容丰富，途径多样，它们对于合并院校全方位、深层次的融合，进而健康地发展起着十分关键的作

① 张应强. 地方本科高校转型发展：可能效应与主要问题[J]. 大学教育科学, 2014(6)：29-34.
② 曲殿彬, 赵玉石. 地方本科高校转型发展的问题与应对[J]. 中国高等教育, 2014(12)：25-28.
③ 姜光铭, 张继河. 规模与转型：独立院校的应用型发展之路——以江西省独立院校发展为例[J]. 继续教育研究, 2015(1)：12-14.
④ 彭云飞, 邓勤. 新时代地方院校组织结构重构研究[J]. 现代教育管理, 2019(12)：43-51.
⑤ 何光耀, 黄家庆. 基于高等教育生态化的地方高校转型发展——地方高校转型发展研究之三[J]. 广西社会科学, 2015(3)：208-211.
⑥ 刘海兰. 地方本科院校转型的理性思考——基于资源依赖理论的分析[J]. 高教探索, 2016(4)：35-42.
⑦ 郑超, 楚旋. 基于扎根理论的地方本科高校战略转型模式分析[J]. 教育科学, 2016(1)：72-76.

用。完整的院校组织结构转型，必须包含真正意义上的院校组织文化转型。[①]郭建如对陕西的 4 所民办高校进行了研究，发现从 4 所民办高校的发展历史来看，已经历并成功地实现了第一次重大的组织转型，即从普通的自考助学机构发展成为专科院校。目前这些高校正在经历着从专科院校向本科院校转型的重大过程。陕西民办高校在其组织转型的过程中不仅受到制度环境的影响，还深受市场竞争环境的影响。[②]韩高军和郭建如运用组织社会学的制度理论和案例研究的方法，对案例高校划转后的组织转型过程进行了深入分析，认为案例高校的组织转型，是在知识、政府和市场三种力量共同作用下，组织内部各方势力互相博弈后自我选择的结果。在转型过程中，案例高校逐渐确立了自身"行业性"和"地方化"两大组织特性。研究总结认为，创业型大学是划转院校组织转型的发展方向。[③]姜光铭和张继河以江西省的独立院校为例，在当前社会经济、教育改革发展的背景下，分析指出以转型发展培养应用型本科人才，扩大独立院校的办学规模，增强独立院校的整体实力为突破口，探索独立院校的发展出路。[④]王俊和顾拓宇对新建本科师范院校组织转型进行了研究，发现师范院校在不同时期迫于政策压力或资源诱惑，往往会采取与政策相一致的"综合化""应用型"趋同行为，以获得合法性存在；迫于市场的竞争，大都会模仿多数组织或成功组织的做法，以提高生存概率；但受路径依赖的制约，又会保留就业率不高但办学时间较长的传统专业。[⑤]顾拓宇从组织层次、组织制度和组织文化三个视角入手，对美国师范教育组织转型进行三维分析。研究发现，美国师范教育组织主要经历了办学层次从"低级"向"高级"演变，组织制度从"诱致性"变迁向"强制性"变迁演变，组织文化从"封闭"向"开放"演变。美国师范教育组织转型对我国的启示为：以区域一体化师范院校模式为前提，保证师范院校的主体地位；适度引入市场机制，实现制度创新；通过外部要素推行强制变革，克服路径依赖。[⑥]

　　二是高职院校组织转型研究。职业教育外部政策环境变革冲击着职业院校的传统治理模式，迫使职业院校主动建构适应性组织文化以适应外部环境

① 张慧洁，李泽彧. 论合并院校组织文化转型的内容与途径[J]. 教育发展研究，2003（2）：52-54.

② 郭建如. 陕西民办高校的组织转型——以四所民办本科高校为例[J]. 高等教育研究，2007（9）：58-65.

③ 韩高军，郭建如. 划转院校组织转型研究——以湖北某高校为例[J]. 教育学术月刊，2011（5）：3-7.

④ 姜光铭，张继河. 规模与转型：独立院校的应用型发展之路——以江西省独立院校发展为例[J]. 继续教育研究，2015（1）：12-14.

⑤ 王俊，顾拓宇. 新建本科师范院校组织转型探究——基于 61 所院校统计数据的分析[J]. 现代大学教育，2019（5）：71-79.

⑥ 顾拓宇. 美国师范教育组织转型及对我国的启示[J]. 当代教育论坛，2021（2）：89-96.

更迭。院校内部变革容易造成高职教师负向教学情绪并降低敬业度，催生职业脆性。在职业教育系统不确定因素日趋加剧的情境下，提升教师职业韧性对于院校发展具有高度价值。①目前国内学者对高等职业院校组织转型的专门研究并不丰富。赵莉和严中华基于"社会创业"理论研究认为，高职院校需要进行组织转型，从传统的事业型组织向创业型组织转变，进而提出微观教学组织、二级管理体制和建立院校董事会（理事会）运行机制三个层面的组织创新，是成功转型的重要途径。②周志光和郭建如借鉴伯顿·克拉克的创业型大学组织转型理论模型，建构出高职院校组织变革转型框架，包括领导核心、组织结构和资源配置、组织学习、培养模式变革和校企合作等核心要素。③

随着高职教育进入高质量和特色化发展阶段，高职院校开始寻求转型之路，向创业型大学转型便成为高职院校组织转型研究的重要方向，包括条件分析、可行性论述、路径探索、对策研究等主题。朱远建指出，社会对高职教育的需求、高职院校鲜明的办学特点和一定的办学实力，为高职院校组织结构转型建成创业型大学创造了良好条件。④顾坤华和赵惠莉分析创业型大学与高职院校发展特点，探讨高职院校组织结构向创业型大学全面转型的可行性与必要性，指出高职院校仍需进一步增强创新力、扩大影响力和提高持续发展能力。⑤潘建华和姚燕芬从办学方针、办学模式、与区域经济联系最密切的本质特征、高职院校自身发展的时代要求出发，论证了向创业型大学转型的可行性和必要性，但组织机构和办学模式转型过程中必须坚守高职教育的发展特性、必须坚持走高职教育特色创新之路。⑥徐彦强调，向创业型大学转型是高职院校在后大众化高等教育时代突围困境的战略选择，是目前国内高职院校适应区域经济发展的实践方向，且高职院校的组织结构具有底部轻、定势少、负担轻和阻力弱的相对优势，更易实现组织转型和制度创新。⑦高明认为，高职院校向创业型大学转型是内外部因素合力作用的结果，是优劣势

① 黄茂勇，高丽华，林惠琼. 高职院校组织文化转型中教师韧性的生成——一个链式中介结构模型建构与验证[J]. 中国职业技术教育，2022(15)：18-30.

② 赵莉，严中华. 基于"社会创业"理论的高职院校组织转型研究[J]. 职教通讯，2012(19)：62-65.

③ 周志光，郭建如. 高职院校组织转型：要素和分析框架——以某高职示范校建设为例[J]. 职业技术教育，2013(7)：35-39.

④ 朱远建. 建设创业型大学：高职院校战略转型之分析[J]. 江西教育，2009(Z6)：47.

⑤ 顾坤华，赵惠莉. 高职院校向创业型大学转型的探索[J]. 职业技术教育，2010(19)：14-17.

⑥ 潘建华，姚燕芬. 高职院校向创业型大学转型的生成条件与关键路径[J]. 中国职业技术教育，2013(33)：85-87.

⑦ 徐彦. 区域经济视域下高职院校向创业型大学的转型[J]. 宁波大学学报(教育科学版)，2014(4)：104-107.

并存的转型过程，建议高职院校从办学理念、校园文化、课程体系、师资队伍和人才培养模式等方面入手弥补转型不足。[1]张俊青和温宗胤提出，转型的路径在于实施"走出去""向外看"的发展战略，建立多元化收入来源的投入机制、权力下放的大学管理模式、校企联手进行技术创新的学术中心基地和扎根于教学、学习和科研之中的创业文化。[2]郑小明发现，高职院校为生存和发展不断寻求组织变革，在变革的过程中表现出三种价值取向，即办学定位的个人取向与社会取向、人才培养的人文取向与技术取向、组织结构和组织文化的"大学化"取向与"企业化"取向；高职院校组织变革要平衡三种取向，兼顾个人与社会的需求，去除工具化倾向，将全面发展作为培养高素质技术技能型人才的价值追求。[3]陈文海和肖薇薇研究高职院校向协同型大学的转型，提出转型需要加强顶层设计，树立协同创新理念；推进组织变革，构建政校企行共同体；坚守大学使命，加强内涵建设；破除制度壁垒，激发基层组织活力；注重氛围营造，培育无界化文化。[4]

李小娃和罗丹认为，高职院校与区域走向深度融合是二者关系演变的必然趋势。这种深度融合体现为与二者相关的主体，通过要素整合、资源交换、信息流动，最终实现相互接纳、相互认同的过程，融合的参与主体、合作形式、实现路径等构成了深度融合的主要内容。深度融合路径构建首先需要理顺二者融合实践及主导理念的演变历程，在此基础上通过组织建设与制度安排，建构二者融合的机制。[5]黄茂勇指出，在经济全球化与信息科技时代，高职院校治理系统受到前所未有的冲击。由于外部生态系统的经济与社会关系网络问责和内部生态系统的自组织分权参与诉求，传统的院校线性治理模式无法对高职院校外部生态更迭给出即时性信息回馈与系统性解决方案，迫切需要引入新的院校治理范式，即组织内部营销治理范式。[6]黄茂勇等认为，高职院校组织文化转型是教师韧性生成的重要推动因素，教师个体层面的情绪调节能力与敬业度在其中发挥着链式中介作用。建议高职院校可通过建构组织内部适应性文化培育职业韧性、通过形塑制度型组织文化提升教师情绪调节能力与敬业度，教育行政管理部门要关注公办与民办教师敬业度与韧性的

① 高明. 高职院校向创业型大学转型的对策研究[J]. 职业技术教育,2014(34):63-67.

② 张俊青, 温宗胤. 高职院校向创业型大学转型的可行性研究[J]. 教育与职业,2015(5):32-33.

③ 郑小明. 高职院校组织变革的三种价值取向[J]. 湖北函授大学学报,2015(24):5-8.

④ 陈文海, 肖薇薇. 协同型大学：高职院校组织形态的整体变革[J]. 职教通讯,2015(19):1-4,10.

⑤ 李小娃, 罗丹. 高职院校与区域走向深度融合：理念转型与机制建设[J]. 现代教育管理,2017(3):106-111.

⑥ 黄茂勇. 组织内部营销：高职院校内部治理的范式转型与技术进路[J]. 职业技术教育,2020(1):49-58.

异质性，重视在内外交互的院校文化转型机制中生成教师韧性。^①

（五）研究述评

一是受组织结构和管理制度差异的影响，与教育系统的高等职业院校相比，技师学院的研究暂未受到学术界和实践界的充分重视。而且，技师学院的研究定位比较模糊，研究者把技师学院的技能教育统一划入职业院校范畴，片面且保守地认为所有层次技工院校举办的技工教育都是中等职业教育性质。也有学者避而不谈技师学院及其举办的技工教育性质，泛泛地研究技工院校。还有的学者忽略历史成因，把诸多问题归因于门户之见，缺乏对技师学院内涵及其高等教育属性的把握。大部分研究者基本忽略了技师学院作为高级职业培训机构的功能，对高技能人才培养仅着眼于全日制教育而没有兼顾职业培训。所以技师学院的相关研究，表现出了研究方法单一，研究内容聚焦微观要素、系统性研究较少，研究结果学理性不足等特点。

有关技师学院高等教育性质的研究，论证角度多样、理论根据各异、学术推理缺乏共识，这表明技师学院的高等教育性质研究仍处于初级阶段，研究内容不够深入，研究范围不广，研究者主要是具有一定办学经验的技工院校工作者。大多从学历和待遇不公的角度出发，不曾考虑历史成因。此外，技师学院纳入高等学校序列是近年的政策命题，学术研究更是寥寥可数。这表明，技师学院的高等教育性质研究是高等教育研究、高等职业教育研究的待开拓区，推进技师学院的发展研究有助于丰富高等教育研究的内涵、拓展高等职业教育的论域。

二是高等院校组织转型研究的对象包括本科院校和高职院校的组织转型。地方本科院校是本科院校组织转型研究焦点，研究内容有转型背景研究、转型过程研究、转型要素研究、转型目标研究^②，还有基于跨学科理论分析院校组织转型的相关研究，研究内容丰富、多元和系统。

高职院校的转型研究还处于初级阶段，主要关注高等职业院校内部管理体制机制变革的问题，具体涉及课程、专业、师资、人才培养模式等内容，对组织架构转型的专门研究内容较少。对于这类问题，宋俊骥在其博士论文《高职（专科）院校转型研究——以江西省 W 学院为例》中分析了其原因，

① 黄茂勇，高丽华，林惠琼. 高职院校组织文化转型中教师韧性的生成——一个链式中介结构模型建构与验证[J]. 中国职业技术教育，2022(15)：18-30.
② 任玉珊. 大学组织转型研究述评[J]. 国家教育行政学院学报，2008(9)：31-36.

比如：国家对高职教育的管理和政策的不断调整；学者及大众对高职院校转型的认知水平较低；高职教育从业者生存的压力和认同危机压力大，无暇顾及其转型发展；高职院校转型研究缺乏理论支持与针对性；等等。[①]虽如此，但有关高职院校的组织转型研究，确实能为技师学院发展研究提供有益的启示。

三、概念界定

（一）技工教育

1990 年出版的《国情教育大辞典》认为，技工教育是我国职业技术教育的一个组成部分。它是一种为国民经济各部门培养和输送具有社会主义觉悟、能够掌握现代生产技术、身体健康的中级技术工人的教育。实施技工教育的机构为技工学校，招生对象为具有初中毕业和高中毕业文化程度的学生。招收初中毕业文化程度的，学制一般为 3 年；招收高中毕业文化程度的，学制一般为 2 年。[②]随着时间的推移，随着技工教育本身的变革，对技工教育的上述界定已逐渐不合时宜了。

黄景容结合技工学校设置条例的规定，对技工教育做出如下界定：技工教育是以服务经济建设为宗旨，以市场需求为导向，以技工院校（技工学校、高级技工学校、技师学院）为主要载体，以培养技术工人（初级技工、中级技工、高级技工、技师、高级技师）为目标，坚持与生产劳动相结合，与社会培训相结合的教育。[③]

李兴军从历史的角度研究认为，技工教育并不是隶属于职业教育的概念，而是起源于旨在训练一般技能和专门技能的企业生产实践，"技工学校"作为工业化进程中训练技术工人的专门机构延续至今，并衍生出"技工学校""高级技工学校""技师学院"。"技工教育"在新中国成立后大放异彩，先后并入"技术教育"、"职业教育"或"职业技术教育"，或又顽强独立图存，在不少文件中若隐若现。[④]

基于历史和现实、理论和实践的综合分析可知，技工教育属于职业教育

① 宋俊骥. 高职（专科）院校转型研究——以江西省 W 学院为例[D]. 武汉: 华中师范大学, 2015: 8.

② 向洪. 国情教育大辞典[M]. 成都: 成都科技大学出版社, 1990: 404.

③ 黄景容. 技能教育的理论与实践[M]. 广州: 广东人民出版社, 2008: 14-17.

④ 李兴军. 括号里的职教: 技工教育概念起源与发展[J]. 职教论坛, 2019(10): 160-168.

的分支和组成部分，兼具学校职业教育和职业培训双重职能；负责技工教育的技工院校，包括技工学校、高级技工学校、技师学院。技工教育遵从职业教育发展的一般规律，且具备以下重要特征：以产业发展为依据、以校企合作为优势、以充分就业为目标、以技能提升为根本、以职业资格（技能等级）证书为载体。在历史上，技工教育主要培养第二产业技术工人，现逐步拓展，面向生产、技术、管理、服务一线培养技能人才。[①]

（二）技师学院

技师学院是归属人力资源和社会保障部门管辖、实施高级技工及以上教育或培训的学校，生源渠道比较宽泛，主要包括初级和高级中学毕业生、大中专毕业生，一直实行学制教育与职业培训并举、学校教育与企业培养相结合的办学模式。重点培养适应现代化生产、服务需要的高级技工、预备技师，同时面向社会开展各类职业技能培训和师资培训，并承担企业技师和高级技师的提升培训与研修交流、考核鉴定与评价等任务。

作为相对的概念，高等职业院校是接受教育行政部门管理、实施高等职业教育的普通高等学校，主要招收高中或具有高中学力的毕业生，也逐渐采取"3+2"的学制少量招收初中毕业生，以校企合作、工学结合的人才培养模式，培养面向生产、技术、管理、服务一线所需的高素质技术技能人才。目前，已发展出专科、本科两个层次。

技师学院与高等职业院校在内涵上具有极大的共通性；技师学院在高等学校序列中的层次定位，可与教育系统内的高等职业院校对应，可通过转型设置纳入高等学校序列中的高等职业院校的类型和层次（表0-3）。

表 0-3　技师学院与高等职业院校的比较

要素	技师学院	高等职业院校
院校管理	政府审批 人力资源和社会保障部门管理	政府审批 教育行政部门管理
办学定位	非学历高等职业教育	学历高等职业教育
办学方向	服务区域产业、行业和企业人才需求	
人才培养目标	面向生产、技术、管理、服务一线所需高级专门的技术技能型人才	
人才培养模式	校企合作、工学结合	

① 广州市职业技术教研室. 广东省技工教育内涵建设研究[R]. 2015: 1-10.

要素	技师学院	高等职业院校
招生对象	初高中毕业生、大中专毕业生	高中或具有高中学力的毕业生
人才培养类型	高级工、技师、高级技师	大专及以上学历的技术人才
学制	初中毕业生"3+2"学制、高中（中职、技校）毕业生3年制	初中毕业生"3+2"学制、高中（中职）毕业生3年制
培育制度	毕业证书+职业技能等级证书	学历证书+职业技能等级证书
师资素养	技术理论与生产实践一体化	理论教学与实践指导双素质
专业设置	以工种为标准	以学科门类为标准
毕业生待遇	享受高等专科层次及以上毕业生待遇	

（三）高等学校序列

根据《教育大辞典》的界定，高等学校是以实施高等教育为主要职能的机构。由政府、各种社会组织、国际组织、个人、私人团体、教会等举办，采取全日制、部分时间制、业余学习等方式，学生毕业后可获得某种以职业为目标的学位、文凭、证书。招收具备中等学校毕业或同等学力（更高）水平的人员（包括在职人员）。在中国，高等学校可分为普通高等学校、成人高等学校两种类型。①根据最新《职业教育法》，职业教育是与普通教育具有同等重要地位的教育类型，规定高等职业教育由专科、本科及以上教育层次的高等职业学校和普通高等学校实施。那么，高等学校可分为普通高等学校、职业高等学校、成人高等学校三种类型。

根据《中华人民共和国高等教育法》（以下简称《高等教育法》）的规定，高等教育是指在完成高级中等教育基础上实施的教育，承担培养高级专门人才的教育任务，由高等学校和其他高等教育机构实施。高等学校指大学、独立设置的学院和高等专科学校，其中包括高等职业学校和成人高等学校。其他高等教育机构是指除高等学校和经批准承担研究生教育任务的科学研究机构以外的从事高等教育活动的组织。

根据《现代汉语词典》（第7版），"序列"即"按次序排好的行列"，高等学校序列则可以解释为承担高等教育的组织机构序列。根据组织的结构功能特征，大学、独立设置的学院、高等专科学校和高等职业技术学院、广播电视大学、职工高等学校、农民高等学校、管理干部学院、教育学院、独

---

① 教育大辞典编纂委员会. 教育大辞典(第3卷)[M]. 上海: 上海教育出版社, 1991: 59.

立函授学院和普通高等学校举办的函授部（学院、班）、夜大学等，都属于高等学校序列。

（四）高技能人才

李宗尧等认为，具有必要的理论知识，掌握现代设备，在生产和服务领域中能完成中级技能人才难以掌握的高难或关键动作，且有创新能力的高素质劳动者就可以被定义为高技能人才。[①] 周镭在《高等职业学校高技能人才培养研究——以辽宁冶金技师学院为例》中指出，高技能人才是在生产和服务一线从业者中，掌握精深专门知识和具备精湛操作技能，能手脑并用的高级应用型人才，包括高级工、技师、高技能技师，可分为技术技能型、复合技能型和知识技能型三类。[②]

《高技能人才队伍建设中长期规划（2010—2020 年）》（中组发〔2011〕11 号）对高技能人才做出了如下界定：具有高超技艺和精湛技能，能够进行创造性劳动，并对社会作出贡献的人，主要包括技能劳动者中取得高级技工、技师和高级技师职业资格的人员。高技能人才是我国人才队伍的重要组成部分，是各行各业产业大军的优秀代表，是技术工人队伍的核心骨干，在加快转变经济发展方式、促进产业结构优化升级、提高企业竞争力、推动技术创新和科技成果转化等方面发挥着举足轻重的作用。

技能是通过练习而获得的、可用于顺利完成某种工作任务的身体动作、心智活动的方式和能力，包括操作技能、心智技能等。比如，王建设认为，技能是人根据已有的知识和经验，通过学习和训练，使自身身体的部位（器官）借助某种工具操控客体对象，或直接操控自身身体的部位（器官）的能力[③]。高技能人才是指在生产、运输和服务等领域岗位一线的从业者中，具备精湛专业知识和技能，关键环节发挥作用，能够解决生产操作难题的人员，具体包括取得高级工、技师和高级技师职业资格的人员，也包括具有相应能力的人群。

随着产业结构的调整和科学技术的发展，高技能人才的内涵还会提升，外延也会拓展。其特征主要有：在技能掌握的程度上达到了"高"水准，具有创造性解决问题的高能力，具有较强的自学能力和钻研精神，具有超强的

---

① 李宗尧, 张明德, 王义智, 等. 高级技能人才培养[M]. 北京: 中国劳动社会保障出版社, 2001: 3-10.

② 周镭. 高等职业学校高技能人才培养研究——以辽宁冶金技师学院为例[D]. 北京: 中央民族大学, 2010: 6.

③ 王建设. 关于技能概念及其类别的再探究[J]. 洛阳师范学院学报, 2016(12): 19-22.

意志品质和心理素质，具有高尚的职业道德和职业精神①。

目前我国的高技能人才培养，主要有四个渠道：教育部门的高职（高专）院校、普通本科、本科院校的大专班、成人高校、民办高校等五类高等教育机构；人力资源和社会保障部门统辖的高级技工学校和技师学院；行业部门举办的行业学校；企业大学。②

四、研究设计

（一）理论基础

1. 基于"大职业教育观"理解和观察技工教育

中国近现代职业教育的奠基人黄炎培先生提出了"大职业教育主义"的思想。他认为，职业教育有狭义和广义之分。具体而言，所有教育，从根本上讲，都具有职业性质，或者说都是以职业为最终目标的——这是广义的职业教育；狭义的职业教育，指教授实用知识与技能的专门教育，以实业教育为典型。黄炎培先生坚持广义的职业教育观，提出要动员社会各方面的力量举办职业教育，并加强职业教育与社会的联系。③他认为："只从职业学校做工夫，不能发达职业教育；只从教育界做工夫，不能发达职业教育；只从农、工、商职业界做工夫，不能发达职业教育。"④

黄炎培先生坚持大职业教育主义思想，强调职业教育要"谋个性之发展""为个人谋生之准备""为个人服务社会之准备""为国家及世界增进生产力之准备"，提出"使无业者有业，有业者乐业"的教育目的论⑤；并强调"社会化""科学化"的办学方针，即职业教育必须开门办学，参加全社会的运动、适应社会之需要、完成社会现代化之使命；倡导职业教育要为所有人的一生服务，教育对象要扩展到社会全体成员，并贯穿于人的一生。⑥

大职业教育主义思想，打破了学历职业教育等同于职业教育、学校职业

---

① 刘立红. 高技能人才的概念和特征[J]. 科教文汇(中旬刊),2018(9)：83-84, 101.

② 教育部教育规划与战略研究理事会秘书处. 建设中国特色、世界水平的现代职业教育体系[M]. 北京：教育科学出版社,2014: 251.

③ 黄炎培. 黄炎培教育文集(第二卷)[M]. 北京：中国文史出版社,1994: 426.

④ 黄炎培. 提出大职业教育主义征求同志意见[J]. 教育与职业,1926(1)：1-4.

⑤ 北京师联教育科学研究所.黄炎培职业教育思想与教育论著选读（第5辑•第4卷）[M]. 北京:中国环境科学出版社, 学苑音像出版社,2006: 37.

⑥ 丁哲学. 大职教视阈下的"新三教统筹"[J]. 成人教育,2017(4)：63-65.

教育封闭办学与企业和社会脱节、职业教育等同于就业教育的狭隘观念[1]，要求建立初级、中等、高等职业教育，学历职业教育与非学历职业教育、职业教育学校与职业培训机构、教育部门与其他行业企业的沟通协作机制，拓展职业教育领域，丰富职业教育的办学主体和办学模式，强化职业教育的功能。大职业教育观，体现了职业教育要具备"体系大、功能全、体制顺、领域宽、视野阔、对象广、模式活"[2]的特点，契合我国现代职业教育体系建设目标。对于高等职业教育体系而言，大职业教育观是丰富与完善高等职业教育体系的指导思想，是平衡协调系统内各要素的重要理念，是平衡学历与非学历高等职业教育的重要理念。按照大职业教育主义思想，技师学院理当"纳入高等学校序列"；在高等学校序列内，技师学院与高等职业院校不仅要各自发挥自身特色，更要维持和谐共生的关系。

2. 基于结构功能主义分析技师学院的定位与发展

结构功能主义（structural functionalism）是从结构与功能的关系出发，深入探讨社会系统构成要素和动力机制的理论学说[3]，是现代西方社会学重要思想流派，代表人物有孔德、斯宾塞和涂尔干，帕森斯是结构功能主义思想的集大成者。

帕森斯的社会系统理论认为，任何社会现象都可以被看作为一个或多个系统，而这一个或多个系统内部又可以解构出无数层次的子系统（要素），各要素之间有序地排列和相互联系，发挥着各自的功能，因此是系统平稳运行的前提。[4]任何系统都包括结构、功能、行为者、价值、规范、目标等变量。结构功能主义强调结构与功能的相互联系，并提出结构与功能不可分割，特定的结构能够达成特定的功能，特定功能的实现需要一定的结构。[5]但是，结构是内在的、相对保守的、稳定的因素，功能是外在的、相对活跃和多变的因素。[6]所以，当系统的功能随着环境的变化而不断丰富延伸时，系统的结构

① 姚寿广. 黄炎培大职业教育观对当前中国职业教育发展的启示[C]//黄炎培与中国职业教育——黄炎培职业教育思想研究成果集萃. 2009: 106-109.

② 董仁忠，石伟平. "大职教观"问题探微[J]. 职教通讯，2007(3): 5-8.

③ 李志强. 转型期农村社会管理创新研究新视野——"结构—功能"理论框架下农村社会组织分析维度[J]. 社会主义研究，2014(4): 119.

④ 窦金波. 帕森斯的"结构——功能主义"之探析[J]. 济宁学院学报，2010(4): 43-48.

⑤ 朱家德. 学术组织创新与高等教育强国的形成——基于结构功能主义的分析[J]. 中国高教研究，2011(8): 23-24.

⑥ 杨小英. 结构功能主义视阈下我国大学的功能拓展与结构调整[J]. 当代教育与文化，2014(6): 87-90.

只有不断调整、完善以适应功能，才能维持系统处于平衡状态。系统结构是功能的载体，系统功能的发挥以相应结构为前提。①正是从结构功能主义理论出发，帕森斯和普拉特系统探究了美国高等教育系统，并发现经过变革、发展的美国认识理性系统逐渐兼顾了"知识本身即为目的"和"知识用于问题解决"两大价值目标，平衡了认识复合体的体制化和认识论资源的应用等不同维度的功用，因此能充分表明美国高等教育系统和学术生活在 19 世纪下半叶所达到的成熟度（表 0-4）。②另一方面，这种变革也使得美国高等教育和学术生活逐渐完整地承载、履行了体系化的学术功能。这些学术功能包括：开展普通教育；开展科学研究，发展社会认识能力；开展研究生教育，培养学者后备力量；通过开展医学、法学等专业教育，培养能将学术知识用于解决实践问题的专门人才；取代传统的神学院、教会的某些功能，通过开展普通文化释义活动，发挥文化批判、文化选择功能。③

表 0-4　大学结构中认识理性的体制化

项目	"以本身为目的"的知识	以"解决问题为目的"的知识
认识复合体的体制化	认识论核心（由"专家"执行并为培养"专家"而设的研究和研究生教育）	为社会服务（通过将"知识分子"当作"通才"）
认识论资源的应用	"平民界"的普通教育（特别在本科生作为"通才"方面）	应用型专业的训练（将"知识分子"作为"专家"）

资料来源：Parsons T, Platt G M. The American University[M]. Cambridge: Harvard University Press, 1973: 106.

从系统的视角分析，技师学院已经具备高等教育的性质和功能——培养高技能人才。依据结构功能主义理论，高等学校的组织结构能更好地适配技师学院的育人功能，具体体现出技师学院的教师、学生、制度、文化、资产设备、教学活动等内涵要素；从要素的视角分析，技师学院具备高等职业教育的必备要素。按照结构功能主义理论，高等职业教育系统必须囊括技师学院，才能保证系统的完整性、保障高技能人才培养功能的正常发挥。对于技师学院而言，"纳入高等学校序列"既是机遇也是挑战。所谓机遇，是指高等学校序列是一个新平台，能促进技师学院办学水平的提高、办学层次的提升、办学实力的增强，以及保障高等职业教育功能的深化发展；所谓挑战，

---

① 董向芸. 结构功能主义与内卷化理论视阈下云南农垦组织改革研究[D]. 天津: 南开大学, 2012: 36.

② Talcott Parsons, Gerald M. Platt. The American University[M]. Cambridge: Harvard University Press, 1973: 106.

③ Talcott Parsons, Gerald M. Platt. The American University[M]. Cambridge: Harvard University Press, 1973: 5-6.

是指"纳入高等学校序列"要求技师学院的组织结构必须具备高等学校特征。因此,技师学院必须加快内涵建设和要素建设,进而顺利实现组织结构的转型,顺利被纳入高等学校序列。

(二)研究方法

为了能够从理论与实践两个角度阐释技师学院"纳入高等学校序列"的内涵,论证行政决策的科学性与合理性,分析行动落实的可行性与必要性,并尝试为加快技师学院"纳入高等学校序列"的实践提供学理上的指导与建议,本研究分为三个阶段:首先是集中时间和精力收集与梳理技师学院的相关政策文献与学术研究文献,以明确研究问题、划定研究领域;其次是依据技师学院和高等学校的研究主题,选取研究案例进行实地调查和深度访谈;最后通过整理访谈资料、办学数据,在资料分析与数据对比中得出研究结论。为此,主要采用以下方法开展研究。

一是文献分析法。分析现有的相关理论研究,以界定技师学院的办学定位、高等教育性质、高等学校序列、高技能人才等概念,厘清技师学院的历史变迁、发展特点与现状;梳理技师学院高等教育性质的学术文献和政策文本,以及院校组织转型的理论研究,明晰命题的研究现状;着重研究中央与地方关于技师学院"纳入高等学校序列"的政策文件,归纳分析命题的政策内涵。

二是调查研究法。访谈调查是本研究最重要的方法,依循"选择访谈对象—了解访谈对象概况—设计访谈提纲—访谈—整理分析访谈材料"的技术路线,对技工教育管理部门的负责人与技师学院办学部门的负责人进行访谈,获取详细的一手资料,填补文献分析的空白,支撑实证研究。

本研究团队主要进行了如下两个阶段的调查研究。

第一阶段的调查研究,收集国内不同省(自治区、直辖市)技师学院的改革发展实践资料,重点调研已试点探索技师学院"纳入高等学校序列"的省(自治区、直辖市)。具体包括:对山东省人力资源和社会保障厅相关处室展开调研,通过访谈技工教育管理部门主要人员,了解山东省技工教育和技师学院发展概况、山东省政府关于"将符合条件的技师学院纳入高等学校序列"政策的落实情况、山东省试行高等职业教育与技师教育联合培养的现状等核心问题;在山东劳动技师学院(山东劳动职业技术学院)(槐荫校区)调研,在与山东劳动技师学院校长及中层干部的访谈中,了解山东劳动技师学院的历史发展、现有成绩及未来发展战略等关键内容,针对山东劳动技师学院的组织转型进行深度解析；调研淄博市技师学院，通过访谈校领导干部，了解山东省高等职业教育与技师教育联合培养在技师学院的具体执行、试行效果、实施瓶颈等细节，与政策文本互为补充；对河南省许昌技师学院开展实地调查，在与校领导和中层干部的对话中，获取许昌技师学院的发展脉络和纳入河南省高等职业教育发展范畴的始末，以及许昌技师学院举办高等职业教育的实践经验；通过访谈河南省人力资源和社会保障厅职业能力建设处技工教育业务管理负责人，宏观把握河南省技工教育发展现状、技师学院建设工作思路和发展规划等要点，了解河南省人力资源和社会保障厅在推动技师学院高等化发展方面的持续性努力，以及关于进一步落实"将符合条件的技师学院纳入高等学校序列"的战略思考。

第二阶段的调查研究，重在多次访谈原广州市职业技术教研室负责人、广州市属七所技师学院的校领导，探明广州市技工教育发展思路，掌握技师学院的发展概况、发展成绩、发展规划，收集广州市属技师学院的办学条件数据，以方便开展比较研究和实证分析。结合山东、河南的实践方案，尝试为技师学院设计"纳入高等学校序列"可供选择的行动方案和发展思路，并咨询国内技工教育、高等教育领域的研究专家。

三是案例分析法。基于访谈调查和文献收集，重点分析许昌技师学院、山东劳动技师学院、德州市技师学院（德州职业技术学院）、淄博市技师学院、江西现代技师学院、江苏联合职业技术学院等案例的实践路径，进行特征分析与经验总结；并针对广州市属技师学院开展个案研究，解析技师学院的办学条件，并与高等学校的办学条件要求进行对比分析。

四是比较研究法。基于文献资料，比较研究技师学院与高等学校的设置标准，评估技师学院"纳入高等学校序列"的可操作性；基于访谈调查，将技师学院的实际办学状况与高等学校的设置标准进行比较，剖析"纳入高等学校序列"实践的可行性。最终为技师学院纳入高等学校序列探明战略管理路径、提供发展对策建议。

（三）研究框架

本研究围绕技师学院纳入高等学校序列的实践论题，按照"历史梳理与现状分析—地方试点与改革实践—战略选择与路径优化—关键对策和发展建议"的逻辑线索，借鉴多学科研究方法，具体运用文献分析法、调查研究法、案例分析法、比较研究法等研究方法，基于以下研究框架（图 0-5），深入开展实证研究。

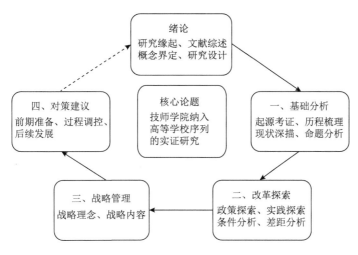

图 0-5　研究框架

第一章 植根历史的技师学院起源变迁

恩格斯认为，人类历史上有三次社会大分工，第一次社会大分工是农业和畜牧业的分离，第二次社会大分工是手工业和农业的分离，第三次社会大分工是商业和农牧业的分离和商人阶级的出现[①]。当教育随着社会分工在人类活动中独立出来后，就沿着广泛意义的生活教育和有计划的专门教育这两条途径进行[②]。这种有计划的专门教育，一般以职业教育的形态存在，特别是工业革命以来，情况更加明显。

就起源来说，近代中国的职业教育并不是社会自然演变的产物，而是从国外引进的教育制度，初步工业化和早期民族主义是职业教育近代化的两种基本动力[③]。伴随着国防工业化生产的步伐，技工教育在中国缓缓起步，并有别于实业教育、职业教育，后以技术教育的形式发扬光大。

经过百余年的磨合与适应，技工教育已经完全融入产业工人队伍建设中，作为技能人才培养的主阵地，进而成为国民教育体系和人力资源开发的重要组成部分。由于长期游离于教育部门管辖之外，密切联系在生产性企业周围，多数时期厮守在行业或劳动行政部门之内，技工教育体现出有别于大一统、规范化、去个性化的特点。

时过境迁，技工教育从最初的技工训练班和技工学校起步，逐步衍生出高级技工学校、技师学院等层次的办学形态，并形成了以技师学院为龙头，以高级技工学校为骨干，以普通技工学校为基础的现代技工教育学校体系。面对职业教育现代化治理和法治化进程，技工教育正对内整合办学资源、对外适应产业发展，发挥培养高技能人才的基础性作用。

由于学术典籍的匮乏，面对"中国的技工教育为什么能够存在？""技师学院有什么不同？"等命题时，诸多回答不甚圆满。为此，基于现有发掘的史料，系统辨析近现代技工教育何以诞生、技工院校何以分化分层、技师学院有何困境等命题，成为研究技师学院发展的基础问题。

[①] 明翼. 理解国家起源与消亡的经典著作——《家庭、私有制和国家的起源》导读[J]. 红旗文稿, 2020(4): 43-47.

[②] 俞启定, 和震. 中国职业教育发展史[M]. 北京: 高等教育出版社, 2012: 1-7.

[③] 楼世洲. 我国近代工业化进程中师徒制的历史演变与现代转型[J]. 中国职业技术教育, 2016(34): 77-81.

第一节　近现代技工学校的起源考证

一般来说，古代农业技术的传承多依赖于"家庭-亲友制"的劳动互助和生产实践，手工、艺术、中医等技艺传承多依赖于"作坊-师徒制"的口传心授、实际效仿，商业技巧的传承多依赖于"店铺-学徒制"的传授、帮带和指点。

谢广山认为，在中国古代教育的源头上，职业技术教育被定位于"治事"的教育，形成了以专门学校教育与官办作坊、工场的艺徒制教育相结合，颁布历书、农书、《营造法式》的职业技术推广普及与民间父子相传、师徒相传相结合的职业技术教育范式①。

楼世洲指出，近代中国职业教育源于工业化和外部引入。中国近代的工业化实际上是沿着两条轨迹发展的，即移植西方的现代工业和传统手工业的进化并存。受此影响且与此相适应，一方面，近代国家教育中的职业教育移植了西方国家的学校教育制度，与我国的近代工业移植于西方的发展之路基本相同；另一方面，大量存在于民间手工业中的传统学徒制和民族企业中的工厂学徒制，以及农村中的农业技术的传承方式，构成了近代职业教育体系的重要形式。②在此背景下，中国技工教育迈向了波澜壮阔的发展征程。

一、国防大变局：在"制器""练兵"中衍生

职业教育就其发展阶段来说，在农业化和手工业阶段是以"师徒制"为主体，进入工业化初期以"技术教育"为主要特征，当进入城市化发展时期则形成了"以就业为导向"的职业教育③。在晚清，中国工业化几乎空白，国内依旧通行以传统师徒制为主的职业技术教育范式，而同期，西方列强已建立起适应于工业化的职业技术教育基本制度。

面对"内忧外患"，为了富国强兵，晚清开明之士倡导"师夷长技以制夷""中学为体，西学为用"，在不违背清王朝的核心利益的前提下，以洋务运动为代表的改革派登上历史舞台，他们以"自强"为口号，采用西方先

---

① 谢广山. 中国古代职业技术教育的范式研究[J]. 中国职业技术教育，2012(27)：80-86.
② 楼世洲. 我国近代工业化进程中师徒制的历史演变与现代转型[J]. 中国职业技术教育，2016(34)：77-81.
③ 楼世洲. 我国近代工业化进程中师徒制的历史演变与现代转型[J]. 中国职业技术教育，2016(34)：77-81.

进生产技术，创办了一批近代军事工业。近代军事工业的发展，尤其是在水师建设过程中，近代教育事业获得了巨大的发展机遇；当此之时，技工教育因缘际会，不但获得了难得的发展契机，而且在其中发挥了非常重要的作用。

（一）海防塞防：数千年来未有之变局

鸦片战争之后，西方列强对亚非拉地区的殖民运动愈演愈烈，清廷也面临着巨大的边疆危机。1874年，几乎同时发生了"倭逼于东南，俄环于西北"的双重战略威胁。同年4月，鉴于阿古柏霸占南疆、俄国人拒绝交还伊犁地区，而且此时已基本平息陕甘两省的回民起义，于是清廷命驻扎陕甘的左宗棠等部准备进兵新疆，收复失地。正值此时，因明治维新而快速崛起的日本，借口所谓"琉球漂民"事件，于1874年5月出兵入侵中国台湾，东南海疆危机爆发[1]。当时，中国国防形势不仅东南"海防"形势严峻，西北"塞防"也同时告急[2]。

"海防"与"塞防"两大危机同时摆在清廷面前，因在财力上"不能兼营"，谁先谁后，孰轻孰重？成为重要辩题。李鸿章、左宗棠先后参与"海防"与"塞防"之争。代表观点如下。

左宗棠认为，"重新疆者所以保蒙古，保蒙者所以卫京师。西北臂指相联，形势完整，自无隙可乘。若新疆不固，则蒙部不安，匪特陕甘山西各边时虞侵轶，防不胜防，即直北关山，亦将无晏眠之日"。[3]

李鸿章则提出，"历代备边，多在西北，其强弱之势，主客之形，皆适相埒。且犹有中外界限。今则东南海疆万余里，各国通商传教，往来自如，麇集京师，及各省腹地，阳托和好之名，阴怀吞噬之计，一国生事，诸国构煽，实为数千年来未有之变局"。[4]

经过激烈争辩，最终清廷采纳了左宗棠的"海防"与"塞防"兼顾，"塞防"为先的战略主张，保证了西征军饷"最重""最急"的地位，由此取得了收复新疆的胜利。

然而，海防也刻不容缓。1875年5月30日，总理衙门大臣奕䜣等上奏朝廷，关于练兵，因限于财力，总理衙门请求"先就北洋创设水师一军，俟

① 王存胜. "海防"与"塞防"之争与近代中国大战略求索[J]. 兰台世界, 2014(3): 41-42.
② 周益锋. 晚清海防思想研究[D]. 西安: 西北大学, 2004: 72.
③ 王存胜. "海防"与"塞防"之争与近代中国大战略求索[J]. 兰台世界, 2014(3): 41-42.
④ 袁刚. 北洋水师: 富国强兵的"中国梦"[J]. 文史知识, 2013(10): 30-35.

力渐充，就一化三，择要分布"①。收到总理衙门奏折的同日，朝廷就明发上谕："南北洋地面过宽，界连数省，必须分段督办，以专责成。着派李鸿章督办北洋海防事宜，派沈葆桢督办南洋海防事宜，所有分洋、分任、练军、设局，及招致海岛华人诸议，统归该大臣等择要筹办。"②由于民贫国虚，为移缓就急，沈葆桢把南洋海防款让与北洋三年，"南款北让"虽没给北洋带来经费上的实质性帮助，但其奠定的北洋优先原则，为北洋水师日后一支独大、快速发展的局面奠定了基础③，至于中日甲午战争中北洋水师落败，则是后话。

（二）西学东渐：师夷长技以制夷

塞防多陆战，清军并不陌生，而海防，清军则束手无策。1840—1895 年，晚清遭受了五次海上外敌入侵，西方科学技术在第一次鸦片战争初次以"坚船利炮"的方式震撼了清王朝④。在清廷正式筹建南北洋水师之前，为之"练兵"已悄然进行，而主角却是"塞防"为先的左宗棠和"南款北让"的沈葆桢。

左宗棠 1863 年升闽浙总督，1866 年 5 月他向清廷奏请创办船政，主张在福建设局造船，引进外来科学技术，仿造新式轮船、训练新式水师，获准试行。时逢西北战事突起，1866 年 11 月清廷调左宗棠为陕甘总督。经深思熟虑，他推荐当时丁忧在家的原江西巡抚沈葆桢接任船政事务。1867 年 7 月，沈葆桢正式出任首任总理船政大臣，开始了他为期 9 年的船政事业。

船政衙门管理着船厂、艺局和轮船水师三大系统。其中，船厂又称为"船政厂"或"船局"，是专业的造船厂；"艺局"全称为"求是堂艺局"⑤，即船政学堂，是为培养造船人才而设立的专业学校。1866 年 12 月 23 日，船政工程全面动工的同时，求是堂艺局也同时开局招生。1867 年 1 月 6 日，求是堂艺局正式开学，校址最初暂设在福州城内的定光寺、仙塔街。至此，中国近代第一所新式教育学堂诞生。随着马尾（现为福州马尾区）校舍教学楼与学生宿舍的建成，1867 年 6 月，求是堂艺局也迁至马尾，改名为"船政学堂"。

---

① 中国史学会. 中国近代史资料丛刊·洋务运动(第 1 册) [M]. 上海：上海人民出版社, 1957: 146.

② 顾廷龙, 戴逸. 李鸿章全集（6）（奏议六）[M]. 合肥：安徽教育出版社, 安徽出版集团, 2008: 295.

③ 于孝东. 清季的海防大筹议与"南款北让" [J]. 大连近代史研究, 2019, 16: 25-36.

④ 李强华. 古今中西之争视域中的晚清海防战略嬗变[J]. 宁波大学学报(人文科学版), 2020, 33（4）: 76-83.

⑤ 左宗棠《船政事宜胪列十条膳具清单》提出"艺局之设，必学习英法两国语言文字，精研算学，乃能依书绘图，深明制造之法，并通船主之学，堪任驾驶""延致熟习中外语言、文字洋师，教习英、法两国语言文字、算法、画法，名曰求是堂艺局，挑选本地资性聪颖、粗通文字子弟入局肄习"。求是堂艺局由此得名。

最初学堂仅设前学堂和后学堂两所，后根据实际需要增设绘事院、艺圃、管轮学堂、练船等。这样前学堂就由制造学堂、绘事院、艺圃三部分组成；后学堂由驾驶学堂、练船、管轮学堂三部分组成，到 1897 年艺圃分为匠首学堂和艺徒学堂之后，船政学堂一共开办 8 所学堂①。

据查《近代中国船政大事编年与资料选编》《船政与近代中国海军》等史料，这 8 所学堂分别是：造船学堂，驾驶学堂，管轮学堂，练船学堂，电报学堂，绘图学堂，艺徒学堂，匠首学堂。其中，艺徒学堂、匠首学堂各设船身、船机、木匠、铁匠 4 工种，多为"制器"。八大学堂可以通俗理解为：制造、管理、中控、掌舵、发报、绘图、维修、保障。②

1880 年，清廷严令船政学堂裁员压编，撤销艺圃，并入考工所。1885 年，恢复艺圃，但新招艺童"只给饭食，不给赡银，学习三个月，考定留堂者，始行于日给饭食外，月给赡银四两"。1897 年，裕禄奏请"学堂、艺圃等处久未招考新童，宜及时举办"，将艺圃分为艺徒学堂和匠首学堂③。

福建船政学堂从 1866 年创办到 1907 年停止招生，前后 40 多年时间，开创了中国近代教育事业先河，也成就了"一部船政史，半部中国近代史"的辉煌。

有研究认为，福建船政学堂最初创办的前后学堂为了培养造船和驾驶人才，引入西方教育模式，从专业设置、课程安排、教学形式、教师教育水平以及学生要求上看，船政学堂实行的是普通高等教育；从其教育的分类来看，其又属于工程类高等教育；但从船政学堂厂校一体办学体制及各专业注重培养学生的实践和动手能力来看，船政学堂的针对性、实操性、职业性极强，可归属于高等职业教育范畴；从其某些学堂的培养目标和课程设置来看，如为了帮助提高船政厂技术工人的专业技术，船政学堂后来设置的艺圃也包含中等职业教育。不仅如此，船政学堂还承担不少培训教育。可以说，船政学堂是一所集高等普通教育、高等职业教育、中等职业教育、成人教育于一体，兼具多元教育层次的新式院校。④

单就职业教育部分来说，艺圃原是艺徒学堂的专称，后为艺徒学堂和匠首学堂的统称。细查发现，这些"艺徒"的老师被称为"洋员""洋教员"，招考"艺童"有食无薪，优秀者留下为"艺徒"有食有薪，毕业发展可由"小匠"至"匠人"再到"匠首"，大部分从事舰船船身维修、舰船船机维修、木匠、铁匠等工种。

同期，张之洞在湖北创办"工艺学堂"，培养的学生分为"工师""匠

① 江冰. 船政学堂的历史溯源及其办学特色[J]. 职业技术教育, 2017, 38 (36): 74-77.
② 张燕燕, 李兴军. 近现代中国技工学校源考[J]. 职业教育研究, 2020 (6): 91-96.
③ 柳燕妮, 陈盛著. 船政与近代中国海军[M]. 福州: 福建人民出版社, 2016: 37.
④ 江冰. 船政学堂的历史溯源及其办学特色[J]. 职业技术教育, 2017, 38 (36): 74-77.

首""匠目"，其中"匠目"的任务是"运用机器之方，辨别物类之法，会各种制造程式"。①1896 年 9 月 2 日，李鸿章在美国纽约接受《纽约时报》采访，美国记者问："美国资本在清国投资有什么出路吗？"李鸿章答："大清国政府非常高兴地欢迎任何资本到我国投资……我们欢迎你们来华投资，资金和技工由你们提供。但是，对于铁路、电讯等事物，要由我们自己控制。"②晚清中兴名臣纷纷关注到"技工"（或称工匠）的培养，并身体力行，可视为技工教育的起源。

如今，无论是职业学校，还是技工学校，都视福建船政学堂为其发源地，所言大体不差。八大学堂均有技术工人培养的元素，但只将"艺圃"类比职业学校范围，其认知尚窄，须加以拓展。从层次上看，艺徒学堂类似于初等职业教育，匠首学堂类似于中等职业教育，其他学堂类似于高等职业教育或工程类普通高等教育，如此类比才较为适当。

二、农工大后方：在"实学""兵工"中坚守

1911 年，辛亥革命推翻了清王朝，但中国所面临的国际国内矛盾并未实质性地改变。在经年累月的内忧外患中，20 世纪上半叶中国又经历了一次次的革命和战争，职业教育发展十分艰难。

一方面，北洋政府和南京国民政府延续并传承了晚清的不少做法，技术工人培养差强人意。另一方面，在军阀混战和抗日战争中，"技工"越发金贵和稀缺，成为战略管制人才。技工学校、技工训练、技工教育等一系列新名词、新事物纷纷诞生，开启了职业教育新的变革。

值得关注的是，对比"技工"来说，"技师"的概念起源还要早一些，两者没有直接关联。这说明，催生近现代技工学校成长的力量，从来都不是单一的，不仅有上述国防兵工领域的需求，还有农工矿、交通、通信等领域的驱动。

（一）起步的海空"技工"与农工矿"技师"

《北洋官报》1903 年登载"世界第一火车站：美国纽约铁路技师……"，1906 年登载"特聘技师改良磁器""俄派技师视察铁路"，1907 年登载"实

---

① 人力资源社会保障部教材办公室. 沧桑巨变：中国技工教育发展历程[M]. 北京：中国劳动社会保障出版社，2018：12, 30.

② 郑曦原. 帝国的回忆：《纽约时报》晚清观察记（1854-1911）（增订本）上册[M]. 北京：当代中国出版社，2011：339-340.

业："选派学生充当技师""实业：聘请技师勘办林木"，其他报刊亦有涉及。
1911 年，《奏派工科进士为技师长》："兹查总技师一席，系由松督咨请学部
将工科进士学部主事刘崇伦留闽充任。闻学部大臣已据情入奏矣。按刘君闽产，
素精工科，若充该公司技师长，想必无遗憾，而为吾闽造一大事业也。"[①]

1914 年，北洋政府参谋本部登载《航空学校毕业学员技工待遇条例》，
含"学员""学习技工""附则"三章共 12 条。第一章为任用、奖励、召集、
抚恤，第二章为任用及奖励、服务年限，此为首次出现"技工"的公文文献[②]。

据推测，当时技工已从航海延展到航空领域。1916 年，奉天师范学校王
卓然发表中英文哲理文章《技工与水手》（"the Artisan and the Sailor"）[③]。
可见，水手还算不上技工，技工是比水手更有技术含量的人员。

1919 年，由日本秋保治安著，熊崇煦翻译的《职业技师养成法》一书出
版。1920 年，教育部第 241 号部令《颁发职业技师养成法令》和第 27 号训
令《劝学所购阅职业技师养成法》，对该书予以推荐。同年，京师学务局令
京师公立职工学校将各科助手改称"技师"。

1922 年，航空署公布《修正技工工资等级规则》。1925 年，航空学校教
官曹明志、技工张开文因飞行事故身亡，登报召开追悼会，称该技工"由上
海兵工厂出身……投效航空工厂，技术颇称精巧"[④]。1927 年，浙江省建设
厅分别令雷男、张福仁、龚式农等审查考核蚕种制造厂、林场、农事试验场
等成效。至此，"技工"逐步涵盖多个技术领域。

1923 年，《技师甄录章程》对农、工、矿技师资格限定为"在国内外大
学或专门高等学校修习农工矿各专门学科三年以上，得有毕业文凭并经实习
确有经验者；办理农工矿各场所技术事项，合并计算在八年以上者有成绩，
或能自行发明改良制造或著作于农工矿各业确有心得者"[⑤]。随后专文指出"大
总统技师甄录合格人员拟认为与文官高等考试及格者有同等之资格"，并发
农商总长签发的专门技师证书，该章程后续有修订。技师资格之高、获得难
度之大，可见一斑。

① 奏派工科进士为技师长[J]. 福建商业公报, 1911(22): 40.
② 参谋本部. 致印铸局钞送航空学校毕业学员技工待遇条例请登载政府公报函(附条例)[Z]. 1914(609): 22-25.
③ 王卓然. 技工与水手[J]. 英文杂志, 1916, 2(3): 74.
④ 国内新闻：筹备曹明志追悼会地点湖广会馆同时追悼技工[J]. 航空月刊(北京), 1925(6): 5.
⑤ 附记技师甄录章程(呈文附)：农商部呈大总统订定技师甄录章程请鉴核文[J]. 江苏省公报, 1923(3390): 9-12.

1924 年，农商部公布 15 名技师，随后《政府公报》陆续公布多批次技师名单。1926 年、1927 年，《光华年刊》两次登载文学士、工科技师杨才清照片。1928 年，《工业技师登记暂行条例》发布。1929 年，国民政府发布《技师登记法》。1930 年，交通部公布《造船技师呈报开业规则》。1932 年，吴承洛发表《技师登记统计》：自 1928 年至 1931 年止，全国共发放技师登记证书 564 份。

1928 年，交通部发布《技工章程》，全文共 63 条，分为"总则、录用、薪给、考核、奖励、惩戒、告假、川资、恤养"等 9 章。第二条规定："凡从事于交通部电政机关机械或线路之工作者称为技工。"《技工章程说明书》特意指出："名称：旧章向称工匠，新章则改为技工，机匠改称机工，并另加工头一项。""范围：从前电报局及电话局工匠各有专章，今为统一名称及待遇起见，合并规定。"①随后，该章程多次修订，成为当时技工管理的重要规章。

1932 年，《海军部训令》颁发派驻宁海服务之海军航空处机械士及技工士臂章式样，要求在舰佩戴。机械士以"螺旋桨+翅膀"为主，技工士以"扳手+翅膀"为主，上、中、下士分别以太阳、双星、单星标识区分②。有关文献记载，在军用技术人员中，按照技监、技正、技士、技佐、技副系列定级，最高同中将③。在民间，司机也算作技工。技工收入远高于普通民众，更高于一般工厂工人。

1935 年出版的《实用商业辞典》定义：①技士，民国于有关技术之各官署，均设此职，位在技正之下。②技正，清末有关技术之各部，置艺事一官，掌专门技术事务。民国改为技正，位在技监之下，技士之上。外省官署亦置之。③技师，擅长技术之人。有农业技师、工业技师、矿业技师之别。凡执行技师业务者，必先向官厅行登记之手续。④技监，民国实业交通铁道等部所置，为简任职，位在技正之上，以实业制造诸专门学术者任之，指挥监督所属之技术官④。

1936 年，河南省政府公报登载《河南省技工民工恤金章程》，指出"本章程所称技工，指从事于电话、长途汽车、公路队、农场水利、竖井、河防、

---

① 交通部. 技工章程(附表)[J]. 交通公报, 1929(5): 6-20.

② 海军部. 训令: 第五七三九号(中华民国二十一年九月十二日): 令本部直辖各舰队司令各舰艇长: 颁发派驻宁海服务之海军航空处机械士及技工臂章式样仰知照由[Z]. 海军公报, 1932(40): 186-189.

③ 张建基. 民国军衔制度述略[J]. 军事历史研究, 1989(3): 72-88.

④ 陈稼轩. 实用商业辞典[M]. 上海: 商务印书馆, 1935: 318.

地址调查、农工器具制造等工务之一者而言"[①]。1939 年，《修正协助内迁各厂招募技工暂行办法》颁布。1939 年，《汽车技工管理规则》颁布，"第四条技工分为工匠、副匠、艺徒三级"，"第六条技工依据所习之工作各分为左列十种：装配匠、铜匠、铁匠、木匠、电气匠、漆匠、轮胎匠、车钳匠、缝匠、润油工"。

1936 年，《苏浙皖京沪五省市管理汽车技师匠徒暂行章程》公布。1940 年，《重庆市技师技副测绘员取费规规[②]》《技师技副登记证整理办法》发布。1947 年，国民政府废止《技师登记法》并颁布《技师法》：凡中华民国国民依专门职业及技术人员考试法，经技师试验或检核及格者得充任农工矿技师（表 1-1）。

表 1-1 《技师法》中技师分类表

农业技师	农艺、园艺、森林、蚕桑、植物、病虫害、畜牧兽医、农业、化学、水产等科
工业技师	土木、水利建筑、市政工程、卫生工程测量、原动机机械制造、自动车轮机、造船航空工程、冷藏、电力、电讯、电机、号志、化学工程、分析化学、造纸、制革、制糖、窑业、制药、纺织等科
矿业技师	采矿、冶金科、应用地质科

1945 年，陇海铁路方面提交的《请大会转咨主管机关提高中国劳工地位规定职工名分鼓励劳工努力生产发展国家工业案》对技工关系分析："查欧美各国劳工约分两种，一种'技术工'，一种'普通工'，技术工如技工、副技工、艺徒，普通工如工夫等，……我国不然，凡技佐以上者，如技监、技正、技师、技佐等，均为职员，以下者如技工、副技工、艺徒、工夫等，则均列为'工役'……"[③]

如上可知，国民政府时期，在技术官员系列，按照技监、技正、技士、技佐系列称谓。在农业、工业、矿业，按照技师系列称谓。在航空、船舶、公路交通、电报电话、机械、农技等领域，是按照技工系列称谓。当时，技工、技师相关称谓较为混乱，但逐步趋于一致，即与"技术工人"同义。不过，起初的区别在于，"技工"多源于国防、海陆空、机械领域，而"技师"多源于民生农工矿领域。"技工"量多、技专、身份隐蔽；"技师"量

---

① 河南省政府. 河南省技工民工恤金章程[J]. 河南省政府公报, 1936(1550): 2-3.

② 原文件用的是"规规"，应是"规程"之意。

③ 中国第二历史档案馆、海峡两岸出版交流中心. 中国国民党历次全国代表大会暨中央全会文献汇编第 28 册[M]. 北京：九州出版社, 2012: 290-291.

少，技精、位尊，身份透明。

（二）战时的技工训练和技工学校教育

据载，清末培训技术工人，除各地劝工局培训手工艺徒工外，还有机器学堂培训、官立实业学堂培训、委托代培、选派学徒到西洋各国培训等形式[①]。北洋政府时期，职工子弟学校、夜校、补习学校开展技术工人教育。南京国民政府时期发展为劳工教育，并颁布有《劳工教育设计委员会章程》[②]。1920年，《华商纱厂联合会季刊》登载"建设纺织技工学校案"，是为"技工学校"首次登场。这些与同期中华职业教育社主导的职业学校比起来，多不成气候，真正让技工学校、技工训练大放异彩的，是战时大后方的"兵工"合一，秘密"制器"。

抗日战争期间，1936年6月，国民政府兵工署在重庆决议，令属下各厂举办艺徒学校四年制技工班，当年考选1050人。1940年8月，兵工署令"各艺徒学校一律改名为'技工学校'，各厂分别训练速成技工、普通技工、特别技工、中级机师、中等技术员，刻不容缓"（表1-2）[③]。

表 1-2　军政部兵工署所属部分技工学校一览表

校名	原名	现今	备注
兵工署第一技工学校	第五十兵工厂艺徒学校	郭家沱望江厂	
兵工署第二技工学校	第十一兵工厂艺徒学校	铜罐驿	
兵工署第三技工学校	炮兵技术研究处艺徒学校	大石坝江陵厂	
兵工署第五技工学校	第二十兵工厂艺徒学校	铜元局长江厂	
兵工署第六技工学校	第四十兵工厂艺徒学校	綦江	
兵工署第七技工学校	第二十二兵工厂艺徒训练班	昆明西山海口	
兵工署第八技工学校	第二十四兵工厂艺徒学校	磁器口特殊钢厂	
兵工署第九技工学校	第五十一兵工厂艺徒训练班	昆明西山海口	
兵工署第十技工学校	第四十一兵工厂	遵义桐梓	
兵工署第十一技工学校	第二十一兵工厂	江北长安厂	新办
兵工署第二十五技工学校	第二十五兵工厂	双碑嘉陵厂	新办

① 四川省地方志编纂委员会. 四川省志: 统计、工商、行政管理、劳动志[M]. 北京: 方志出版社, 2000: 386.

② 刘建华, 潜伟. 民国时期技术工人学校教育研究——技工训练班技术工人教育考察[J]. 学术论坛, 2006(12): 153-157.

③ 蒋国昌. 重庆教育志[M]. 重庆: 重庆出版社, 2002: 307-308.

续表

校名	原名	现今	备注
兵工署第三十三技工学校	经济部	磁器口	新办
兵工署第三十八技工学校	钢铁厂迁建委员会	大渡口重钢厂	新办

资料来源：张燕燕，李兴军.近现代中国技工学校源考[J].职业教育研究，2020（6）：91-96.

同期因抗战需要，1940 年国民政府制定"训练技术人员计划大纲"后，技工训练处（隶属国防工业委员会，1942 年 1 月改隶于中央设计局，1944 年 1 月改隶于经济部）统一筹划，指定公营工厂、国立大学附属实习厂及部分国营工厂举办技工训练组，训练技工。1941 年，《国防工业委员会训练技工简要》提出训练种类有：①特别技工，知识较深技术较优之技工，训练期为三年；②普工技工，程度较低之一般技工，训练期为 2 年；③速成技工，为专习一种技艺，供急切应用之技工，训练期为 1 年。①

1942 年，被指定的工厂有：兵工署所属工厂、资源委员会所属中央机器厂、中央电工器材厂、中央无线电机器制造厂、交通部所属工厂、航空委员会所属工厂、中央大学实习工厂、同济大学实习工厂等。规模较大的国营工厂如渝鑫钢铁厂、大公铁工厂、顺昌铁工厂、恒顺机器厂、中国兴业公司、华生电器厂、民生机器厂、上海机器厂、中国汽车公司等都开办了技工训练班②。

1944 年，经济部发布《经济部技工训练处组织规程》和《经济部技工训练委员会组织规程》，从宏观层面上设计了全国技工培训工作。这些技工训练班，有的也对外称为技工学校。1940 年起，先后有 33 个单位经技工训练处核准开设技工训练班，到 1944 年 12 月，共招生特别、普通、速成技工 5800 余名，毕业者 3000 余人，在训者 2000 余人③。

同时，技工作为战略资源，成为各方争夺的对象。黄汉瑞在《论战时技工管理》中指出："技工是指有手艺的，或熟练工人而言。……本来技工的数量已有限，能安全退入后方又不多，于是自然地演成技工荒。"《战区失业技工的救济问题》《战时技工执照统制问题》《战时汽车驾驶人及技工受雇解雇督行办法》等，主要涉及管理、救助、雇佣等问题。据《通缉本局潜

① 李兴军. 括号里的职教：技工教育概念起源与发展[J]. 职教论坛，2019(10)：160-168.
② 四川省地方志编纂委员会. 四川省志·机械工业志[M]. 成都：四川辞书出版社，1994：442-443.
③ 刘建华，潜伟. 民国时期技术工人学校教育研究——技工训练班技术工人教育考察[J]. 学术论坛，2006(12)：153-157.

逃技工》《制发通缉技工像貌单》^①等可知，身怀绝技的技工一旦出逃，就会造成重大损失，一般都会惊动当局，甚至登报通缉。可见，"技工"是指具有专门技艺的技术工人，以航空、船舶、公路交通、电报电话、机械、农技等为主要领域，他们是战略物资，也是人才的核心组成，具有明显的前沿性、技术性、稀缺性、高收入等特征。

据载，兵工署诸厂内迁大后方，创办技工学校，培养了大量兵工技术人才。以重庆地区为例，"到重庆解放时，西南地区的兵工职工近 4 万人，占当时全国接管的各兵工厂、军械厂总数的 4/5，而重庆地区的兵工工人就占了西南总人数的一半以上"^②。据国民政府行政院档案 1945 年 8 月统计，大后方各省区尚有 32 个兵工厂，拥有各类机器 22 191 台，各类人员 87 670 人，其中职员 9056 人，工人 69 030 人，士兵 8 508 人，夫役 1076 人^③。其工人，多为技术工人，即技工。

由共产党领导的革命部队，在革命战争的不同时期也均有技工培养，主要集中在通信、兵工领域。

1931 年，工农红军第一方面军开办无线电训练班。1932 年，组建为中央军委无线电学校。1933 年，增设有线电通信、简易信号通信等专业，扩建为中国工农红军通信学校，主要培养无线电报务、机务和有线电话、司号、旗语等人员，以应用技工训练为主。1934 年，开办了 1 期高级班。同年 10 月，中央红军长征前，改为中央红军通信教导大队。1935 年 8 月，与红军第四方面军无线电训练班合并，改称中央军委通信学校；1942 年更名为电信工程专门学校；1945 年停办。1932—1945 年，共培养各类通信人员 3000 余名^④。

1939 年 9 月，八路军军工部成立了工训队，培养生产技工和管理干部。1941 年 5 月，又在工训队基础上创建了太行工业学校（现为中北大学）。根据地的军工企业在日益扩大，技术人才严重缺乏，为了解决这一问题，八路军总部决定在部队与兵工厂挑选一批文化素质较高的学员，直接进入专科班学习，学生总数达到 500 余人，并将原定的一个机械专科班分为三个专科班，三个专业分别是机械专科、化工专科、矿冶专科。太行工业学校既是一个教学单位，又是一个半武装队伍，学校经历了日军的七次残酷"扫荡"，全校

---

① 相关文献通过"晚清民国时期期刊全文数据库（1833—1949）"查询获取。

② 徐辉. 中国抗战大后方历史文化丛书. 抗战大后方教育研究[M]. 重庆：重庆出版社，2015：133.

③ 张忠民，朱婷. 南京国民政府时期的国有企业（1927—1949）[M]. 上海：上海财经大学出版社，2007：190.

④ 教育大辞典编纂委员会. 教育大辞典（第 3 卷）[M]. 上海：上海教育出版社，1991：614.

师生为保卫军工部领导机关的安全和保护兵工器材作出了贡献。太行工业学校从正式诞生到 1943 年 9 月奉命停办，在这 3 年中，培养学员 1200 余人，为军事工业培养了近 400 名中级工业管理干部和技工干部。①

1939—1945 年，新四军第四师军工部先后举办了 8 期训练班（队）和创办了淮北工业学校，共培训各类技术人员 510 余人。其中，有 150 余人成为军工生产的技术骨干或领导干部，为军工生产作出了积极贡献，其余 360 余人大多数成为部队战斗骨干。其中，1939 年 1 月—1942 年 11 月，先后举办了 4 期爆破训练班，训练内容涉及爆破原理、爆破技术、手榴弹构造与装配工艺、点火药制造方法与引火药的配制等。1945 年 9 月，为了培养更多的技术人员，军工部在原有的技工训练队的基础上开办淮北工业学校。校址设在泗洪县面朝西村，隶属四师军工部领导。设机械工程、化学工业、水利工程三科。由于形势变化和组织建制的变动，学校于 1945 年底停办，学员大多数分配到华中军工部第二总厂厂部各科室和下属各分厂，少数学员分到军区军工科工作。②

三、概念大争论：在"实用""适用"中分歧

在中国古代，"技"与"工"很少连用，"技"有技艺、技巧、技术的含义，"工"有工具、工匠、擅长的意思。有研究指出，"技工"在我国的典籍中称为"百工"。我国早期的百工教育，就是技工教育的初始③。在近代，从时间上看，1903 年"技师"首现，1914 年"技工"首现，1920 年"技工学校"见报，1932 年"技工训练"见报，1943 年政府机构首次采用"技工教育"概念④。

从整个职业教育来看：1901—1911 年，"实业教育"占据主流；1911—1917 年，"实业教育"与"职业教育"混用；1917—1922 年，"职业教育"取代"实业教育"⑤。1949 年，"职业教育"又整体改造为"技术教育"。因此，我们在考察技工教育历史的时候，特别需要厘清概念，弄清它的历史含义和现实含义、宽泛含义和严格含义、绝对含义和相对含义，弄清它们的

① 张燕燕, 李兴军. 近现代中国技工学校源考[J]. 职业教育研究, 2020(6): 91-96.
② 张燕燕, 李兴军. 近现代中国技工学校源考[J]. 职业教育研究, 2020(6): 91-96.
③ 刘春生. 职业技术教育导论[M]. 长春: 吉林科学技术出版社, 1989: 369.
④ 李兴军. 括号里的职教: 技工教育概念起源与发展[J]. 职教论坛, 2019(10): 160-168.
⑤ 张宇. 论"实业教育"到"职业教育"称谓的转变[J]. 天津大学学报(社会科学版), 2012, 14(3): 258-263.

区别和联系，是必不可少的"正名"工作。

（一）伴随洋务运动兴起的"实学教育"

据江恒源、沈光烈《职业教育》记载，并结合史料考证，实业教育轨迹大致如下：1866 年，左宗棠奏设"求是堂艺局"，后搬至马尾改名为"船政学堂"，开启了技术人才"自育之路"。1876 年，丁日昌在福建船政学堂附设电报学堂，为清廷培养了第一批电报技术人才[①]。1880 年，李鸿章奏设北洋电报学堂，又称天津北洋电报学堂。1882 年，姚彦鸿在上海创办电报学堂。1883 年，左宗棠在南京创办了金陵同文电学馆。1885 年，李鸿章创建天津武备学堂，又称陆军武备学堂，设步、马、炮、工程四科，1890 年后增设铁路科。1893 年，张之洞奏设"自强学堂"，设方言、算学、格致、商务四门，培养外语和商务人才。1894 年，中日甲午战争后，各省纷纷倡新政、谈新学，湖南时务学堂、杭州蚕学馆随后成立。1896 年初，蔡金台等在江西高安设立蚕桑学堂，考求种植，开讲种桑养蚕课程。同年 4 月，翁曾桂在南昌开办江西蚕桑局，内设江西蚕桑总学。[②]

戊戌变法期间，清廷采纳康有为的建议在各省府州县设农务学堂。1899 年，清廷颁布《出洋学生肄习农工商矿实学章程》。1902 年，山西农林学堂成立。此间，各界认为实业为强国之本，所以多地举办新学，多称"实业学堂"。1904 年，清廷颁布《奏定学堂章程》（癸卯学制）要求各省宜速设实业学堂，"农工商各项实业学堂，以学成后各得治生之技为主，最有益于邦本。其程度亦有高等、中等、初等之分，宜饬各就地方情形审择所宜，亟谋广设。如通商繁盛之区，宜设商业学堂。富于出产之区，宜设工业学堂。富于海错之区，宜设水产学堂。余可类推"[③]。1911 年 6 月，清廷学部在北京召集中央教育会，商议《女子职业学堂办法案》，未及讨论即撤回[④]，后不了了之。

晚清时期，人们把培养农、工、商、矿类应用人才的学校都叫"实学"，把各种农工商学校统称为"实业学堂"，终清一朝，法令上未曾出现"职业学堂"的提法。

① 丘新洋. 福州电报学堂新论[J]. 重庆邮电大学学报（社会科学版），2015, 27（2）：70-75.
② 米靖. 二十世纪中国职业教育学名著选编[M]. 北京：教育科学出版社，2011：294-295.
③ 朱海龙，胡晶君. 张之洞与癸卯学制[J]. 大连民族学院学报，2004（2）：79-83.
④ 米靖. 二十世纪中国职业教育学名著选编[M]. 北京：教育科学出版社，2011：294-295.

（二）"实业教育"到"职业教育"的转变

比起晚清职教实践，"实业教育"与"职业教育"的概念均出现较晚。据研究，1901 年，夏偕复在《教育世界》杂志（罗振玉发起创办）上发文，最早使用"实业学校""实业教育"两词。1904 年山西农林学堂总办姚文栋在《添聘普通教习文》中首次提到"职业教育"一词。[①]此前，"洋务运动"中创办的造船、器械、铁路、矿山等传授技艺的学堂走过了几十个年头，却一直没有一个固定的用以总括其事的称呼，只是笼统地与同文馆、算学馆等一起视作"西学"。

1906 年，思想界都开始大谈特谈"实业教育"，而其他类似的名词，如"职业教育"则只能处于"潜流"地位。在 1915 年前，理论界仍是"实业教育"的天下，而后则"职业教育"日趋强势，到 1917 年已使"倾心于新教育者，大都异口同声，取一致之论调矣"[②]。

1917 年，是称谓转变过程中关键性的一年。这年 5 月黄炎培等 48 人在上海发起创办中华职业教育社，倡导将"实业教育"正式更名为"职业教育"，并且开展了一系列宣传活动。自此以后，"职业教育"的流行更加不可阻挡。仅过了数年，"职业学校"取代"实业学校"在学制中的位置便已水到渠成。1922 年，壬戌学制则明确规定将"实业教育"改为"职业教育"。

总的来说，"实业教育"转变为"职业教育"并流行开来，原因是复杂的。不仅受到了国外经验的显著启发，也因为"实业学校自身办理不良"。因此，当黄炎培以中华职业教育社为阵地提出"推广职业教育""为适于职业之准备"等主张时，顿时一呼百应。从当时的社会效果来看，采用"职业教育"的名称并突出赋予其"解决个人生计"的含义，确实比"振兴实业教育"更好地起到了凝聚人心的作用。从最后学制的修订来看，"职业教育"范围的界定摒弃了旧学制对于"实业教育"的列举主义，如农、工、商等，而取富有弹性的概括主义，解决先前"不依正当统系而设之学校，皆不入学校统系"的弊端[③]。

虽然如此，但是当时社会对"职业教育"与"实业教育"这两个概念一直有争论，并没有达成一致。值得注意的是，两者争辩之中，还有"技术教

① 孟景舟. 关于实业教育和职业教育关系的认识与反思——基于历史的视角[J]. 职业技术教育, 2008, 29(4): 78-81.

② 张宇. 论"实业教育"到"职业教育"称谓的转变[J]. 天津大学学报(社会科学版), 2012, 14(3): 258-263.

③ 张宇. 论"实业教育"到"职业教育"称谓的转变[J]. 天津大学学报(社会科学版), 2012, 14(3): 258-263.

育""技工教育"的提法若隐若现，但不占主流。应该说，"技工教育"从诞生之日起，就特立独行，没有走到规范化的学术话语体系和法治化的教育学制体系中来。原因比较复杂，一则因为所办业务机密，二则重技术而轻文化，三则典籍匮乏且语焉不详。

当时，社会上对职业教育有些夸大其词。如庄泽宣演讲《职业教育救国》时赋予职业教育过高过大的职能，"职业教育兴，不独社会贫富阶级可日渐消灭，家庭制度可日渐打破，游民亦可日渐减少也"，断言"职业教育实救中国之唯一方法"，呼吁"爱国志士，盖速兴起乎"。[①]

1933 年，邵祖恭在《时代公论》上连载 10 期《今日中国教育思想之批评》，1934 年 6 月整理为《反职业教育论》。该书紧扣名实之辩，声明"反职业教育非反对职业""反职业教育非反对实有职业之学校""反职业教育非反对职业指导"。"我所反之职业教育：乃狭义的，行于学校，见于课程，以谋生或救时为目的之职业教育。"[②]在职业教育批判方面，邵祖恭循名责实，完全否定了"职业教育"的提法，"若真能一手予以教育，一手予人以职业耶？果真能教育不废职业，职业不废教育耶？果真能化教育之为职业耶，即舍教育而不言，抑又果真能予人职业也耶？"[③]进而从概念、目的、矛盾、错误、罪恶、思想等角度对"职业教育"大肆鞭挞，认为职业教育充满矛盾，难以自圆其说，甚至发出"职业教育非但不能救国，且有亡国危险"的警示，对当时职业教育高谈阔论予以抨击。[④]

鉴于《反职业教育论》的影响，中华职业教育社骨干杨卫玉[⑤]撰文《职业教育价值之新估计》指出："职业教育之在今日，是可以解决现实社会问题的一种，不是任何问题可以解决，更不是把职业教育来代替一切教育。明白了这个意义，那么主张职业教育的不必以职业教育为万能，而怀疑职业教育的也不必以职业教育为万恶。""实则职业教育绝对非个人功利主义之教育，更非蔑视文化之教育。"[⑥]这算是对职业教育名称争论做了一个较为公允的小结。

---

① 谢德新. 中国职业教育理论的早期现代化研究(1917—1937)[D]. 重庆: 西南大学, 2012: 34-35.
② 邵祖恭. 反职业教育论[M]. 南京: 京华印书馆, 1934: 13.
③ 邵祖恭. 反职业教育论[M]. 南京: 京华印书馆, 1934: 13.
④ 李兴军. 职业教育名实与本末之思——邵祖恭"去职业性"技术教育思想述评[J]. 职业教育(下旬刊), 2023, 22(5): 74-80
⑤ 杨卫玉(1888—1956)，字鄂联，上海嘉定人。第二届全国政协委员。曾任轻工业部副部长，历任中华职业教育社办事部副主任、总干事，第三届理监事会副理事长。著有《女子心理学》《职业教育概论》《小学职业陶冶》《工业教育》《职业教育理论与实际》等。
⑥ 杨卫玉. 职业教育价值之新估计[J]. 教育与职业, 1935(2): 109-111.

1943 年，国防工业设计委员会技工训练处编撰出版《技工教育一览》一书，首次采用"技工教育"概念。1947 年发行的《台糖通讯》再次采用"技工教育"概念，其在首页小言专题探讨"技工教育"指出："行见技工教育之拓展，将与子弟教育之普及，国语教育之厉行，汇为本公司训练工作上之三大主流……""第一年为普通训练，以训练一般技能为原则，第二三年为专门训练，视受训技工之身心条件，训练某项专门技能，以期专精。技工教育之内容，于此可见其轮廓。""比年以来，职业教育，生产教育等，潮流澎湃，然揆其结果，仍未惬人意。……兹者技工教育之原则，乃由生产之机构，训练需要之人才，受训者今日所受之教育，即系来日所用之技能，施训者今日所教之人才，即为来日属下之干部。不特教育可免空疏之弊，而生产亦可无人才缺乏之虞。"①

有学者指出，我国职业教育是抗敌御国的副产品，"职业"和"技术"这两个概念相比，一个是目的，一个是内容；一个更具政治性，一个更具经济性。"技术教育"比"职业教育"更接近它的本质②。"实业教育""技术教育""职业教育"等概念争论旷日持久，名实背后的深层次问题悬而未决，跌跌撞撞迎来了新中国的成立，即将再经受一次深刻的改造。职业教育和技工教育诞生伊始，救国激情大于名实逻辑情有可原。

正如 1949 年黄炎培指出的那样，"我们所争，在实不在名。名只须表达它内在的意义，不过要表达得正确，越正确越好。……如果在职业教育以外，找到一个新的名词，能正确表达这些内容，我们是极端欢迎的，并且应该大家寻求的"③。

第二节　当代技工院校发展的历程梳理

从时间维度来看，技工教育始终是中国职业教育体系的重要组成部分。技工院校积极参与并加大技能人才培养力度，是贯彻落实人才强国战略、实现制造强国目标的题中之义。技工学校从开始创建就以技术工人培养为目标，持之以恒。特别是新中国成立之后，技工学校是唯一以技术工人培养为主要追求的教育和培训机构，成为我国学制培养技工的主渠道。

① 藩. 小言: 技工教育[J]. 台糖通讯, 1947, 1 (16): 1.
② 孟景舟. 职业教育关键问题的十大反思[J]. 职教论坛, 2020 (1): 6-15.
③ 周汉民. 敬业乐群: 黄炎培职业教育思想读本(教师篇)[M]. 上海: 上海科学技术文献出版社, 2014: 51-52.

可以说，技工院校始终是我国技术工人和技能人才培养的重要力量，是技能人才培养体系的重要组成部分。各级各类技工院校以技能人才队伍建设为使命，始终服务于技能人才队伍建设大局，在技能人才培养方面担当重任，发挥了不可替代的重要作用，为我国技能人才队伍建设作出了突出贡献[①]。

新中国成立70余年来，技工院校办学经历了"计划性"向"市场化"的转变，也正面临着"数量式"向"内涵式"发展的转变。展望新时代，高质量发展需要技工，必然需要专业化系统化的技工培养，这也是当代技工院校的生存发展逻辑和现实基础[②]。

一、工业为基：技工院校外部管理的更替

新中国成立之前，职业学校和技工学校管理机构就一直不同。职业学校一般由教育部门管理，有公私立之分，主要侧重于农、工、矿、商服务领域。技工学校先后由国防工业委员会、经济部主管，一般为公办，私立无所涉及，主要侧重于兵工制造、交通运输、航空航海领域。新中国成立之后，技工学校（因含技师学院，又称"技工院校"）的管理体制，除了短暂的归口教育部门外，一直隶属于劳动行政部门[③]管理，紧紧跟随劳动就业和职业培训事业一道，走过了跌宕起伏的历史征程，这也是技工院校一直具有不同特色的缘故。

（一）劳动行政部门主管（1949—1964 年）

1. 技工教育管理体制的创建背景

新中国成立之初，全国仅有 3 所技工学校，在校生 2700 人[④]。为解决大规模工人失业问题，技工学校及技工训练等业务划归政务院劳动部负责，并延续至今。在新中国成立初期，技工学校明确归口劳动行政部门管理，不仅有历史延续的缘故，也有深刻的时代背景。其中，最重要的原因在于失业救

---

① 王晓君，崔秋立. 新中国成立 70 年技工教育的发展特色及贡献[N]. 中国劳动保障报，2019-09-25(4).
② 李兴军. 知所从来，思所将往——评《中国技工教育发展历程》[J]. 中国人力资源社会保障，2021(9)：24-25.
③ 劳动行政部门名称历经以下变迁：中央人民政府劳动部（1949 年 10 月）—中华人民共和国劳动部（1954 年 9 月）—并入国家计划委员会（1970 年 6 月）—国家劳动总局（1975 年 9 月）—中华人民共和国劳动人事部（1982 年 5 月）—中华人民共和国劳动部（1988 年 4 月）—中华人民共和国劳动和社会保障部（1998 年 3 月）—中华人民共和国人力资源和社会保障部（2008 年 3 月）。
④ 李佩瑶. 大力发展技工教育，培养社会主义建设需要的技术工人——在全国技工学校工作经验交流会上的讲话(节选)[M]//王建新. 中国劳动年鉴 1990—1991. 北京：中国劳动出版社，1993：191-195.

济、学苏效应、工业需求等。

一是技术工人失业问题严重，急需救济转岗就业。由于多年战争和国民党统治下的经济社会危机，彼时工商企业发展陷入困境。新中国成立之初，旋即遇到严重的社会失业问题。1950年3月，劳动部召开第一次全国劳动局长会议，毛泽东、朱德等领导人到会，会议制定了"发展生产、繁荣经济、公私兼顾、劳资两利"的劳动政策。1950年5月，在第33次政务会议上，通过了《关于救济失业工人的指示》。同年6月，劳动部下发《救济失业工人暂行办法》，提出以工代赈、生产自救、转业训练、还乡生产、发放救济金等多种救济方式[①]。1956年5月，内务部、劳动部联合发出《关于失业工人救济工作由民政部门接管的联合通知》，劳动行政部门才把对失业工人和失业知识分子的救济工作移交给民政部门[②]。诸多救济方式中，转业训练比较特殊，分为政治、文化、技术三种。其中，技术训练即进行专项技术技能培训，后逐步过渡到技工训练班、技工学校[③]。

二是苏联模式示范效应明显，国内学习苏联热情高涨。1949年9月，在起草具有新中国宪法性质的《中国人民政治协商会议共同纲领》时，与会代表就是否写入"职业教育"这一术语及相关内容有过一番争论。最后调停结果，加一句"注重技术教育"[④]。新中国成立伊始，新中国开展了对苏联的全面学习，既有政治理论上的学习，也有科学技术、生产经验和管理模式上的学习。我国将学习苏联教育经验作为教育方针，采取的主要措施有：翻译苏联教育的理论著作和教材，邀请苏联专家担任教育部顾问、学校的顾问和教师，按照苏联的教育模式建立新型学校，派遣留学生到苏联学习等[⑤]。在教育方针中有两个原则，即教育与工农相结合，教育与生产劳动相结合，确立了教育制度的基本形态，这就是单轨制和职业化[⑥]。苏联教育的基本观念、教育制度、教学模式以至教学方法被全盘接受。旧的"职业教育"称谓被取消，取而代之的是"技术教育"的提法。

三是国家工业化成为共识，技术工人供给迫在眉睫。"一五"计划掀起

① 人力资源社会保障部职业能力建设司，人力资源社会保障部技工教育和职业培训教材工作委员会. 职业能力建设文献资料选编(1949—2018年)[M]. 北京：中国劳动社会保障出版社，2018：442-443，851.
② 宋士云，吕磊. 中国社会保障管理体制变迁研究(1949—2010)[J]. 贵州财经学院学报，2012(2)：65-72.
③ 王宗洲. 山东省志·劳动志[M]. 济南：山东人民出版社，1993：36.
④ 黄炎培. 黄炎培日记 第10卷(1947.9—1949.12)[M]. 北京：华文出版社，2008：279.
⑤ 顾明远. 论苏联教育理论对中国教育的影响[J]. 北京师范大学学报(社会科学版)，2004(1)：5-13.
⑥ 孟景舟. 职业教育基础概念的历史溯源[D]. 天津：天津大学，2012：205.

了社会主义建设高潮，目标是要将落后的农业国变为先进的工业国，建立起独立完整的工业体系。一开始，中央就预料到技术工人的缺乏。陈云同志指出："初步计算，五年内工业和交通运输两项需增加技术人员三十九万五千人……但高等学校和中等技术学校的毕业生仅为二十八万六千人，相差近十一万人……这个问题在十年内很难完全解决。我们决不能等培养好了技术干部以后，再从事建设……还有教授不足，在校学生不足等问题。补救的办法，是靠工厂多办技术学校和训练班，培养技工。总之，干部培养不及，是第一个五年中难以解决的问题。"[①]以东北地区机械行业为例，技术工人质与量都显不足：①在工厂改扩建中，原有技术工人不断被提拔担任领导，新学徒不断加入生产部门，造成技术水平的相对下降。②技术工人技术等级较低，新技工缺乏基础的刀具知识、基本的看图知识、应知的计算办法、简单的设备结构知识及必要的操作技能。老技工理论知识水平较低，对新设备、新技术、新工艺又掌握不熟练，应对不了新任务。③技术的落后产生了严重的后果，破坏了生产的节奏性，使成本提高，浪费增大，产品质量也存在很大问题[②]。如此背景下，加快技工训练和培养，为社会主义建设提供强有力的支持，成为当时最合适的路径选择。

2. 技工教育管理体制的创建历程

中央人民政府劳动部成立于 1949 年 10 月，在政务院财政经济委员会[③]的指导下展开工作。1954 年，中央人民政府改为中华人民共和国国务院时，再设劳动部[④]。1953 年，中央财政经济委员会党组织决定，将后备技术工人培养训练的工作归劳动行政部门综合管理[⑤]。1953 年劳动部在"劳动力调配司"内成立"技工培训科"，具体负责技术工人培养训练的综合管理和业务指导，同年年底成立"技工培训司"。与之对应，中央各产业部门和各省市劳动厅（局）随后相继建立了技工培训处[⑥]。

---

① 陈云. 关于第一个五年计划的几点说明[EB/OL]. (2007-06-01) [2020-10-20]. http://www.ce.cn/xwzx/gnsz/szyw/200706/01/t20070601_11571126.shtml.

② 牛红. 经济恢复时期中国技术工人研究[D]. 太原：山西大学，2016：26-27.

③ 当时政务院财政经济委员指导财政部、贸易部、重工业部、燃料工业部、纺织工业部、食品工业部、轻工业部、铁道部、邮电部、交通部、农业部、林垦部、水利部、劳动部、中国人民银行和海关总署的工作。

④ 夏积智. 劳动行政管理知识大全[M]. 北京：中国劳动出版社，1991：76-77.

⑤ 四川省劳动厅教育处. 中国职业培训与技工学校管理体制的历史沿革[J]. 现代技能开发，1995（7）：10.

⑥ 崔秋立，王倩，李兴军. 改造与兴建：新中国初期技工教育发展研究[J]. 中国职业技术教育，2020（30）：63-72.

1953 年以前，我国并没有将技工教育划归于任何单一国家部门进行综合管理，因而技工教育的管理自发性较强，呈现出"多头分散"的局面。为改变技工教育管理分散的状况，加速技工学校的发展建设，提高技工教育服务生产的效率，政务院于 1953 年做出"由劳动部对全国技工学校进行综合管理"的决定，我国技工教育管理开始走向系统化和规范化[①]。

关于技工培训司及技工学校的创建，《丹心映山河——刘亚雄传记》中生动地记录道：1953 年初，刘亚雄调任劳动部副部长。她在劳动部工作了 11 年，主持工作最久领域是技工培训。新中国成立后，为提高工人的劳动素质，首先是上海，而后是天津，开始出现技工学校。一方面进行理论学习，一方面进行生产实践。技工学校经费自筹，培养具有一定文化水平的车、钳、铣、刨、磨等技术工人，同时还生产某些机器零件。工人毕业后，很快能适应工种的需要，受到用人工厂的好评。

刘亚雄敏锐地发现技术培训这一大有发展前途的新生事物，由她提议在劳动部专门成立了技工培训司，动员 20—30 名工作人员和她一同行动，分别深入全国各地，帮助发展技工学校。刘亚雄自己在几年内跑遍了江苏、浙江、湖南、湖北、河南、东北各地以及天津、上海等若干大城市，帮助开展技工培训工作，发现先进典型，及时总结经验在全国推广。到 1958 年，全国技工学校由最初天津、上海的两三所发展到 800—900 所之多，形成方兴未艾、蓬勃发展的局面。[②]

3. 技工院校早期发展的数量情况

1955 年劳动部《关于目前技工学校工作的报告》显示，1954 年底，各工业部门新建和改建的技工学校共有 65 所（其中，地方劳动局举办的 11 所），共设有工种 58 种（79 个专业），在校生 43 919 人。新建的技工学校基本上合乎标准，有较好的实习工场和设备，建校较久的大部分建立了各种制度，在行政与教学管理方面已有很大改善[③]。

1956 年，《人民日报》报载："根据工业、交通、建筑、地质和劳动等十八个部统计，到今年年底止，工人技术学校将达到二百三十二所，在校学生将达到十三万人。其中包括近二十种专业，一百几十种工种。"[④]可见，一

① 王晓利, 陈鹏. 新中国成立 70 年来技工教育的变迁理路及历史回响[J]. 中国职业技术教育, 2020(3): 5-16.
② 徐冲. 丹心映山河——刘亚雄传记[M]. 长春: 吉林人民出版社, 1989: 229-231.
③ 辽宁省劳动局. 劳动力管理文件选编[G]. 1979: 630.
④ 对技工学校要抓紧领导[N]. 人民日报, 1956-11-20(A1).

开始的技工学校的专业，均以工种为参照基点（表 1-3）。

表 1-3 技工学校发展情况统计（1949—1964 年）

年份	学校数/所	招生数/人	在校生数/人	毕业生数/人	教职工数/人
1949	3	—	2 700	—	396
1950	3	1 900	3 600	1 000	461
1951	12	4 500	6 400	1 700	820
1952	22	11 500	15 000	2 900	1 923
1953	35	15 000	23 500	6 500	3 012
1954	65	34 419	43 919	12 000	5 630
1955	78	34 095	48 095	29 919	6 166
1956	212	91 212	113 867	29 500	14 213
1957	144	14 616	66 583	69 000	8 536
1958	417	141 000	168 803	38 000	25 608
1959	744	126 678	280 000	15 481	35 897
1960	2 179	330 000	516 819	90 000	7 000
1961	1 507	200 000	300 000	200 000	44 117
1962	155	19 389	59 594	11 218	8 763
1963	220	47 541	78 119	20 768	28 659
1964	334	65 518	123 476	19 254	38 861

资料来源：王禹斌. 当代中国的劳动力管理[M]. 北京：当代中国出版社；香港：香港祖国出版社，2009：399；人力资源社会保障部教材办公室. 沧桑巨变：中国技工教育发展历程[M]. 北京：中国劳动社会保障出版社，2018：40；应文涌. 职业技术教育与社会经济发展[M]. 昆明：云南教育出版社，1993：278；人力资源和社会保障部职业能力建设司，中国劳动和社会保障科学研究院. 中国技工院校发展报告（2017 年）[M]. 北京：中国劳动社会保障出版社，2017：50-51. 对比发现，1961 年的在校生数据出入较大，另有 40 万、54 万之说。

1957 年，全国开始反右派斗争，并逐步扩大化，许多学校领导、教师被划为"右派"，影响了技工学校的正常发展，技工学校的发展首次出现了下滑的情况。1958 年，全国开始了"大跃进"运动，使技工学校的发展出现了盲目性，不切实际地过度发展。1958 年 7 月 8 日，中共中央批转劳动部党组的报告中提出"今后技工学校还需大量发展"，一些地区开始大办技工学校，技工学校开始"大跃进"式发展[1]。

---

[1] 魏朋. 技工学校改革发展 60 年历程的回顾与反思[J]. 河北科技师范学院学报（社会科学版），2011, 10(1)：41-46.

1960 年，劳动部向全国提出了"大办技工学校"的口号，技工学校数量成倍增长[①]，随后整顿回落。1961 年，劳动部《关于统一技工学校名称问题复河南省劳动厅的函》提出：为了便于工作和便于分别学校的性质起见，凡以培养技术工人为主的学校，均称为"技工学校"；凡以培养技工学校师资的学校，均称为"技工教育师范学校"[②]。截至 1964 年，我国共有 334 所技工学校，招生人数约 65 518 人，在校生 123 476 人。

（二）教育部门主管（1964—1978 年）

1. 技工学校管理权责划归教育部经过

1958 年 5 月，刘少奇在中共中央政治局扩大会议上正式提出了"两种劳动制度"和"两种教育制度"的设想和主张。1958 年，刘少奇在《我国应有两种教育制度、两种劳动制度》的讲话中，更加明确地规定了两种教育制度分别是全日制和半工半读；两种劳动制度分别是固定工和临时工。不久，中共中央、国务院又提出"教育要与生产劳动相结合"方针。[③]

有文献指出，刘少奇同志提出两种劳动制度和两种教育制度，这对推动当时劳动制度和中等教育结构的改革起了重要作用[④]。1963 年 12 月 16 日，周恩来在国务院第 137 次全体会议上宣布，将教育部分为高等教育部和教育部。1964 年，高等教育部设中等专业教育司，教育部设职业教育司和师范教育司。

1964 年 4 月 2 日，国务院发出《国务院关于技工学校综合管理工作由劳动部划归教育部的通知》[⑤]，指出：为了进一步贯彻普通教育与职业教育并举的方针，大力发展职业教育，加强职业教育工作的领导管理和统筹安排，决定将技工学校的综合管理工作由劳动部划归教育部主管，劳动部予以协助。通知同时明确，劳动部管理这项工作的干部，也已调到教育部。地方劳动行政部门综合管理当地技工学校的工作，也要相应地移交给同级教育部门主管，劳动行政部门予以协助，地方劳动行政部门办的技工学校，仍由劳动行政部门直接领导。

---

① 杨金梅. 我国技工教育 50 年[J]. 职业教育研究, 2005(3)：127-128.

② 来文静. 我国职技高师政策的发展轨迹、变迁逻辑及优化路径[J]. 中国职业技术教育, 2022(9)：23-31, 45.

③ 张倩, 宁永红, 刘书晓. 新中国成立以来的技工教育：历程、回归与超越[J]. 中国职业技术教育, 2017(24)：65-70, 80.

④ 劳动人事部干部教育局. 劳动、工资、人事制度改革的研究与探讨[M]. 北京：劳动人事出版社, 1985：552.

⑤ 国务院. 国务院关于技工学校综合管理工作由劳动部划归教育部的通知[J]. 中华人民共和国国务院公报, 1964(6)：114.

为了统一与加强对半工半读学校的领导，加速建立两种教育制度，减少部门工作上的不必要重复，1964 年 10 月 16 日，为了更好地统一管理中等专业学校、职业学校和技工学校，经国务院文教办公室批准，将设在高等教育部的中等专业教育司统一划归教育部管理，与教育部职业教育司合并，仍称为中等专业教育司①。同年秋，教育部成立半工半读教育办公室②。

2. "文化大革命"中技工学校遭破坏停顿

1966 年 7 月 23 日，高等教育部和教育部又合并成立教育部，由何伟任部长。同年 9 月，何伟被批斗，教育行政领导工作自此瘫痪③。1968 年 7 月27 日和 1969 年 4 月 3 日，先后实行了军事管制，"工宣队"进驻教育部。1969 年 10 月，教育部机关干部下放安徽"五七"干校。1970 年 6 月 22 日教育部撤销，全国教育行政工作受"中央文革小组"指导，由国务院科教组（1970年 7 月成立）管理。直到 1975 年 1 月，全国人大四届一次会议决定撤销国务院科教组，恢复教育部④。

"文化大革命"一起，"两种教育制度"理论首当其冲，被批为"资本主义双轨制的翻版"。1964 年以来兴办的半工半读性质的职业学校、农业学校、工读学校、技工学校、劳动学校被说成是"资本主义训练奴仆的歧视劳动人民的学校"，大多停办或转为普通中学（不合格硬转）⑤。

1967 年，人民日报在《打倒修正主义教育路线的总后台》的文章中，对半工半读和"两种教育制度"进行了错误批判，导致当时很多技工学校被迫停办⑥。有一定规模和办得比较好的学校都改为工厂，余下的全部停办。新中国成立以来的一批办学干部和教学人员被迫遣散，教学资料损失殆尽，国家已没有专职技工学校管理机构，有的部门十几年来的办校档案，一纸无存⑦。技工教育史料匮乏，与此有一定关系。

1971 年，有关部委和省市代表在全国教育工作会议上强烈要求恢复和办好

---

① 孙琳. 新中国职业教育的发展与变革[J]. 中国职业技术教育, 2008(33): 25-28, 41.

② 曹晔, 等. 当代中国中等职业教育[M]. 天津: 南开大学出版社, 2016: 271.

③ 周全华. "文化大革命"中的"教育革命"[D]. 北京: 中共中央党校, 1997: 27.

④ 曹晔, 等. 当代中国中等职业教育[M]. 天津: 南开大学出版社, 2016: 271.

⑤ 周全华. "文化大革命"中的"教育革命"[D]. 北京: 中共中央党校, 1997: 74.

⑥ 张倩, 宁永红, 刘书晓. 新中国成立以来的技工教育: 历程、回归与超越[J]. 中国职业技术教育, 2017(24): 65-70, 80.

⑦ 华东师范大学教育科学研究所, 技术教育研究室. 技术教育概论[M]. 上海: 华东师范大学出版社, 1985: 27-28.

中专和技校，并得到周恩来的肯定。1972 年，一些技工学校得以恢复。1973 年，国务院批转《国家计委、国务院科教组关于中等专业学校、技工学校办学几个问题的意见》，规定"全国技工学校要对自身规划和布局工作及时调整，并积极开展招生工作，根据现实需要和实际条件，对其进行适当的发展"，并重申毛主席的指示：只要有条件，技工学校可以一律试办工厂或者农场，尽可能地为社会培养更多又红又专的人才。[1]其中，还提及：中等专业学校是为社会主义革命和社会主义建设培养又红又专的中等专业人才；一般应招收具有二年以上实践经验的优秀的青年职工、退伍军人、民办小学教师、赤脚医生和上山下乡、回乡知识青年。中专学制暂按二至三年试行。技工学校培养有社会主义觉悟、有文化的技术工人，一般应招收有相当于初中文化程度的经过一二年劳动锻炼的上山下乡、回乡知识青年或应届初中毕业生。在近二三年内，为了控制职工人数的增加，应主要招收在职徒工。技工学校学制一般暂按二年试行。[2]

在此期间，技工学校废除招生考试政策，实行学生自愿报名，群众及教师推荐，领导和学校批准、复审的原则。招生对象不再仅仅是初中毕业生，还包括有实践经验的工人农民，当时称为"工农兵"学员，实行二年学制。毕业后一般回原地区单位工作，也可分配企事业单位，还可以选择上山下乡。正规农业学校的毕业生遵从"由公社来再到公社去"的分配政策。[3]

也有文献指出，从 1972 年开始，重新复办技工学校，有的地区数量发展很多，但一般规模都很小，办学条件差，有的是"三无"（无专职教师，无校舍，无专门实习场地）学校。有的缺乏教学计划、教材，这类技校一般都由工厂附设，主要是为招收劳动力的需要，而不是培训技工，因此教学质量差，工种不对口，使用无计划[4]。可以说，技工教育归口教育部管理的十余年，恰逢"文化大革命"，是技工学校发展最差的时期。十年的动荡，技工学校濒临灭绝，成为技工教育历史上隐入尘埃、难以言说的遗憾（表 1-4）。

---

① 张倩，宁永红，刘书晓. 新中国成立以来的技工教育:历程、回归与超越[J]. 中国职业技术教育, 2017(24): 65-70, 80.

② 何东昌.中华人民共和国重要教育文献(1991—1997)[M]. 海口: 海南出版社, 1998: 1502.

③ 张倩，宁永红，刘书晓. 新中国成立以来的技工教育: 历程、回归与超越[J]. 中国职业技术教育, 2017(24): 65-70, 80.

④ 华东师范大学教育科学研究所, 技术教育研究室. 技术教育概论[M]. 上海: 华东师范大学出版社, 1985: 27-28.

表 1-4　技工学校发展情况统计（1964—1978 年）

年份	学校数/所	招生数/人	在校生数/人	毕业生数/人	教职工数/人
1964	334	65 518	123 476	19 254	38 861
1965	400	107 484	183 419	47 541	—
1971	39	6 960	8 550	3 270	2 620
1972	236	33 590	36 942	3 109	10 081
1973	653	66 030	94 923	4 994	17 972
1974	905	58 209	136 278	23 646	25 019
1975	1 151	97 391	192 386	67 282	35 711
1976	1 267	120 084	221 499	54 416	44 997
1977	1 333	131 632	243 072	103 127	52 294
1978	2 013	256 994	381 977	89 377	66 614

资料来源：应文涌.职业技术教育与社会经济发展[M]. 昆明：云南教育出版社，1993：278；人力资源和社会保障部职业能力建设司，中国劳动和社会保障科学研究院. 中国技工院校发展报告（2017年）[M]. 北京：中国劳动社会保障出版社，2017：50-51. 其中，前者数据指标较少，后者较详细，有争议的数据以后者为准。"文化大革命"期间，数据缺失较多，统计精确度不高。

有研究表明，"文化大革命"期间，教育系统形成一种极为畸形的单一的中等教育结构：到了 1976 年，普通中学在校生为 5836.6 万人，其中高中段 1483.6 万人，而中专、技工、农中、职中等各类学校在校生仅占高中生的 1.16%。在普通中学普遍出现两种务实的倾向：一是悄悄恢复正规化文化教育，二是公开实行职业劳动教育。[①]在职业教育、劳动教育极受重视的背景下，1972—1978 年，由企业所办的技工学校得到恢复并焕发出勃勃生机，其实习教学往往采取下车间跟班劳动的形式，但课堂化教学难以得到有序实施[②]。

（三）再次由劳动行政（人力资源和社会保障）部门主管（1978年至今）

1. 技工学校管理权责回归劳动行政部门

改革开放初期，经国务院批准，全国技工学校的综合管理工作，由教育部划归国家劳动总局主管，教育部给予协助。1978 年 2 月 11 日，教育部、国家劳动总局发出《关于全国技工学校综合管理工作由教育部划归国家劳动总局的通知》，指出地方办的技工学校由地方有关业务部门管理；国务院各

① 周全华. "文化大革命"中的"教育革命"[D]. 北京：中共中央党校，1997：74-75.
② 申家龙. 新中国职业教育发展历程[M]. 西安：西安地图出版社，2006：75-76.

部门办的技工学校，由国务院有关部门管理。国家劳动总局和地方劳动行政部门负责技工学校的综合管理工作，包括编制发展规划、招生计划，拟定有关方针政策、规章制度，组织有关部门编写、审定教学计划、教学大纲和教材，以及培训提高师资水平、组织交流工作经验等。教育部门在师资配备和编写教材等方面，要给予支持、协助。[①]

1980 年，国务院批转教育部、国家劳动总局《关于中等教育结构改革的报告》指出："在业务上，凡是培养技术人员和干部的职业（技术）学校，以教育部门为主综合管理，劳动行政部门配合；凡是以培养后备技术工人的职业（技术）学校，以劳动行政部门为主综合管理，教育部门配合。"[②]1982 年 8 月，教育部将原来的中等专业教育司改设为职业技术教育司，对中等技术学校、职业中学和农业中学进行综合管理[③]。两家职业教育实施机构的培养目标分野，自此不同，至今影响尚在。只不过，随着时间的推移，两家差异越来越小。教育口管理的中专，已无法胜任培养技术干部的任务，转而升学与就业并重，而劳动口管理的技校，还在坚持培养技术工人，且以就业为主。

随后，国家劳动总局因国家机构改革，名称多次变化，职能也发生多次改变，形成当今的人力资源和社会保障部，但技工学校管理权限未再剥离。国务院办公厅于 2000 年转发教育部等部门《关于调整国务院部门（单位）所属学校管理体制和布局结构的实施意见》，指明将所属于国务院部门和单位的 617 所成人高等学校、中等专业学校和技工学校划转到地方[④]。

鉴于铁路运输企业与铁道部暂不脱钩，其所属 120 所成人高等学校和中等专业学校、技工学校的管理体制暂时保持不变。193 所技工学校由中央部委管理转为地方管理。上述学校原则上在本地区招生，培养本地区所需要的人才，其中个别行业性强的学校和专业可以继续少量跨省（自治区、直辖市）招生。实行垂直管理的铁路等行业中由企业举办的上述学校，可以继续面向全国招生。直属于劳动和社会保障部（1998 年 3 月由劳动部改组而成）的天津职业技术师范学院也于 2000 年划归天津市政府管理，由教育部和天津市共

---

① 教育部，国家劳动总局. 关于全国技工学校综合管理工作由教育部划归国家劳动总局的通知[EB/OL]. (1978-02-11)[2022-10-20]. https://law.lawtime.cn/d560874565968.html.

② 国务院. 国务院批转教育部、国家劳动总局关于中等教育结构改革的报告[J]. 中华人民共和国国务院公报, 1980(16)：491-496.

③ 高江. 我国职业教育管理体制：70 年回顾与展望[J]. 河北科技师范学院学报（社会科学版），2021, 20(3)：28-33, 48.

④ 国务院办公厅转发教育部等部门关于调整国务院部门（单位）所属学校管理体制和布局结构实施意见的通知[J]. 中华人民共和国国务院公报，2000(9)：14-29.

建，2010 年更名为天津职业技术师范大学。至此，作为国务院组成部分的劳动行政部门只是在宏观上管理技工学校业务，不再管理具体的技工学校和技工师范学院[①]。

2. 劳动行政部门管理技工院校的原因分析

为什么技工学校恢复办学时要划归劳动行政部门，而中专却保留在教育部？这是一个相当复杂的问题，除了技工学校与劳动行政部门有既往的"血缘关系"外，主要原因如下。

一是技工学校和职业技术培训关系密切。无论从历史还是从职责分工上看，劳动行政部门不仅管理技工学校和学徒培训，而且管理待业青年的就业训练以及在职工人的技术培训[②]。我国的培训工作，最初就是从就业训练和转业训练开始的，后来发展为技工培训、工人技术培训，再发展成全面的职业技术培训，而职业技术培训又是劳动力管理工作的重要组成部分[③]。技工培训司先后变更为职业技能开发司、职业能力建设司，技工院校管理一直隶属于其中，关系可见一斑。

二是劳动行政部门和工业企业关系密切。1978 年《关于全国技工学校综合管理工作由教育部划归国家劳动总局的通知》还要求，"技工学校的开办、调整、撤销和专业设置，仍按以下办法办理：属于地方办的报省、市、自治区革命委员会批准，属于国务院各部门办的，在商得地方劳动行政部门同意后，报中央主管部门审批，但均需报送国家计委和国家劳动总局审查备案"。

---

① 1959 年，为满足技工学校的师资需求，国家批准在天津、上海、辽宁、河南建立四所技工教育师范学校（后更名为技工教育师范学院），由劳动部主管，但后来先后被迫停办。改革开放后，为解决蓬勃发展的职业教育的师资短缺问题，1978 年 11 月国家劳动总局向国家计划委员会提出《关于恢复四所技工教育师范学院问题的报告》（〔78〕劳培字 32 号），1979 年 1 月 10 日国家计划委员会、教育部向国务院提出《关于增设四所技工教育师范学院的请示报告》（计劳〔1979〕9 号），经国务院领导圈阅批准，同意复建四所技工师范学院，即天津技工师范学院、吉林技工师范学院、山东技工师范学院、河南技工师范学院（张炳灿. 职业技术师范院校发展的回顾与启示[J].职业技术教育，2009（19）：57-61）。但从后续发展情况看，仅有天津技工师范学院（后更名为天津职业技术师范大学）、吉林技工师范学院（后更名为吉林工程技术师范学院）实际招生。1985 年，教育部颁发《中共中央关于教育体制改革的决定》，认为师资严重不足是当前发展中等职业技术教育的突出矛盾，提出要建立若干职业技术师范院校，有关大专院校、研究机构都要承担培训职业技术教育师资的任务。随后，在上海、河北、河南、江西、浙江、安徽等地先后建立职业技术师范学院。总之，从 1979 年到 1989 年，共成立十余所独立设置的职业技术师范学院，为中国职教师资的培养奠定了重要基础（资料来源：汤霓.现代职业教育师资培养研究[M].芜湖：安徽师范大学出版社，2020：190）。

② 关裕泰. 职工培训概论[M]. 北京：中国劳动出版社，1991：171-173.

③ 劳动人事部干部教育局. 劳动、工资、人事制度改革的研究与探讨[M]. 北京：劳动人事出版社，1985：552.

"各产业部和各省、市、自治区劳动行政部门应建立相应的机构，充实人员，适当调回一些熟悉这项业务的骨干。"[①]在计划经济时代，上级部门直接管到具体的微观经济组织，依照劳动生产率核定职工人数，下达增人计划。技工自然属于直接管理范围，企业需要多少技工，需要劳动行政部门按计划配置。技工学校办多少、招生人数、培养层次都要与企业发展相适应，因此技工学校由劳动行政部门管理顺理成章。

三是技工教育具有鲜明的生产力属性。有专家认为，技工学校是培养技术工人的教育机构，而技术工人是生产力的重要组成部分，也是同生产工具结合最为紧密的劳动力要素，因此具有鲜明的生产力属性。技工教育比其他教育更为突出生产力属性和经济资源属性。这一属性决定了技工教育在形态上具有与产业和企业的天然联系[②]。即使在市场经济条件下，劳动行政部门对劳动力由微观管理改为宏观调控，其在技工培养方面的指导作用仍然具有重大的现实意义。特别是劳动关系方面，劳动行政（人力资源和社会保障）部门有天然优势，其固有的产业、企业、就业思维为技工院校发展带来许多有利资源。

3. 改革开放以来技工院校迅速发展

2018年，时值我国改革开放40周年，也是中国技工教育诞生150周年。技工教育系统做了较多历史总结和归纳，曾任人力资源和社会保障部副部长的中国职工教育和职业培训协会会长孙宝树总结讲话指出，改革开放以来，我国技工教育发生了历史性变革，取得了历史性成就。

一是办学规模显著提高。1977年，全国共有技工院校1333所，招生13.2万人，在校生24.3万人；至2017年底，全国共有技工院校2490所，在校生338万人，当年招生131万人，教职工人数26.9万。改革开放40年来，学校数、招生人数、在校生人数分别增长了86.8%、892.4%、1290.9%。

二是培养层次明显提升。改革开放前，技工院校主要培养能够进行简单技能操作的技术工人，培养层次较低，培训技能简单。改革开放后，逐步形成了初级工、中级工、高级工、预备技师和技师，与职业技能等级相衔接的完整的培养体系。2017年，全国技工院校高级工、预备技师和技师班招生人

① 教育部，国家劳动总局. 关于全国技工学校综合管理工作由教育部划归国家劳动总局的通知[EB/OL]. (1978-02-11)[2022-10-20]. https://law.lawtime.cn/d560874565968.html.

② 崔秋立. 技工学校现行管理体制的内在逻辑[J]. 山东人力资源和社会保障, 2020(Z1): 24-26.

数 47.3 万人，占招生总数的 36.1%；在校生人数 127.5 万人，占在校生总数的 37.7%，技工教育办学层次明显提高。

三是职业培训规模不断扩大。改革开放 40 年来，技工院校逐渐由注重学制教育向学制教育与职业培训并重转变，积极面向企业在职职工、农村转移就业劳动者、失业人员、未就业高校毕业生、退役士兵等群体开展大规模职业培训。2017 年，全国技工院校开展社会培训 456.4 万人次，社会培训结业人员共有 326 万人，其中有 169.5 万人取得职业资格证书（或技能等级证书）。

四是师资队伍素质明显提高。2017 年全国技工院校教职工人数 26.9 万人，比 1977 年的 5.2 万人增长了 4 倍多；教师人数 19.8 万人，比 1977 年的 1.9 万人增长了近 10 倍。教师中具有技师、高级技师职业资格的共 5.4 万人，占教师总数的 27.3%，高级讲师 3.8 万人，占教师总数的 19.2%，一体化教师达到 7.5 万人，建设形成了一支结构合理的高素质技工院校师资队伍（表 1-5）[①]。

表 1-5　技工院校发展情况统计（1978—2022 年）

年份	学校数/所	招生数/人	在校生数/人	毕业生数/人	教职工数/人
1978	2 013	256 994	381 977	89 377	66 614
1979	2 933	346 619	639 999	96 894	99 807
1980	3 305	331 308	700 376	255 012	136 074
1981	3 669	284 221	679 293	353 264	182 324
1982	3 367	203 449	511 973	323 361	177 567
1983	3 443	274 173	525 219	269 252	186 762
1984	3 465	310 654	627 677	184 629	188 524
1985	3 548	355 361	741 712	226 459	215 289
1986	3 765	394 000	892 000	233 000	245 000
1987	3 952	423 000	1 031 000	265 000	262 000
1988	3 996	461 389	1 160 828	311 180	280 390
1989	4 102	470 332	1 258 489	368 354	295 782
1990	4 184	505 666	1 331 709	413 498	307 764
1991	4 269	544 458	1 422 102	454 217	325 156
1992	4 392	601 795	1 556 040	457 022	336 493
1993	4 477	663 526	1 716 690	497 369	335 164
1994	4 430	714 394	1 870 869	556 804	340 132
1995	4 521	746 237	1 890 095	684 601	336 664

① 孙宝树. 在中国职协六届三次理事会会议上的讲话[J]. 中国培训, 2018(12): 4-10.

续表

年份	学校数/所	招生数/人	在校生数/人	毕业生数/人	教职工数/人
1996	4 467	726 839	1 918 064	681 052	334 867
1997	4 395	734 147	1 931 605	699 411	309 548
1998	4 362	594 733	1 813 304	694 639	290 081
1999	4 098	515 482	1 560 535	662 491	269 300
2000	3 792	503 779	1 400 993	646 234	239 581
2001	3 470	551 143	1 347 133	477 309	219 636
2002	3 075	733 256	1 529 875	454 277	203 436
2003	2 970	916 363	1 931 423	452 566	202 190
2004	2 884	1 097 365	2 344 504	535 202	204 657
2005	2 855	1 183 693	2 752 974	689 976	204 009
2006	2 880	1 347 611	3 208 150	864 257	215 349
2007	2 995	1 585 487	3 671 475	996 599	239 989
2008	3 075	1 613 506	3 975 203	1 089 970	246 736
2009	3 064	1 563 781	4 142 578	1 151 633	258 254
2010	3 008	1 586 055	4 209 752	1 213 353	264 944
2011	2 914	1 635 282	4 293 723	1 189 161	264 896
2012	2 892	1 567 530	4 228 216	1 202 123	266 994
2013	2 882	1 334 957	3 865 864	1 168 809	269 443
2014	2 818	1 244 065	3 389 696	1 067 944	265 203
2015	2 545	1 214 316	3 214 610	946 179	260 319
2016	2 526	1 271 983	3 231 523	930 668	265 053
2017	2 490	1 309 068	3 382 075	904 789	268 565
2018	2 379	1 285 468	3 416 354	902 993	266 711
2019	2 392	1 429 536	3 603 050	984 247	271 810
2020	2 423	1 600 551	3 955 306	1 014 070	279 290
2021	2492	1 672 485	4 267 239	1 087 036	298 255
2022	2551	1 659 948	4 454 467	1 199 690	312 655

资料来源：①1978—2016 年数据源于人力资源和社会保障部职业能力建设司，中国劳动和社会保障科学研究院. 中国技工院校发展报告（2017 年）[M]. 北京：中国劳动社会保障出版社，2017：50-51. 其中，1987 年数据源于黄永林. 新中国教育财务六十年[M]. 武汉：华中师范大学出版社，2010：349，并做万位估计。②2017—2022 年数据源于国家统计局国家年度数据查询。

2021 年 8 月，《人力资源社会保障部国家发展改革委财政部关于深化技工院校改革大力发展技工教育的意见》（人社部发〔2021〕30 号）出台，计划"十四五"期间，全国技工院校在校生规模保持在 360 万人以上，毕业生就业率在 97%以上，累计培养培训高技能人才达到 200 万人以上、开展职业技能培训 2000 万人次以上。截至 2022 年底，全国共有技工院校 2551 所，在校生 445.4 万人。全国技工院校当年招生 166 万人，面向社会开展职业培训 616 万人次，年度招生和开展职业培训规模均创历史新高。毕业生人数 120 万左右，就业率达 96%以上。[①]

二、技能为本：技工院校内部层次的变迁

随着时代发展，技工教育逐步出现了技工学校、高级技工学校和技师学院三种形式，统称为"技工院校"。其中，技师学院是其最高层次的办学组织形态，承担通过学制教育培养高级工及以上技能人才任务，属职业教育高层次技能人才培养范畴。由于技工学校、高级技工学校和技师学院三者的组织分化并未完全实现，有些还存在多个牌子的情况，因此，本书在回顾技工院校内部层次的变迁时，并不意味着一种称谓对另一种称谓的替代，而是指培养层次上的升格，同时依然保留原有培养层次。

（一）计划经济体制下的技工学校基本稳定

1954—1956 年，劳动部出台了一系列技工学校规范性管理文件，涉及领导管理、机构设置、工种设置、人员编制、经费管理等方方面面，加强了技工学校体制机制建设，明确了技工学校办学层次，并保持稳定。特别是《技工学校暂行办法（草案）》《技工学校标准章程》《关于提高技工学校教学质量的决议》等文件，对于技工学校人才培养方法都做了明确的要求，要求以生产实习教学为主，加强实习场所建设，把学生动手能力、实践能力的培养放在重要位置上。

1954 年颁布的《技工学校暂行办法（草案）》明确"技工学校为保证国家经济建设需要而设立"，将技工学校定位为：由劳动部提供业务指导，由主管产业部门领导，受专业局（公司）或厂矿直接管理，按产业设置，按计划招生，按工种培养，由主管产业部门发给毕业证书，由产业管理部门分配工作的学校。在实际中，技工学校体现出"以产定教，厂校一体"的特征，既是学校，又是工厂；既出人才，又出产品。概括而言，技工学校办学目

---

① 职建仁. 全力推动高技能人才队伍建设高质量发展[J]. 中国人力资源社会保障, 2023(5): 19-20.

标明确，就是为经济建设服务，同时具有计划经济时代特征，采取按需培养、对口就业、服务产业的人才培养路径，符合当时国情，也具有较强的针对性和指向性[①]。

1955年，第一次全国技工学校校长会议，通过了《关于提高教学工作质量的决议》，当年9月国务院转发了这个决定。会议明确了技工学校的教学工作以生产实习教学为主的方针，以区别于中专和普通学校的偏重文化教学[②]。为了保证这一方针的贯彻落实，在课时分配上又进一步规定，生产实习和理论教学的课时比例一般为6∶4，政治文化技术理论课的课时数可以进行适当调整，但最高不应超过总课时数的50%，最低不应少于总课时数的30%[③]。这样一来，就使得技工学校学生的操作技能大为加强，素质得到提高，能较好地适应企业岗位的需要，深受用人单位欢迎。

当然，也有一些学校片面地强调了生产，放松了文化、技术理论的教育，有的甚至停止了文化、技术理论的学习，单纯地突击生产。还有一些学校为了完成生产任务，不注意学生操作技能的提高，使学生长期地从事单一工序的操作。这种情况，受到时任劳动部有关领导的批评，认为是教学工作中的教条主义[④]。

这一时期，济南第二机床厂技工学校（1953年）、铁道部四方机车车辆厂技工学校（1954年）、淄博矿务局技工学校（1954年）、济南汽车制造总厂技工学校（1956年）、济南铁路司机学校（1951年）等一大批技工学校兴建[⑤]。它们的培养目标定位，就是培养企业一线急需的技术工人，这与国家经济建设对技工的需求相一致，从而得到了国家的高度重视。

1959年，在教育与生产劳动相结合的教育方针指引下，劳动部举办了全国新工人培养训练展览会。在展览会上既展出了学生文化、技术理论知识学习的成绩，同时还展出了学生生产的产品实物，如各类工、夹具和机床（车、铣、刨、磨）等，进一步明确了技工学校的办学方向。

---

① 崔秋立，王倩，李兴军. 改造与兴建：新中国初期技工教育发展研究[J]. 中国职业技术教育，2020(30)：63-72.

② 第一次全国工人技术学校校长会议关于提高教学工作质量的决议[J]. 劳动，1955(10)：1-2.

③ 刘艳明. 技工学校生产实习与理论教学的课时比例研究[J]. 职业教育研究，1991(3)：29-32.

④ 袁耀华. 关于技工学校工作中几个主要问题的意见——在全国技工学校工作会议上的报告[J]. 劳动，1959(10)：14-20.

⑤ 山东省地方史志编纂委员会. 山东省志·劳动志[M]. 济南：山东人民出版社，1993：36.

（二）改革开放初期的高级技工学校稳步发展

1979 年，《技工学校工作条例（试行）》中延续改革开放前对技工学校培养目标的规定，明确技工学校培养中级技术工人的基本任务。1982 年，"六五"计划提出"招生任务不足的技工学校应当承担培训在职工人的任务，有的可以培训待业青年"。1983 年，劳动人事部颁布的文件中对技工学校培训的对象和任务做出更加明确的规定，即在坚持培训中级技工的同时，应积极地、主动地承担起在职工人轮训和待业青年的培训任务[①]。

1986 年，劳动人事部、国家教育委员会联合颁布《技工学校工作条例》（劳人培〔1986〕22 号），规定"技工学校是培养技术工人的中等职业技术学校，是国家职业技术教育事业的重要组成部分，属于高中阶段的职业技术教育"。直到现在，技工院校统计口径上依然按照"高中阶段的职业技术教育"对待，渊源即在于此。

1989 年颁布的《劳动部关于技工学校深化改革的意见》中进一步规定，技工学校除原有的培训任务外，还可根据经济建设和社会发展的需要，有计划地培养初级技术工人，并承担企业工人、军地两用人才等的培训任务。由此，全国范围内的技工学校开始承担多种培训任务，并且在 1996 年再次增加了转岗转业培训等职能。至此，技工学校的学历+培训"两条腿"走路的格局基本形成，功能定位也慢慢有别于中专。

1990 年，山东省试办山东省高级技工学校和烟台高级技工学校。鉴于高级技工学校试办取得良好反响，劳动部和国家计划委员会（简称国家计委）决定在国家级重点技工学校的基础上组建高级技工学校，以加快培养高级技能人才，并发布《关于申办高级技工学校若干问题的通知》（劳部发〔1995〕289 号）和《高级技工学校设置标准（试行）》（劳部发〔1997〕351 号）等文件，对高级技工学校的发展方向和规模进行了总体规划和规范管理。

1992 年，劳动部开始部署技工学校评估。1994 年，经评估确定了 47 所技工学校为第一批国家级重点技工学校。截至 1999 年，全国共认定了 266 所国家级重点技工学校[②]。随后，这些学校升格为高级技工学校。至 2001 年，全国高级技工学校达到 229 所，占全部技工学校的 6.60%，是 1997 年的 7.63 倍，在技工学校数量整体减少的情况下，这表明了市场对高级技工的需求，

① 王晓利，陈鹏. 新中国成立 70 年来技工教育的变迁理路及历史回响[J]. 中国职业技术教育，2020(3)：5-16.

② 张倩，宁永红，刘书晓. 新中国成立以来的技工教育：历程、回归与超越[J]. 中国职业技术教育，2017(24)：65-70，80.

也从另一个侧面反映了技工学校的调整势在必行。[①]

（三）进入 21 世纪以来的技师学院快速发展

进入 21 世纪以来，中国作为制造业大国的地位逐渐稳定并日益凸显，对高技能人才日益增长的需求与供给严重不足之间的矛盾不断扩大，"高级技工荒"现象日益凸显。2000 年，劳动和社会保障部下发《关于加快技工学校改革工作的通知》，提出要进一步办好以面向第二产业的专业为主的高级技工学校，发挥传统优势，创建名牌学校[②]。一些办学条件相对成熟的高级技工学校为进一步提高人才培养质量、提升办学层次，尝试设立技师学院。

2000 年，常州技师学院挂牌招生，全国第一所技师学院就此诞生。2006 年，劳动和社会保障部在《关于推动高级技工学校技师学院加快培养高技能人才有关问题的意见》（劳社部发〔2006〕31 号）和《关于规范技师学院管理有关工作的通知》（劳社厅发〔2006〕30 号）两份文件中，明确规定了技师学院的办学方向和设立条件，并强调技师学院的建设要依托高级技工学校或者其他以培养高级技能人才为主要目标的职业院校。在《高技能人才培养体系建设"十一五"规划纲要（2006—2010 年）》（劳社部发〔2007〕10 号）的统筹规划下，技师学院作为高技能人才的培养培训基地，迎来了规模扩张期。

通过近十余年（截至 2014 年）的探索与发展、规范与调整，技师学院的建设重点开始从扩大并保持规模的外延式发展向提升质量、提高水平的内涵式发展转变。2014 年 6 月，全国职业教育工作会议在京召开，随后发布的《现代职业教育体系建设规划（2014—2020 年）》提出，"根据高等学校设置制度规定，将符合条件的技师学院纳入高等学校序列"，为技师学院的发展前景给予了开阔的思路。作为高技能人才培养的主阵地，技师学院再次站在组织变革与调整升级的历史关口。

第三节　近期技师学院发展的现状深描

2021 年 11 月，人力资源和社会保障部印发《技工教育"十四五"规划》

---

① 魏朋. 技工学校改革发展 60 年历程的回顾与反思[J]. 河北科技师范学院学报(社会科学版), 2011(1): 41-46.

② 劳动和社会保障部. 关于加快技工学校改革工作的通知[J]. 劳动保障通讯, 2000(6): 46-48.

提出要加强规划引导，推动形成技师学院、高级技工学校、技工学校梯次发展、有序衔接、布局合理的技工教育体系。技师学院被赋予了较高的期待，其定位是优化技工教育结构和培育大国工匠、能工巧匠的重要载体，重点培养技师、预备技师、高级工等高技能人才。回顾进入 21 世纪以来的技师学院发展历程，展望"十四五"乃至更长远的未来，技师学院的现实发展基础，值得深层次多维度扫描，从而让我们更加深入地理解和推动技工教育大发展。

一、"技工"成"技师"：技师学院崛起动因

新中国成立以来，技工学校的重要使命就是培养技工工人，特别是为工业尤其是制造业培养后备劳动力，直到改革开放后，才陆续与职业学校接轨，开始大量涉足第三产业的相关专业。技工学校由于其技术工人的培养定位，因此无时无刻不与我国技术工人管理考核制度休戚相关，特别是受到职业资格证书制度的极大影响。

（一）技术工人考核制度的历史演进

1949—1978 年，我国技术工人队伍建设在苏联的影响下，逐步建立起"八级工人技术等级标准和考工定级制度"。这个制度的功能有五项：一是作为培训工人的依据；二是衡量工人的技术水平；三是确定工人的工资标准；四是合理进行劳动组合；五是确定工作物等级。"文化大革命"期间，该制度遭到破坏。

1979—1992 年，我国实施"工人技术等级考核制度"。1979 年，工人技术等级考核制度建立。1983 年 4 月，劳动人事部颁发《工人技术等级考核暂行条例（试行）》。1990 年 7 月，国务院通过《工人考核条例》，将工人考核分为录用考核、转正定级考核、上岗转岗考核、本等级考核、升级考核，以及技师、高级技师任职资格的考评。1992 年，《中华人民共和国工种分类目录》正式颁布，将传统的八级工人技术等级制度简化为与国际接轨的初、中、高三级制，制定了科学严谨的编码和格式，进一步规范了标准体系。

1993—2006 年，我国逐步建立起较为完善的国家职业分类和国家职业资格证书制度体系。1993 年，劳动部发布《关于建立社会主义市场经济体制时期劳动体制改革总体设想》，明确提出要建立国家职业分类、职业资格证书和职业技能鉴定制度。1994 年《中华人民共和国劳动法》首次提出国家"实行职业资格证书制度"，1996 年通过的《职业教育法》也提出职业教育实行

"学历证书、培训证书和职业资格证书制度"。1995 年，人事部发布《关于印发〈职业资格证书制度暂行办法〉的通知》（人职发〔1995〕6 号），在涉及国家、人民生命财产安全的专业技术工作领域，实行专业技术人员职业资格制度。1997 年，劳动部发布《关于进一步推行职业资格证书有关问题的通知》（劳部发〔1997〕258 号），对《中华人民共和国工种分类目录》中有技术等级的职业（工种）和制定出职业技能标准的新职业，要求从业者上岗前必须经过技能培训，并取得相应的职业资格证书。以此为标志，我国职业资格证书制度正式形成。

2007 年至今，我国实施国家职业资格目录清单管理制度。2007 年，国务院办公厅发出《国务院办公厅关于清理规范各类职业资格相关活动的通知》。2014 年，人社部印发《关于减少职业资格许可和认定有关问题的通知》。2015年起，国务院多次发布《关于取消一批职业资格许可和认定事项的决定》。2017 年，国务院常务会议决定设立国家职业资格目录，严禁在目录之外开展职业资格许可和认定工作。随后，人力资源和社会保障部公布了 2021 年版《国家职业资格目录》，相较 2017 年版，其最大的变化在于水平评价类技能人员职业资格全部退出《目录》，实行职业技能等级认定。自此以后，除 13 项技能人员职业资格尚保留外，上千个技能类职业和工种全面推行职业技能等级制度，这表明我国技能人才评价进入新的发展阶段[①]。

（二）"技工制"到"技师制"的过渡与衔接

如前所述，"技工"和"技师"并非一开始就存在层次衔接关系。新中国成立以后，直到改革开放初期，均不见"技师"踪影，对技术工人的考核主要依靠"八级工制"，直到职业资格证书制度建立以后，该制度才慢慢退出历史舞台。由于史料的匮乏，现以两个案例陈述其变迁过程。

据《丹东市劳动志》记载，1957 年，技工学校毕业生分配工作后要经过半年至 1 年的见习期。见习期工资待遇按工人工资标准 2 级执行。1958 年，调整为第 1 年按工人工资标准 1 级执行，第 2 年评定为 2 级。1980 年，对技工学校毕业生少数品学兼优、成绩突出的，经市劳动行政部门批准，毕业分配工作后，可以直接定为 2 级工，定级的人数控制在 15% 以内。1981 年，对在技工学校学习矿山、井下工种专业的，品学兼优、成绩突出的毕业生，被分配到井下采掘岗位的，可定为 4 级工，分配到井下辅助工种生产岗位的可

① 彭振宇. 我国职业资格证书制度的历史回溯及述评[J]. 中国职业技术教育，2021（19）：29-36，81.

定为 3 级工。1985 年，企业工资改革，技工学校毕业生工资待遇亦作相应的调整。见习期技工学校毕业生工资待遇按工人工资标准 2 级执行，见习期满定级时按工人工资标准 3 级执行。①

据原上海市劳动和社会保障局职建处副处长华建芳口述，1996 年，上海对 120 万名技术工人进行了调查，中、高级工占技术工人总数的 32%（其中高级工 2%）。造成这些情况的原因有：①20 世纪 50 年代后中止了正常的考工晋级制度实行普调工资，造成调工资即升（技术）级，不调工资的话技术水平再高也不能升级的局面。②没有培养高级工的正规渠道，现有的初级工由职业技术学校培养，中级工则由技工学校培养，高级工基本是靠"自然成长"，其中一大批是调工资调上来的。③重学历、轻技能，调资升级与工人实际水平的提高无恰当的联系，造成学（技术）与不学一个样，学好学差一个样。技术培训的结业证书与大专文凭相比，对工人没有吸引力。青年工人认为最好的出路是上大学，技术工人到八级就封顶了，技术学得再好，工资也比不上一个大学生。

1986 年，李鹏对加速培养高级技工的问题做了重要批示，"必须采取有效措施改进和加强培养高级技工的工作。高级技工是人才，而且是重要的人才，但必须建立重要的专门培养渠道。要建立一整套考核制度，并以考核实际操作为主"。"技师制度应尽快着手建立，数量不一定很多，但可以起到'引导'作用，即引导广大工人学习的方向，不再是考大专、拿文凭，而是提高本岗位上的实际工作能力。这是一项极为重要的政策，需引起了各方的重视。"②

为了完善技师聘任制度，从 1989 年开始，劳动部会同机械电子工业部、航空航天工业部、轻工业部、国家旅游局、中国人民银行五个行业在 39 个企业中进行评聘高级技师的试点工作。在行业主管部门和试点企业所在地区劳动行政部门的具体指导下，经过 6 个月的工作，严格考核评审，从 4766 名技师中评聘了高级技师 211 名。1989 年 12 月 15 日，国务院在北京隆重举行了首批高级技师颁证大会，李鹏同志在大会上做了重要讲话③。

首批高级技师是各行业中的能工巧匠、革新能手，在本行业中有较大的影响。其中，全国劳动模范 21 人，省、市、部级劳动模范 14 人；161 人荣获过先进生产者、生产标兵、质量标兵、革新能手、新长征突击手、优秀共

---

① 丹东市劳动局. 丹东市劳动志[Z]. 丹东: 丹东市劳动局, 1989: 65.

② 改革开放后的高级技工队伍成长[EB/OL]. (2021-08-08)[2022-10-15]. https://sghexport.shobserver.com/html/baijiahao/2021/08/08/506786.html.

③ 全国首批高级技师颁发证书大会在北京召开李鹏总理接见首批高级技师[J]. 中国劳动科学, 1990(2): 44.

产党员等称号，17 人获得国际科技发明奖，国家或省、市、部级重大科技成果奖；207 人受过各级各类奖励①。

在制度建设方面。1987 年 6 月，劳动人事部发布《关于实行技师聘任制的暂行规定》（劳人培〔1987〕16 号）指出"技师是在高级技术工人中设置的技术职务。技师的职务名称由国务院有关部门根据行业特点和历史形成的习惯确定"，规定技师必须经过考核、评审。

1988 年，劳动人事部拆分为劳动部和人事部。1988 年 2 月，国务院办公厅转发中华人民共和国科学技术委员会（简称国家科委）等部门《关于从工人、农民及其他劳动者中选拔和培养各种技术人才意见的通知》指出："逐步建立工人、农民及其他劳动者的技术职务和技术职称。制定技师等技术职务考核标准和农民技术职称考核标准，建立经常的晋升制度。考核成绩优异者，可以越级晋升；作出突出贡献的技师，可以晋升为高级技师。聘任为技师、高级技师及其他技术职务的，应给予相应的待遇。"1989 年 1 月，《劳动部贯彻<关于实行技师聘任制的暂行规定>的补充意见》（劳培字〔1989〕3 号）指出，"技师是在高级技术工人中设置的技术职务，不是高级工之上的一个等级……被聘任的技师，实行职务津贴，暂不实行技师等级工资"。可见，技师起源之初，是与技工对应的技术职务，两者并无衔接。

经国务院批准的《工人考核条例》，1990 年 7 月 12 日由劳动部发布实施（劳动部令第 1 号）。《工人考核条例》第五条规定"工人考核分为录用考核、转正定级考核、上岗转岗考核、本等级考核、升级考核，以及技师、高级技师（以下统称技师）任职资格的考评"。第六条规定"企业、事业单位和国家机关从社会招收录用新工人，包括录用技工学校、职业学校、职业高中的毕业生，以及就业训练中心和其他各种就业训练班结业的学生，须经工人考核组织的录用考核，方能择优录用"。

1990 年，劳动部先后发布《关于高级技师评聘的实施意见》（劳培字〔1990〕14 号）、《关于高级技师评聘工作继续试点的意见》（劳培字〔1990〕15 号），前者规定"高级技师是在高级技术工人中设置的高级技术职务，评聘高级技师是技师聘任制的组成部分。高级技师应在技术密集、工艺复杂的行业中具有高超技能并作出突出贡献的技师中考评、聘任，不是技师的普遍晋升"。

1991 年 4 月，《劳动部关于贯彻<工人考核条例>的通知》要求"根据《条

---

① 改革开放后的高级技工队伍成长[EB/OL]. (2021-08-08)[2022-09-18]. https://sghexport.shobserver.com/html/baijiahao/2021/08/08/506786.html.

例》第六条规定，国家对各类技工学校、职业高中、职业学校以及就业训练中心（班）的毕业、结业生，逐步实行《毕业（结业）证书》《技术等级（岗位合格）证书》的双证制度"。"国家规定技术工人按技术等级分别颁发初、中、高三级《技术等级证书》。在未全部实行初、中、高三级制工人技术等级标准时，对实行八级制工人技术等级标准的工种，其一、二、三级工为初级工，四、五、六级工为中级工，七、八级工为高级工，分别颁发初、中、高级《技术等级证书》。"在地方，该制度执行得更加严格。如《云南省贯彻〈工人考核条例〉的实施办法（试行）》（云政发〔1992〕173号）规定"从一九九三年起，对各类技工学校的毕业生和各类职业高中、职业学校、就业训练中心（班）的毕业（结业）生逐步实施《毕业（结业）证书》和《技术等级证书》的双证制度"。

1993年，劳动部根据国务院批准的《工人考核条例》，制定了《职业技能鉴定规定》，指出"本规定所称职业技能鉴定是指对劳动者进行技术等级的考核和技师、高级技师（以下统称技师）资格的考评"。

1994年，《关于颁发〈职业资格证书规定〉的通知》（劳部发〔1994〕98号）出台，规定"若干专业技术资格和职业技能鉴定（技师、高级技师考评和技术等级考核）纳入职业资格证书制度。劳动部负责以技能为主的职业资格鉴定和证书的核发与管理（证书的名称、种类按现行规定执行）。人事部负责专业技术人员的职业资格评价和证书的核发与管理。各省、自治区、直辖市劳动、人事行政部门负责本地区职业资格证书制度的组织实施"。同年4月19日，劳动部、人事部联合以《劳动部、人事部关于我国建立职业资格证书制度有关问题的函》（劳部发〔1994〕184号）致函时任国务委员、国务院秘书长罗干指出，目前已逐步形成专业技术资格和专业技术职务既相互独立又并行不悖的格局，将若干专业技术资格纳入职业资格证书制度是顺理成章的事，认为无须设立"职业资格委员会"。

1995年1月，人事部印发《职业资格证书制度暂行办法》（人职发〔1995〕6号），规定职业资格证书分为"从业资格证书"和"执业资格证书"。证书由人事部统一印制，各地人事（职改）部门具体负责核发工作。1995年6月，劳动部印发《全面推进职业技能开发体系建设工作的意见》，要逐步扩大职业技能鉴定社会化管理试点工种，有计划、有步骤地推行职业资格证书制度，并与国家就业制度相衔接。到2000年，要在100多个技术复杂、通用性广、涉及国家财产和人民生命安全与消费者利益的工种（职业）中，推行国家职业资格证书制度。

单说技工学校相关情况。1995年5月，《劳动部关于技工学校、职业（技术）学校和就业训练中心毕（结）业生实行职业技能鉴定的通知》（劳部发〔1995〕208 号）要求，技工学校、职业（技术）学校、就业训练中心和其他职业培训实体毕（结）业生，凡属技术工种的，按该通知要求实行职业技能考核鉴定和国家职业资格证书制度。

1997 年 8 月，《劳动部关于进一步推行职业资格证书有关问题的通知》（劳部发〔1997〕258 号）出台，要求树立和维护职业资格证书的权威，实行对技术职业（工种）从业人员的就业准入，各级劳动监察机构要按照《中华人民共和国劳动法》的有关规定，将用人单位招收、录用人员的职业资格和培训情况列入劳动监察的范围。

2002 年 11 月，《劳动和社会保障部、教育部、人事部关于进一步推动职业学校实施职业资格证书制度的意见》（劳社部发〔2002〕21 号）指出，"经劳动保障和教育行政部门认定，职业学校所设专业的教学内容与国家职业标准要求相符合的，其毕业生申请参加中级以下（含中级）职业技能鉴定时，理论课考试成绩合格者可视为鉴定理论考核合格，按照职业技能鉴定有关规定只进行操作技能考核"。"国家级重点职业学校以及少数教学质量高、社会声誉好的省级重点中等职业学校和高等职业学校的主体专业，经劳动保障和教育行政部门认定，其毕业生参加理论和技能操作考核合格并取得职业学校学历证书者，可视同为职业技能鉴定合格，发给相应的中级职业资格证书。"

但在现实操作中，地方采取了更加激进的管理手段，即考取职业资格证书，方可获取毕业证书，实行了"职业资格证书"与"毕业证书"的双证书挂钩制度，直到职业资格证书清理时，"职业资格证书"才与"毕业证书"逐步脱钩。如《关于印发<江苏省技工院校学生学籍管理规定（试行）>的通知》（苏人社规〔2011〕2 号）第三十八条规定"学生修完教学计划规定的全部课程且考核合格（采用学分制达到规定学分）、取得相应的职业资格证书、顶岗实习考核鉴定合格，且操行总评成绩合格者，准予毕业……"。

值得注意的是，1989 年规定，技师是在高级技术工人中设置的技术职务，不是高级工之上的一个等级。1994 年规定，若干专业技术资格和职业技能鉴定（技师、高级技师考评和技术等级考核）纳入职业资格证书制度。几经辗转，原本无隶属关系的"技工制"与"技师制"发生了紧密的联系，并成为上下层次关系，定格为"初级工—中级工—高级工—技师—高级技师"职业资格证书制度五级制。技工学校以培养中级工为主，高级技工学校以培养高级工为主，业界强烈呼吁的技师学院，进入议事日程，水到渠成。

或者说，技术工人考核制度就是技工学校发展的指挥棒。在只有中等教育学历证书加持的背景下，技术工人等级考核制度和国家职业资格证书制度关于级别的划分，就是技工学校人才培养目标的风向标。紧跟劳动行政部门的惯性，使得技工学校发展轨迹确实有别于教育口的中专、高职，形成了以技能资历框架为核心的评价参照物，并反映到层次晋升的需求中，激发了技工学校层次跨越的动力。

二、"成形"到"成型"：技师学院建设起点

技师学院的办学历程并不长，但在这并不长的历史中，还存在一些期限计算的争议。有研究认为，2000 年 6 月，常州高级技工学校增挂"常州技师学院"校牌，可算作技师学院办学的起点[①]。但是教育部对《关于加快解决技师学院纳入高等学校序列的提案》答复指出：2006 年以来，人力资源和社会保障部在技工学校中，组建了一批"技师学院"。[②]其计算的起点，应源于2006 年劳动和社会保障部先后发布的《关于推动高级技工学校技师学院加快培养高技能人才有关问题的意见》和《关于规范技师学院管理有关工作的通知》两份文件，但回避了"高级技工学校"的问题。在技师学院发展的这不长的时间里，有三个比较关键的年份，值得关注。

（一）2000 年：技师学院试点办学元年

据查，国内成立最早的技师学院是江苏省常州技师学院。1960 年，常州市技工学校诞生。和国内很多技工学校一样，经过关停和复建等反复后，1979 年后该校走上快速发展道路。1988 年，该校成立"常州市高级技工培训中心"，并试办高级技工班（高级钳工专业，脱产一年），开始尝试通过院校培养高级技工。1991 年，该校被评为"江苏省重点技工学校"，1994 年被评为"国家重点技工学校"。1993 年 12 月，经劳动部同意，江苏省人民政府和常州市人民政府相继批准（1993 年 12 月和 1994 年 1 月）在该校试办江苏省第一所高级技工学校——"常州高级技工学校"。

2000 年 6 月，常州高级技工学校增挂"常州技师学院"校牌。劳动和社会保障部培训就业司发来贺电称："为全国技工学校的改革探索了经验，树

① 陈伟, 辜东莲, 李姿, 等. 技师学院发展研究: 历史与现实中抉择[J]. 中国培训, 2018(6): 22-24.
② 教育部. 关于政协第十三届全国委员会第四次会议第 0302 号（教育类 037 号）提案答复的函（教职成提案〔2021〕76 号）[EB/OL]. (2021-10-08)[2021-11-07]. http://www.moe.gov.cn/jyb_xxgk/xxgk_jyta/jyta_zcs/202111/t20211104_577652.html.

立了样板。""这次江苏省劳动和社会保障厅批准你校改建为技师学院，既是对学校以往工作的肯定，也对学校今后发展提出了更高的要求。"江苏先行先试，率先改革升格，获得高层认可。

2007 年出台的《江苏省技师学院设置标准（试行）》第十六条规定"在本规定实施前已批准增挂技师学院牌子的学校，除已经省政府批准为省重点技师学院的外，应按上述设置标准重新进行评估认定，对达到标准的，经省政府同意，报劳动保障部备案，对暂时达不到标准的，可给予最长不超过 2 年的筹建期，筹建期满仍未达到相应标准的，撤销其技师学院牌子"。

可见，2000 年"常州技师学院"是地方改革探索的试点成果，并非全国普遍的现象。直到 2007 年，该校才被江苏省政府正式批准升格为江苏省重点技师学院，同时更名为"江苏省常州技师学院"，直到如今。随后几年，各省陆续在一批又一批高级技工学校加挂了一些"技师学院"的牌子，但办学主体依然是高级技工学校。

（二）2006 年：技师学院规范管理元年

2006 年 8 月，劳动和社会保障部发布《关于推动高级技工学校技师学院加快培养高技能人才有关问题的意见》（劳社部发〔2006〕31 号），提出四点要求：制定高技能人才院校培养规划，明确培养目标；建立高技能人才校企合作培养制度，创新高技能人才院校培养方式；统筹发展技师学院，明确办学方向；制定激励政策，推动院校培养高技能人才。其中提到，各地要根据本地区产业结构调整和企业生产需要，以及高技能人才培养任务的实际需求，按照适应市场、突出特色、合理布局的方针，主要通过整合、优化和利用现有职业教育培训资源，依托高级技工学校或其他以培养高技能人才为主要目标的职业院校，建设技师学院。[①]在通知中，明确培养目标主要为：

（1）高级技工。主要招收技工学校等中等职业学校毕业生，或具有中级职业资格的人员。学制教育期限一般为 2—3 年。鼓励国家重点技工学校在培养初中级技术工人的同时，积极开展高级技工培训。

（2）预备技师。主要招收已取得高级职业资格证书的职业院校毕业生，学习期限不少于 2 年；部分知识技能型职业，可以招收应届高中毕业生，学习期限不少于 4 年。

---

① 劳动和社会保障部. 关于推动高级技工学校技师学院加快培养高技能人才有关问题的意见[J]. 中国劳动保障, 2006(11): 57, 59.

（3）技师或高级技师。招收对象主要是企业在职职工中已取得高级职业资格证书，并在生产服务一线有一定实践经验的人员。

可以说，此通知之前，技师学院建设属于地方试点。此通知之后，技师学院建设进入中央政府视野，试点经验面向全国推广，标志着技师学院建设正式拉开序幕。值得注意的是，该通知步伐极大，不仅要求推动高级技工学校加快技师学院建设，还提出了预备技师、技师或高级技师的培养目标。尤其是开了预备技师培养的先河，为后续诸多改革探索或纠结症结埋下了伏笔。同年12月，劳动和社会保障部、财政部联合发出《关于规范技师学院管理有关工作的通知》（劳社厅发〔2006〕30号），就规范技师学院管理有关问题做出明确说明[1]，大致如下。

（1）技师学院是高等职业教育的组成部分，在面向新生劳动力开展后备高技能人才学制教育的同时，承担企业在职职工高技能培训和各类职业教育培训机构师资培训任务。

（2）各地对《关于推动高级技工学校技师学院加快培养高技能人才有关问题的意见》（劳社部发〔2006〕31号）文件下发前已经批准设立的技师学院，要根据新制定或修订的技师学院设置标准，进行重新评估认定。各地对31号文下发之后新申请设立的技师学院，要严格按照新制定或修订的技师学院设置标准进行评估认定。同时，还明确了命名规范。

（3）各地要充分发挥技师学院和高级技工学校作用，做好预备技师培养工作。要针对预备技师培养的特点，制定专门的培养和考核方案。在参加毕业前鉴定考试时，理论考核与学校教学考核结合进行，技能操作考核合格者可发放预备技师证书。具体办法由各省级劳动保障部门自行制定。预备技师在相应职业岗位工作满2年后（工作业绩突出的可适当缩短），可申请参加相应职业技师国家职业资格技能鉴定综合评审和业绩评定，合格者按规定核发技师国家职业资格证书。

（4）要求2006年9月底前经省级劳动保障部门批准，各地已招收具有高级工职业资格（国家职业资格三级）的职业院校毕业生开展技师教育，学生毕业时可直接参加技师国家职业资格（国家职业资格二级）技能鉴定。对于按规定通过考核的学生，可发放技师国家职业资格证书，并报劳动和社会保障部培训就业司备案。各地可在充分论证的基础上，探索对部分知识技能型专业开展直接培养技师的试点工作。

---

① 高牧. 劳动保障部出台新措施, 进一步规范技师学院管理[J]. 中国培训, 2007(1): 14.

可以说，此后技师学院的辉煌成就和面临的深层次问题，都与此文件有关。该通知是对各地改革探索的系统回应，解决了当时存在的一些不规范、不统一的问题，也提出了一些新命题：①技师学院是高等职业教育的组成部分，这个提法开启了技师学院大发展的序幕，但发文单位未联合教育部，不能不说是一个重大缺憾。②要求此前此后设立的技师学院，均要依照程序严格评估认定，这是一道"紧箍咒"又是一个"助推器"，对部分技师学院造成了压力，但利好于技师学院的长远发展，否则技师学院无法有当前的大好局面。③规定了预备技师和学制技师试点，这在"双证书"时代是极大利好，但随着职业资格证书制度的改革，又对技师学院发展造成了新的制约。无论怎么说，这个联合财政部发出的通知，在当时历史条件下，已争取到最好的政策空间，推动了技师学院的规范化发展，影响深远。

2007 年 8 月，《劳动和社会保障部办公厅关于同意北京市工贸技师学院等 13 所技师学院备案的函》（劳社厅函〔2007〕315 号）出台，公布了已通过备案的首批 13 所技师学院名单。意外的是，山东、广东等技工教育大省居然无一家上榜，且新疆兵团职业技师培训学院（兵团高级技工学校、兵团工贸学校）的后缀并非"技师学院"（表 1-6）。而且，这种备案，并不意味着办学主体的变更，很多对外依旧是将"高级技工学校"作为法人行使办学权力。

表 1-6　劳动和社会保障部备案的首批技师学院名单（2007 年）

序号	名称	所在省（自治区、直辖市）
1	北京市工贸技师学院	北京
2	北京市工业技师学院	北京
3	江苏省盐城技师学院	江苏
4	江苏省徐州技师学院	江苏
5	江苏省交通技师学院	江苏
6	江苏省常州技师学院	江苏
7	安徽马鞍山技师学院	安徽
8	安徽淮北煤电技师学院	安徽
9	安徽芜湖技师学院	安徽
10	安徽马钢技师学院	安徽
11	安徽淮南矿业技师学院（现名为安徽理工技师学院）	安徽
12	衡阳技师学院	湖南
13	新疆兵团职业技师培训学院	新疆

至此，作为国务院组成部门的劳动和社会保障部很好地履行了部门职责——在国家教育工作方针、政策的指导下，制定技工学校的发展规划和管理规则。劳动和社会保障部将技师学院地方试点的碎片化政策予以归集，并以备案的形式给技师学院建设再增加了一道"防火墙"，让技师学院发展更加有序，将其纳入规范化发展的轨道，特别是为《技师学院设置标准（试行）》的制定奠定了良好基础，为技师学院的可持续发展明确了运行规则，注入了活力和动力。

（三）2014 年：技师学院高等化命题元年

2014 年 6 月，全国职业教育工作会议在北京召开，这次会议是改革开放以来国务院召开的第三次全国职业教育工作会议。会议召开前，国务院印发了《关于加快发展现代职业教育的决定》。时任教育部职业教育与成人教育司司长葛道凯解读该决定是"划时代的改革动员令"[①]，他认为该决定对职业教育的培养层次进行了进一步界定，重新划分了我国的教育体系。根据该决定，今后的职业教育将包括高中、专科、本科和研究生几个阶段，还要有与职业教育特点相符合的学位制度，这不仅使职业教育的层次丰富了，也使职业教育培养人的目标发生了变化。以前职业教育的目标是培养技能型人才，现在是技术技能人才，也可以理解为技术人才、技能型人才以及复合型人才。这样一来，职业教育再不是传统观念中的"断头教育""次品教育"。

此前 2014 年 6 月，教育部等六部门联合印发了《现代职业教育体系建设规划（2014—2020 年）》。在"职业教育的层次结构"条目中，对高等职业教育的描述是：在办好现有专科层次高等职业（专科）学校的基础上，发展应用技术类型高校，培养本科层次职业人才。应用技术类型高校是高等教育体系的重要组成部分，与其他普通本科学校具有平等地位。高等职业教育规模占高等教育的一半以上，本科层次职业教育达到一定规模。建立以提升职业能力为导向的专业学位研究生培养模式。根据高等学校设置制度规定，将符合条件的技师学院纳入高等学校序列。

2014 年 12 月，《人力资源社会保障部关于推进技工院校改革创新的若干意见》（人社部发〔2014〕96 号）指出，"技师学院主要承担通过学制教育培养高级工以上技能人才任务，属职业教育高层次技能人才培养范畴。高级技工学校主

---

① 划时代的改革动员令——教育部职业教育与成人教育司司长葛道凯解读《国务院关于加快发展现代职业教育的决定》[J]. 福建教育，2014（2）：31-32.

要承担中级工、高级工培养任务，普通技工学校主要承担中级工培养任务，属中等职业教育"。

作为技师学院发展的焦点，"根据高等学校设置制度规定，将符合条件的技师学院纳入高等学校序列"在此正式登台。可以想见，2006年劳动和社会保障部、财政部联合发出的《关于规范技师学院管理有关工作的通知》（劳社厅发〔2006〕30号）中"技师学院是高等职业教育的组成部分"的落实并不顺利，或者说这里的高等职业教育仅就高等职业培训而言，因此才有2014年六部门"将符合条件的技师学院纳入高等学校序列"一说。这既是技师学院发展政策延续和衔接的需要，又是技师学院发展的现实需要。

2014—2019年，各类文件表述都照搬《现代职业教育体系建设规划（2014—2020年）》"根据高等学校设置制度规定，将符合条件的技师学院纳入高等学校序列"，没有具体的指导性文字。其间，虽有一些尝试（详见第二章），但无根本性突破。

三、"失衡"或"均衡"：技师学院区域分布

既往，技工学校、高级技工学校、技师学院三种形式的"技工院校"一起被纳入中等职业教育范畴内统计，显示为"技工学校"，包括人力资源和社会保障部的年度公报，也未单列技师学院数据。2021年11月，人力资源和社会保障部印发《技工教育"十四五"规划》提及："截至2020年底，全国有技工院校2423所（其中技师学院496所），在校生395.5万人，每年面向社会开展职业培训超过400万人次。"496所，是官方近期公布的技师学院数据。本书以2021年为横截面，细致查访，将有关分布情况呈现如下。

（一）全国技师学院整体数量情况

由于各地技师学院申报、评审一直处于动态之中，加上技师学院数据指标并未单列，故而获得精准的技师学院数量和分布情况并不容易。2016年12月公布的《技工教育"十三五"规划》在"十三五"时期主要指标中指出，2015年技师学院数为434所，规划2020年技师学院数量达到450所左右。2017年7月，《工匠摇篮——技师学院风采录》出版，提及全国共批准设立技师学院400多所，并收集了344所典型资料，作为经验推介。

2020年9月，教育部在《关于政协十三届全国委员会第三次会议第2426号（教育类220号）提案答复的函》（教职成提案〔2020〕82号）中称："截

至 2019 年底，全国共有 467 所技师学院，主要招收初中毕业生培养高级工、预备技师……"[①]

2021 年 3 月，黄景容在自媒体发布《各省技师学院的开设情况》，如表 1-7 所示，并点评认为：

（1）全国技师学院 509 所。拥有 40 所以上技师学院的只有山东 1 个省份，而山东省高等院校共 166 所。30 所以上（含 30 所）技师学院的省（自治区、直辖市）只有 6 个，仅占 31 个省（自治区、直辖市）的 19%；10 所以下技师学院的省（自治区、直辖市）高达 10 个，占 31 个省（自治区、直辖市）的 32%。

（2）山东、浙江、江苏、广东四省技师学院数量共达 159 所，占全国 509 所的 31.2%，领先全国，与其经济总量在全国排名情况大体相当。

（3）山东、江苏、广东、浙江四省之中，广东省经济总量全国第一，但技师学院数量排位第四。[②]

表 1-7　2021 年全国各省份技师学院数量排名情况

序号	省（自治区、直辖市）	技师学院数量/所
1	山东	45
2	浙江	39（含正在公示的 6 所，省人社厅批准筹建的 5 所）
3	江苏	38（含双挂牌的 16 所）
4	广东	37（广州市 7 所，深圳市 2 所）
5	陕西	32
6	河南	30
7	安徽	27
8	辽宁	22
9	四川	21
10	吉林	20
11	河北、新疆	19
12	湖北	16
13	江西、黑龙江	14

① 教育部. 关于政协十三届全国委员会第三次会议第 2426 号（教育类 220 号）提案答复的函（教职成提案〔2020〕82 号）[EB/OL]. [2020-09-29][2022-03-02]. http://www.moe.gov.cn/jyb_xxgk/xxgk_jyta/jyta_zcs/202011/t20201103_497945.html.

② 黄景容. 各省技师学院的开设情况[EB/OL]. (2021-03-09)[2022-02-09]. http://blog.sina.com.cn/s/blog_4bc83a7b0102z29u.html.

序号	省（自治区、直辖市）	技师学院数量/所
14	重庆	13
15	贵州	12
16	湖南、云南	11
17	广西、甘肃	10
18	福建	9
19	内蒙古	8
20	北京山西	7
21	宁夏	6
22	天津	5
23	海南、青海	3
24	西藏	1
25	上海	0
	总计	509

本书以各地官网公布的 2021 年左右招生公告数据为基础，参考《工匠摇篮——技师学院风采录》一书名单，对全国技师学院进行大致统计，总数为 480 所（表 1-8）。其中，不包括以职业技术学院为主体招生，但加挂"技师学院"牌子的情况。与《技工教育"十四五"规划》提及的"截至 2020 年底，全国有技工院校 2423 所（其中技师学院 496 所）"不相上下。

表 1-8　全国各省（自治区、直辖市）技师学院数量统计（2021 年度）

序号	省（自治区、直辖市）	技师学院数/所	数据来源
1	北京	7	《北京市教育委员会关于公示 2021 年具有招生资格的高级中等学校名单的通知》（京教计〔2021〕16 号）
2	天津	6	《市人社局市发展改革委关于下达 2021 年天津市技工院校招生计划的通知》（津人社办发〔2021〕37 号）、《工匠摇篮——技师学院风采录》
3	河北	23	《工匠摇篮——技师学院风采录》《发布河北省 2022 年具备招生资质的技工院校的公告》
4	山西	8	《山西省人力资源和社会保障厅山西省教育厅关于下达 2021 年全省技工院校指导性招生计划的通知》（晋人社厅函〔2021〕417 号）
5	内蒙古	4	《工匠摇篮——技师学院风采录》
6	辽宁	22	《辽宁省合格技工院校名单》（辽宁省政府公报）、《辽宁省技工教育"十四五"规划》

续表

序号	省（自治区、直辖市）	技师学院数/所	数据来源
7	吉林	18	《关于公布 2020 年吉林省招生技工院校目录深入推进技工院校服务脱贫攻坚的通知》（吉人社函〔2020〕70 号）
8	黑龙江	14	黑龙江技工教育网；《工匠摇篮——技师学院风采录》
9	上海	1	通过新闻查到目前只有"上海电气李斌技师学院"
10	江苏	37	《关于公布2021年具备招生资质的技工院校的公告》（江苏省人社厅官网）
11	浙江	34	《浙江省人力资源和社会保障厅办公室关于公布 2021 年技工院校招生计划的通知》（浙人社办函〔2021〕19 号）
12	安徽	26	通过"安徽省中等职业学校网上招生录取平台"查询（中共安徽省委教育工委安徽省教育厅主办）
13	福建	9	《福建省教育厅福建省人力资源和社会保障厅关于公布 2021 年中等职业教育招生资质学校名录的通知》（闽教职成〔2021〕22 号）
14	江西	12	《江西技工院校公布2021年招生计划》（江西省人民政府公众号）
15	山东	44	《关于公布山东省 2021 年具有全日制技工教育招生资格技工院校及其主要专业目录的通告》（山东省人社厅官网）
16	河南	32	《河南省技工院校2022年招生公告》（河南省人社厅官网）
17	湖北	15	《技能成才技能报国天地广阔大有可为——2021年湖北省技工院校招生信息发布》（"湖北工匠"公众号）
18	湖南	11	通过"湖南省中等职业教育阳光招生信息平台"查询（湖南省教育厅主办）
19	广东	37	《关于公布2021年技工教育招生院校名单的通知》（广东省人社厅官网）
20	广西	10	《自治区教育厅自治区人力资源社会保障厅关于公布2021年度具有中等学历职业教育招生资格学校名单的通知》（广西壮族自治区教育厅官网）
21	海南	3	《海南省人力资源和社会保障厅关于公布 2021 年秋季海南省招生技工院校名称及专业目录的通告》（海南省人社厅官网）
22	重庆	12	《重庆市人力资源和社会保障局办公室关于下达 2021 年度全市技工院校招生指导性计划的通知》（渝人社办〔2021〕3 号）
23	四川	20	《四川省教育厅四川省人力资源和社会保障厅关于公布四川省 2021 年具有中等职业学历教育招生资格学校及专业的通告》（川教函〔2021〕125 号）
24	贵州	11	《省教育厅办公室省人力资源社会保障厅办公室关于公布贵州省 2021 年具有中等职业学校（技工院校）学历教育招生资质名录的通知》（黔教办函〔2021〕22 号）
25	云南	10	《2021 年全省技工院校招生专业（全日制）》（怒江州人力资源和社会保障局官网）
26	西藏	1	通过新闻查到目前只有"西藏技师学院"
27	陕西	28	《陕西省教育厅陕西省人力资源和社会保障厅关于公布 2021 年陕西省具有招生资质的中等职业学校名录的通知》（陕教〔2021〕130 号）
28	甘肃	10	《关于下达甘肃省 2021 年度技工院校招生计划的通知》（甘人社通〔2021〕240 号）
29	青海	3	《青海省人力资源和社会保障厅关于做好 2020 年技工院校招生工作的通知》（青人社厅函〔2020〕302 号）；《工匠摇篮——技师学院风采录》

序号	省（自治区、直辖市）	技师学院数/所	数据来源
30	宁夏	3	《2021 年技工学校开展招生工作学校名单》；《工匠摇篮——技师学院风采录》
31	新疆	9	《关于公布 2021 年自治区具备全日制技工教育招生资质的技工院校名录的通知》（新人社函〔2021〕108 号）

注：因各省（自治区、直辖市）统计中未将技师学院数量单列，故相关数据采用 2021 年左右招生公告数据核查或分省各类宣传查询综合而得。

总的来说，2000 年以来逐步发展起来的技师学院，在数量上逐步攀升，已成为全国技工院校的中坚力量。在"十三五"初期，全国技师学院已达 434 所。在"十四五"初期，全国技师学院已超额完成 450 所的规划指标，达到 496 所，数量上完成了快速发展。在质量上，虽然技师学院占比仅约 20%，但其招生、在校生、毕业生规模均超过全国技工院校的 50%，生均超过 3800 人/校，是全国技工院校生均规模的 3 倍。技师学院高级工及以上学制在校生在全国技师学院在校生中占比 50%，开展高级工及以上职业培训人数在全国技工院校开展高级工及以上职业培训人数中占比 60% 左右[1]，成为名副其实的高技能人才培养主阵地。

（二）地区技师学院差异及其归因

两三百年来，工业化一直是世界经济发展的主题，也是发展中国家走向现代化的必由之路。工业化是工业驱动一个国家或地区人均收入提高和产业结构从农业主导向工业主导的演进过程[2]，也可谓是经济现代化。新中国成立以来，我国工业化经历了 1.0 版国家工业化（1953—1977 年）、2.0 版混合工业化（1978—1991 年）、3.0 版混合工业化（1992—2001 年）、4.0 版新型工业化（2002—2011 年）、5.0 版绿色智能工业化（2012 年至今）等几个阶段，中国特色工业化道路是先学习、引进、模仿，再创新、追赶，集成创新、并驾齐驱，直到自主创新超越的历史过程[3]。

第一阶段区域均衡发展，第二阶段东部优先发展，第三阶段通过"西部大开发""中部崛起""东北部振兴"推动区域均衡发展，第四阶段区域间

---

① 人力资源社会保障部职业能力建设司. 工匠摇篮——技师学院风采录[M]. 北京：中国劳动社会保障出版社，2017：1

② 黄群慧. 中国共产党领导社会主义工业化建设及其历史经验[J]. 中国社会科学，2021（7）：4-20，204.

③ 胡鞍钢. 中国工业化道路 70 年：从落后者到引领者[J]. 中央社会主义学院学报，2019（5）：110-123.

发展进入全面协调发展阶段①。

改革开放以来，东部地区经济快速发展，其城市化水平和工业化水平都走在全国前列。作为适应工业化的产物，中东部地区技工教育已全面超越早年东北地区，并占据全国技工教育较大份额（表1-9）。

表 1-9　全国技师学院区域分布情况

序号	区域	技师学院总数/所	占比/%
1	东部	201	41.87
2	中部	104	21.67
3	西部	121	25.21
4	东北	54	11.25

注：统计上，我国经济区域划分为东部、中部、西部和东北四大地区。①东部包括：北京、天津、河北、上海、江苏、浙江、福建、山东、广东和海南。②中部包括：山西、安徽、江西、河南、湖北和湖南。③西部包括：内蒙古、广西、重庆、四川、贵州、云南、西藏、陕西、甘肃、青海、宁夏和新疆。④东北包括：辽宁、吉林和黑龙江。

如表1-9所示，根据区域统计技师学院数量发现，东部10个省级行政区域技师学院数量最多，达到201所，占比41.87%；西部12个省级行政区域次之，达121所，占比25.21%；中部6个省级行政区域第三，达104所，占比21.67%；东北3个省级行政区域最少，达54所，占比11.25%（图1-1）。

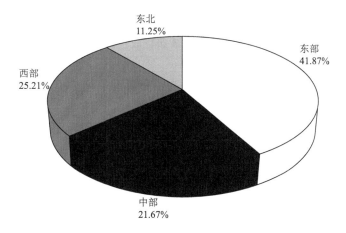

图 1-1　全国技师学院区域分布示意图

① 陶长琪，陈伟，郭毅. 新中国成立 70 年中国工业化进程与经济发展[J]. 数量经济技术经济研究，2019，36(8)：3-26.

从主要经济分区上看，并未出现极大"失衡"，可能的原因在于：①东北三省作为新中国成立初期的工业重镇，技工学校随之基础雄厚，实力犹存，在21世纪技师学院大发展过程中占得先机。②中部6省技师学院数相对均衡，其中河南最多，这不仅与人口基数相关，还与当地开展"全民技能振兴工程"，大力提高技师学院地位相关。③西部12省（自治区、直辖市）技师学院数分布差异较大，陕西28所数量最多，四川20所次之，其他省（自治区、直辖市）数量不多，与川陕等国家中心城市教育强区、工业化程度较高有较大关系。④东部10省（直辖市）技师学院数量最多，山东、广东、江苏、浙江排名前四（也是全国前四），因其制造业发达，技师学院随之发展迅猛。京津沪技师学院数量较少，因城市定位和不对外地招生等原因，技师学院发展受到限制。同时，京津沪不少高级技工学校实力不容小觑，只是并未顺势升级而已（图1-2）。

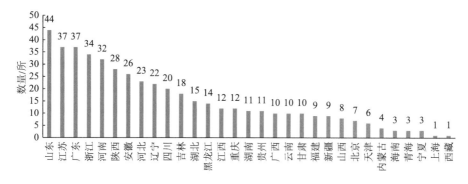

图1-2　　全国技师学院省级行政区域分布示意图

从各省级行政区域的技师学院数量分布情况看，存在两极分化的趋势，值得关注的现象有如下几个。

（1）东部的上海和西部的西藏，技师学院数量均为1所。原因在于，上海技工学校于21世纪初就被并入教育部门管理，且当地已进入工业化后期，制造业大多分布于周边城市，其大力发展普通高等教育，故而技师学院不多。西藏产业结构比较单一，对高技能人才需求不足，加上技工教育发展比较薄弱，故西藏技师学院于2018年12月才开工建设，2021年8月30日揭牌，成为西藏目前唯一一所培养高技能人才的技工类院校，结束了西藏没有技工院校的历史。所以，技师学院较少的地区：一种是因为工业化水平较低，如西北处于工业化、城市化初级阶段，带动不了技师学院快速发展；另一种是因为工业化水平较高，如京津沪处于后工业化时期，加上外来人口的涌入，对技师学院采取限制发展措施。

（2）作为工业化的产物，特别是制造业赖以生存的人力资源基础，以高技能人才培养为重点的技师学院发展与区域产业发展休戚相关。根据公开数据统计，2021年，中国工业十强省份的排名依次为广东（169785.1亿元）、江苏（149920.7亿元）、山东（102271.5亿元）、浙江（97967.6亿元）、福建（64743.0亿元）、河南（54006.4亿元）、四川（52583.4亿元）、河北（52125.4亿元）、湖北（49215.7亿元）、安徽（44775.9亿元）。短期来看，中国工业十强省份的格局已经相当稳定。[①]粤苏鲁浙四大省份继续排在了我国工业实力的前四名，与GDP排名保持了高度的一致。一个地区要想崛起，工业是必不可少的一环。业内学者也提出，就算含金量较高的服务业，本质上也是基于第二产业的稳步积累。粤苏鲁浙也是我国技师学院前四强，工业与技工教育发展的相关关系可见一斑。就内部比较而言，相对来说山东政策刺激频率较高，创新力度较大，技师学院数量高居榜首，广东、江苏、浙江相对来说市场化程度较高，人口流入占比较高，故而技师学院发展也是相当迅猛。

四、"高技能"缺"高学历"：技师学院发展疑难

本书所谓"高学历人才"，是指具有专科及以上高等教育学历的人才。所谓"高技能人才"，是指在生产、运输和服务等领域岗位一线的从业者中，具备精湛专业知识和技能，关键环节发挥作用，能够解决生产操作难题的人员。具体包括取得高级工、技师和高级技师职业资格（技能等级）的人员，也包括具有相应能力的人群。

从现代大工业生产发展进程来看，由于对社会成员的知识储备与技能水平的要求不断提高，公众对学历的依赖经历了从"可有可无，到需要，到必备"的提升过程[②]，但对高级工程技术人才、高技能人才、高素质技术技能人才等的关系辨识不清，对职业资格证书制度变革下的技师学院了解不多，误解甚多。技师学院因历史原因限定在中等职业教育范畴内（省级认定不具备通用性），"高学历"不可得，"高技能"单路径，加上名实之疑，由此带来一系列发展瓶颈。

---

① 城市探长.中国工业十强省份排名：山东首破10万亿，河南领先四川[EB/OL].(2022-02-11)[2022-11-12]. https://mp.weixin.qq.com/s/d6lzpz6gSzr2BH2FN-NI8g.

② 蔡金花, 韦永琼. 高等教育学历贬值的社会学解析[J]. 高教探索, 2007(6): 17-19.

（一）名无实有的高等教育

根据最新版《职业教育法》规定，国务院建立职业教育工作协调机制，统筹协调全国职业教育工作。国务院教育行政部门负责职业教育工作的统筹规划、综合协调、宏观管理。国务院教育行政部门、人力资源和社会保障部门和其他有关部门在国务院规定的职责范围内，分别负责有关的职业教育工作。

职业学校教育分为中等职业学校教育、高等职业学校教育。中等职业学校教育由高级中等教育层次的中等职业学校（含技工学校）实施。高等职业学校教育由专科、本科及以上教育层次的高等职业学校和普通高等学校实施。根据高等职业学校设置制度规定，将符合条件的技师学院纳入高等职业学校序列。职业培训包括就业前培训、在职培训、再就业培训及其他职业性培训，可以根据实际情况分级分类实施。职业培训可以由相应的职业培训机构、职业学校实施。

根据现行《高等教育法》（1999 年起施行）规定，国务院统一领导和管理全国高等教育事业。省、自治区、直辖市人民政府统筹协调本行政区域内的高等教育事业，管理主要为地方培养人才和国务院授权管理的高等学校。国务院教育行政部门主管全国高等教育工作，管理由国务院确定的主要为全国培养人才的高等学校。国务院其他有关部门在国务院规定的职责范围内，负责有关的高等教育工作。

由上可知，职业教育统筹规划、综合协调、宏观管理权限在国务院教育行政部门，高等教育主管权限也在国务院教育行政部门，即当前教育部。所谓分别负责，在实际操作中，大部分职业学校教育归口教育部门，技工院校和职业培训归口劳动行政（人力资源和社会保障）部门。

职业学校教育中的技工学校学历问题，已在《技工学校工作条例》（1986 年由劳动人事部、国家教育委员会联合发布）中规定为"技工学校是培养技术工人的中等职业技术学校，是国家职业技术教育事业的重要组成部分，属于高中阶段的职业技术教育"。但高级技工学校、技师学院的学历问题，一直未正式解决。虽然在 2006 年由劳动和社会保障部、财政部联合发布的《关于规范技师学院管理有关工作的通知》（劳社厅发〔2006〕30 号）规定"技师学院是高等职业教育的组成部分"，但未会签教育部，属于部门规章，无法正式解决技师学院的学历问题。且《高等教育法》规定，"国务院教育行政部门主管全国高等教育工作……其他有关部门在国务院规定的职责范围内，负责有关的高等教育工作"。作为新生事物的技师学院，其高等职业教育身份，处于尴尬和悬而未决的位置，成为历史遗留问题。

因此，2020 年 9 月教育部在《关于政协十三届全国委员会第三次会议第 2426 号（教育类 220 号）提案答复的函》（教职成提案〔2020〕82 号）中对《关于解决技师学院中学习年限较长毕业生高等职业教育学历问题的提案》的答复[①]称："技师学院作为以培养高技能人才为主要目标的职业院校，是我国职业院校的重要组成部分。目前中等职业学校有四类：职业高中、普通中专、成人中专和技工学校，技工院校逐步发展为技工学校、高级技工学校、技师学院三种层次类型。""贯彻落实'职教 20 条'和《现代职业教育体系建设规划（2014—2020 年）》等文件精神，会同有关部门，出台相关政策，支持符合条件的技师学校纳入高等学校序列。"

如上答复，从法理和权责角度看，无明显瑕疵。但实际运作中，技师学院所培养的高级工或预备技师，采取了套读"成人高等教育"的形式在迂回解决大专学历问题。各地情况略有不同：①某技师学院招生简章明确，考生可选择"预备技师+本科"或"高级工+大专"双学历教育，毕业后颁发该技师学院毕业证、合作本科或专科院校毕业证。②2018 年国家开放大学启动了"技能+素养"专科（本科）技能人才培养项目，实施了职业资格（技能等级）证书与学历证书相结合的双证书教育。不少技师学院与之签约，公共课程利用国家开放大学线上优质资源组织教学活动，技能实操课程按照技师学院现行教学要求，利用学校优质线下教学条件开展教学活动。③江苏走出了另外一条路径，江苏联合职业技术学院下设南京工程分院等 53 所分院和江苏省戏剧学校等 36 个办学点及 4 所高等师范学校，共计 93 所学校为江苏联合职业技术学院办学单位，常州技师分院、南京技师分院、苏州技师分院办学点等赫然在列[②]。

成人高等教育是中国高等教育体系的一个重要组成部分，列入国家招生计划，国家承认学历，考生在参加全国招生统一考试后，各省级机构统一组织录取。招生类型：成人高等学历教育分为专科起点本科（专升本）、高中

---

① 教育部. 关于政协十三届全国委员会第三次会议第 2426 号（教育类 220 号）提案答复的函（教职成提案〔2020〕82 号）[EB/OL].（2020-09-29）[2022-03-02]. http://www.moe.gov.cn/jyb_xxgk/xxgk_jyta/jyta_zcs/202011/t20201103_497945.html.

② 江苏联合职业技术学院.学院简介[EB/OL].（2019-03-01）[2022-12-21]. http://user.juti.cn:8000/_s3/85/list.psp.

起点本科（高起本）和专科（高起专）三种；在校学习形式分脱产、业余、函授三种。

如此看来，名义上，技师学院无高等教育资质，经过技师学院教育的学生，没有高等教育学历；实际上，接受技师学院教育的同时，学生主动或被动参加"成人高考"，接受成人高等教育，分别获得"高级工"+"大专学历证书"或"预备技师"+"本科学历证书"[①]。此间，还会获得"技师学院毕业证书"，如江苏版的"技师学院毕业证书"还刻意标注：根据《中共江苏省委江苏省人民政府关于印发〈新时代江苏产业工人队伍建设改革实施方案〉的通知》（苏发〔2018〕28 号）规定，技工院校中级工班、高级工班、技师班（预备技师班），毕业班在参加企事业单位招聘、职称评定、职位晋升及参加专业技术考试方面，分别按照中专、大专、本科学历享受相关待遇。

山东省人力资源和社会保障厅明确，在毕业证左下方加一段醒目的文字：根据鲁办发〔2019〕9 号文件规定，技工院校取得相应等级职业资格（职业技能等级）证书的中级工班、高级工班、预备技师班毕业生在应征入伍、参加公务员招考、专业技术职称评审、执业资格考试、企事业单位招聘、"三支一扶"招募、确定工资起点标准、就业创业扶持等方面，分别按照中专、大专、本科毕业生享受相关待遇[②]。

这样造成的尴尬和后遗症在于：①技师学院如此复杂的操作，并非人人可以理解到位，以致有的学校在简章中都标识为不规范的"双学历教育"；②不少技师学院在宣传中，为了迎合家长和考生的"学历情节"，采取了简易化、通俗化的解释，引起不少误解和投诉；③大多数技师学院学生来自农村或城市贫困家庭，须再缴纳成人大专学费才能获得非全日制大专（或本科）学历，进一步增加了学生及其家庭的经济负担；④通过如此委婉曲折的"过度教育"，而且不少成人高等教育合作院校并未派遣教师授课，教师还是原来的技师学院教师，只是按照合作院校的课程要求授课，其悖论不仅在于"不能开展高等教育的教师在教授高等教育课程"，还有损于技师学院口碑。⑤由于地区差异，各地技师学院和成人高等学校合作的教学质量良莠不齐，出现劣币驱逐良币的现象，加上就业市场存在的成人高等教育学历歧视现象，让

---

① 当前，职业资格证书制度正朝着职业技能等级制度过渡，证书也正在发生变化。

② 马金顺，魏朝晖. 山东省技工毕业证"加料"：附省委省政府文件，畅通技工就业路！[EB/OL]. (2020-07-16) [2022-12-16]. https://mp.weixin.qq.com/s/6CCh_C23alRWAp2FvEBxdQ.

技师学院毕业生进一步受到不公正待遇。⑥由于公众对学历的推崇，技师职业资格证书（技能等级证书）现实中尚不能与大专学历证书等值，非学历高等职业教育掣肘技师学院发展，存在高中毕业生招生困难、教育经费投入不足、毕业生发展受限等多方面问题。

一直被限定在中等职业教育层次的技师学院，其毕业证印制"相当于大专、本科"字样。毕业生手持"技师学院毕业证书"＋"成人大专学历证书"＋"高级工职业资格证书"（在职业资格证书制度改革的过渡阶段，原有的职业资格证书还在向职业技能等级证书变革），面对"高学历"不断贬值的市场环境，在"重学历、轻技能"思想的影响下，其中繁杂的程序和解释让技师学院毕业生的"学历瓶颈""学历情节"非但没有缓解，反而愈演愈烈。当然，近年来略有好转，但长期累积的非公正现象并未根本改观。单靠技能就业，只能算作一个美好愿景。

一个典型案例为：2011年，周某从北京某一流大学退学，选择去北京某技师学院就读。2014年，获得第六届全国数控技能大赛冠军之后，周某被媒体追访和报道。从技师学院毕业后，周某选择留校任教，在满足北京市特殊人才引进条件情况下，周某拿到北京户口。进入"十三五"时期，北京市疏解非首都功能，机械制造企业逐渐搬离北京。职业技术人才的培养服务于区域发展，随着机械制造企业的退出，曾经前景大好的数控专业日益萎缩，不再是北京市重点支持的专业。周某面临专业转型——投入大量时间和精力学习新的专业技术，从头积累资源。转型的迫近促使周某开始考虑自己未来的定位。这时，学历的问题暴露出来：技校毕业的周某没有资格进入学校的教学管理岗位。因为学历上的劣势而在评价和选拔过程中被区别对待，这是技工院校毕业生的普遍遭遇。主动选择职业教育之路的周某也未能幸免。也许，周某的困境是一个"典型案例"。技校毕业生不拥有现今被普遍认可的由教育部门颁发的"学历"。而在主流社会，这种"学历"才是硬通货。后来，周某离职加入教育咨询公司，成为一名职业教育咨询师。为了当好"老师的老师"，周某开始系统学习教育学知识。下一步，他打算先找个合适的学校读非全日制硕士，再攻读博士。①

---

① 黄哲敏."弃北大读技校"，周某十年"歧途"[EB/OL]. (2021-07-25)[2022-12-15]. https://mp.weixin.qq.com/s/LYkiu_9JCM3xnNnBfOOa4A.

（二）培训多学制少的技师培养

2006 年，中共中央办公厅、国务院办公厅印发《关于进一步加强高技能人才工作的意见》，提及"选择部分职业院校进行预备技师考核试点，取得预备技师资格的毕业生在相应职业岗位工作满两年后，经单位认可，可申报参加技师考评"。据文献记载，之所以制定这项制度，主要是考虑到当时通过院校培养很难直接培养出技师[①]。

按照《关于规范技师学院管理有关工作的通知》（劳社厅发〔2006〕30号）要求，技师学院"在面向新生劳动力开展后备高技能人才学制教育的同时，承担企业在职职工高技能培训和各类职业教育培训机构师资培训任务"，"各地要充分发挥技师学院和高级技工学校作用，做好预备技师培养工作"。

作为新生事物，作为改革试点，"预备技师"2 年后考核通过，取得"技师"国家职业资格证书，条件成熟的地方可以直接培养技师，"预备技师"和"技师"培养几乎同时出现，不足为奇。《关于规范技师学院管理有关工作的通知》要求具体办法由各省级劳动保障部门自行制定。

《重庆市人民政府办公厅转发市劳动保障局关于规范技师学院举办和管理工作意见的通知》（渝办发〔2008〕173 号）作为典型代表，其技师培养的具体办法如下。

预备技师，主要招收已取得高级职业资格证书的职业院校毕业生，学习期限不少于 2 年，部分职业可以招收应届高中毕业生，学习期限不少于 4 年。技师或高级技师，招收对象主要是企业在职职工中已取得高级职业资格证书，并在生产、服务一线工作、有一定实践经验的人员。

技师学院招收的预备技师班学生，修完专业所规定的课程且考核合格者，颁发"技师学院毕业证书"及预备技师证书。"技师学院毕业证书"由技师学院颁发，市劳动保障局提供统一样式、编号和查询服务，并在证书上验印；预备技师证书由市劳动保障局颁发，证书自颁发之日起有效期为 5 年。取得预备技师证书、在相应职业岗位工作满 2 年（工作业绩突出的可适当缩短）的学生，可申请参加相应技师职业技能鉴定，合格者按规定核发技师职业资格证书。技师学院招收的技师或高级技师班学员，经考核合格者，由技师学院颁发"技师学院培训合格证书"，证书由市劳动保障局统一样式和编号。取得"技师学院培训合格证书"的学员，符合申报条件的，可申请参加技师

---

① 行水. 新"十六字"方针：谋求技校新发展[J]. 职业技术教育, 2007, 28(21): 60-64.

或高级技师职业技能鉴定，鉴定合格者，颁发技师或高级技师职业资格证书。经技师学院培养的学员，取得技师、高级技师职业资格证书，并受聘在企业技能岗位工作的，在工资、带薪学习、培训、休假、出国进修等方面，分别享受该企业工程师、高级工程师同等待遇。总之，培养培训有别，只是外界不熟悉罢了。

其他各省的解决办法大同小异：①在招生和学习年限方面，学制培养的预备技师，须"高级工+2 年"，或"高中生+4 年"。职业培训的技师或高级技师，须"在职职工+高级工"。②在发证方面，学制培养的预备技师班学生培养合格后，由技师学院颁发"技师学院毕业证书"，由劳动保障部门颁发预备技师证书（5 年有效），满 2 年通过职业技能鉴定，合格者发"技师"职业资格证书。职业培训的技师或高级技师班学员，培训合格者，由技师学院颁发"技师学院培训合格证书"，鉴定合格者，颁发技师或高级技师职业资格证书。③待遇方面，技师、高级技师分别享受该企业工程师、高级工程师同等待遇。

2010 年，《关于大力推进技工院校改革发展的意见》（人社部发〔2010〕57 号）指出，技师学院是高技能人才队伍建设综合基地，承担通过学制教育培养预备技师、高级技工的任务，也是本区域面向企业职工开展技师和高级技师提升培训与研修、考核与评价的重要平台。

2014 年，《人力资源社会保障部关于推进技工院校改革创新的若干意见》（人社部发〔2014〕96 号）明确，技师学院主要承担通过学制教育培养高级工及以上技能人才任务，属职业教育高层次技能人才培养范畴。

2021 年，《人力资源社会保障部国家发展改革委财政部关于深化技工院校改革大力发展技工教育的意见》（人社部发〔2021〕30 号）明确，技师学院是优化技工教育结构和培育大国工匠、能工巧匠的重要载体，重点培养技师、预备技师、高级工等高技能人才。

其存在的困惑主要有：

（1）预备技师这个级别的证书属于什么层次？在职业资格证书制度时代，预备技师不属于初级工、中级工、高级工、技师和高级技师中的任何一种，是介于高级工和技师之间的过渡状态。预备技师班毕业满 2 年，如期鉴定，通过可转技师。5 年有效期内不参加鉴定或不通过，预备技师将游离在国家职业资格证书框架之外，身份模糊。

（2）哪些技师学院可以通过学制培养预备技师？哪些技师学院可以通过学制培养技师？江苏省常州技师学院《2021 年初中校毕业生招生计划》中，

技师班（六年制）有电气自动化设备安装与维修、工业机械自动化装调等 18 个专业。《2021 年高中技职校毕业生招生计划》中，技师班（四年制）有智能制造技术、视觉传达艺术设计、电子商务、新能源汽车检测与维修等 4 个专业，且该校无预备技师培养计划。深圳技师学院《2021 年招生简章》显示，初中起点只有五年制高级工（自愿辅修国家开放大学专科），高中（含中职中技）起点只有三年制高级工和四年制预备技师（自愿辅修国家开放大学专科和本科）。山东技师学院《2021 年招生简章》显示，有初中起点 3+2 高级工专业 10 余个，有高中（含中职中技）起点三年/四年预备技师专业，也有两年/三年高级工专业。杭州技师学院《2021 年招生简章》显示，学校有 3 年制中级工（高中），5 年制高级工（复合大专），6 年制技师（复合本科），3+2.5（3）学制中澳国际合作班［大专（本科）］，3+5 学制天津职业技术师范大学高考班（全日制本科）。梳理更多同年、同期技师学院的学制教育部分，有的覆盖中级工、高级工、技师，有的覆盖高级工、预备技师，有的覆盖高级工、技师，没有统一标准。并且，预备技师和技师的学制培养，没有一个准入门槛，各地政策大不同，在社会上造成"各自为政"的局面，很难形成全国统一的、公平的、同等的市场。

（3）技师学院是以职业培训为主，还是以学制教育为主？2010 年明确，技师学院主要通过学制教育培养预备技师、高级技工，面向企业职工开展技师和高级技师提升培训鉴定。2014 年明确，技师学院通过学制教育培养高级工及以上技能人才。2021 年明确，技师学院重点培养技师、预备技师、高级工等高技能人才，且落实技工院校实施学制教育和职业培训并举的法定职责。根据如上连续性政策以及相关资料可知技师学院一直在坚持"两条腿"走路：一条是职业培训，最高可以覆盖到技师、高级技师层次；另一条是学制教育，技师学院最多覆盖到高级工、预备技师、技师层次。整体来说培养高技能人才的基本定位没有变。职业培训机制畅通，但是学制教育存在几个尴尬又纠结的问题。问题是，职业培训具有很大的不确定性，作为学制教育主体的技师（预备技师）数量又不多，大多处于高级工为主的培养阶段。

（三）有差别无分化的院校命名

如前所述，百年来的职教概念争论，折射出我们认知轨迹的曲折发展，其中复杂内情，普通读者难以体会，但对技工教育工作者则意味着"话语权""生存权"，甚至是"发展权"。反映到现实的情况是，技工院校工作者在招生宣传、工作汇报、业内交流时存在着越解释越模糊、越解释越底气不足等现象。

技师学院一般由高级技工学校申办而来，两者的边界在哪里？技师学院是技工学校历经省部级重点技工学校、国家级重点技工学校、高级技工学校的发展形成的，大都采取在高级技工学校的基础上加挂技师学院校牌的方式建校。这种不独立建制的方式（有的全部转为技师学院，有的高级技工学校加挂技师学院牌子，有的技师学院保留高级技工学校牌子），使得技师学院的组织结构未从技工学校中分化。

技师学院与高级技工学校形成同体异构的关系，即技师学院以高级技工学校的中等职业教育组织架构举办高等职业教育，或者说，高级技工学校以技师学院的名义举办高级技工培训教育。总之，形成介于中、高职之间层次的高级技工学校，与高等职业教育范畴的技师学院，混搭在高级技工学校之中跨层次办学的状况，引致技师学院结构组织的非高等性与教育功能高等性的冲突，招致技师学院本身的疑惑、教育部门及社会的质疑。

与此形成对比的是，教育系统的高等职业技术学院几近单独设立，尽管不少是从中等职业学校升格而建成的，但它与中等职业学校完全脱离；高等职业技术学院的组织、结构和功能，与中等职业学校之间界限严格，高等教育属性明确。教育系统的"中职—高职"通过组织分化进而保证专业化的实践方式，从侧面进一步暴露了技师学院与高级技工学校组织合一、跨层次混搭办学的问题。

2019 年伊始，《国务院关于印发国家职业教育改革实施方案的通知》（国发〔2019〕4 号）再度提及"根据高等学校设置制度规定，将符合条件的技师学院纳入高等学校序列"。随后，《人力资源社会保障部教育部关于做好技工院校招生工作的通知》（人社部发〔2019〕119 号）指出，指导支持办学规范、质量较高的技师学院尽快达到标准要求，按照高等学校设置制度规定，纳入高等学校序列。支持按照高校设置程序进入高等学校序列的技师学院纳入高职（专科）统一招生平台，并以××职业技术学院（××技师学院）予以明确体现，支持这些学院参与高职扩招。2021 年 2 月，广东省教育厅对广东省轻工业技师学院、深圳技师学院、中山市技师学院纳入高等学校序列事项的评议结果向社会公示，计划分别设立为"广东省轻工业技师职业学院"、"深圳技师职业学院"、"中山技师职业学院"或"中山信息职业学院（中山市技师学院）"。

从目前的情况看，技师学院的发展及其纳入高等学校序列之后的命名，仍无统一的标准，也没有精准的命名规则。"××职业技术学院（××技师学院）""技师职业学院"，以及人力资源和社会保障部门正在探索的"新技能学院"、教育部门尝试探索的"未来技术学院",等等,各种新的命名方式不一而足,令人眼花缭乱,亟待深入研究,亟须循名责实、名实相符,从而卓有成效地促进技师学院的发展、深化技师学院的发展研究。在国家职业资格目录清单管理制度和职业技能等级制度改革的关键时刻,技师学院恰好同时处于改革转型的战略机遇期;技师学院一旦成功穿越改革转型的战略机遇期,必将迎来"潮平两岸阔、风正一帆悬"的崭新发展时代。

第二章　扎根国情的技师学院升格转型

技师学院是目前中国技工教育系统中最高层次的人才培养机构，但它日益面临着"名—实"剥离的难题。一方面，通过长期的积累和持续的发展，技师学院在技术技能人才培养领域、在"中国制造"和"中国智造"领域做出了越来越大的贡献——这表明技师学院之"实"既强大又强劲；另一方面，中国高等教育毛入学率 2002 年超过 15%并进入大众化时期[①]，2019 年超过 50%[②]并进入普及化时期，人民群众对优质、高质量高等教育服务的需求日益扩大，对技师学院的发展提出了越来越高的要求，而技师学院所颁发的学历文凭的社会认可度一直较低，并不能满足人民群众接受高质量高等教育、获得高认可的学历文凭的需求，亟须进一步突破制度瓶颈以提升技师学院在学制体系中的地位——这表明技师学院之"名"不副"实"且远低于"实"。

《现代职业教育体系建设规划（2014—2020 年）》提出"根据高等学校设置制度规定，将符合条件的技师学院纳入高等学校序列"，犹如一剂强心针推动了全国技工院校繁荣发展，开启了技师学院以"纳入高等学校序列"为追求的建设热潮。作为不少技师学院努力的方向与目标，此命题数年来悬而未决，存在学理、管理上的争议。

为了助力中央及有关省域的技师学院能够在政策引导下顺利被纳入高等学校序列，鼓励更多的技师学院能够通过主动努力而成功纳入高等学校序列，有效推动已经被纳入高等学校序列的技师学院能够实现持续、高质量发展，不仅需要系统梳理技师学院纳入高等学校序列的政策变革情况，还需要从理论的高度全面探究技师学院纳入高等学校序列的改革实践模式和路径。另外，还非常有必要深度比较研究技师学院与高职院校、应用型本科院校等高等学校之间的设置标准差异、办学状况差距。

这些方面的研究与探索，能为深度解决技师学院发展进程中"名—实"

---

① 时晓玲. 周济在 2004 年度教育工作会议上指出: 大力实施科教兴国战略和人才强国战略推动教育事业持续健康协调快速发展[N]. 中国教育报, 2003-12-26.

② 2019 年全国教育事业发展统计公报[EB/OL]. (2020-05-20)[2023-07-15]. http://www.moe.gov.cn/jyb_sjzl/sjzl_fztjgb/202005/t20200520_456751.html.

剥离、"名"不副"实"、"名"远低于"实"等难题，奠定必要的基础。本章尝试从政策法规、历史发展和地方实践等方面展开梳理，旨在促进技师学院组织转型，丰富高等学校序列内涵。

第一节　技师学院纳入高等学校序列的政策探索

自常州技师学院在 2000 年作为全国首家技师学院挂牌以来，技师学院在 20 余年的发展进程中，或主动或被动地被纳入高等学校序列的问题若隐若现，已经逐渐成为一个政策热点。从中央到地方，持续出台相关政策，持续鼓励技师学院纳入高等学校序列，但实践时常落空，原因何在？梳理这些政策文本，明晰具体的政策内容，理解其中的政策逻辑，是探究"技师学院纳入高等学校序列"改革实践的重要前提，也是再一次摸查纳入不畅症结原因的重要手段。

一、中央政策的源流梳理

技工学校升格转型的政策，最早可追溯到 1996 年。《技工学校"九五"时期改革与发展实施计划》（劳部发〔1996〕385 号）指出，依据《职业教育法》，并结合《职业技能开发事业发展"九五"计划和 2010 年长远规划》，地方劳动部门和行业主管部门应从本地区、本行业实际出发，对规模较小的学校采取合并、联合等方式进行重组，同时要充分发挥骨干学校的示范和辐射作用，通过集团化、联合体等多种联合办学形式，实现资源共享、优势互补。政策强调，要在现有国家级重点技工学校的基础上，建设 100 所高级技工学校，并逐步发展成职业技术学院，使其成为我国培养高级职业技能型人才的重要基地[1]。受此影响，部分高级技工学校抢得先机，顺利升格为职业技术学院。

近年来，"技师学院纳入高等学校序列"的政策出台，则与中国建设现代职业教育体系的政策目标紧密相关，或者说，"技师学院纳入高等学校序列"的决策是被放在建设现代职业教育体系的宏观政策背景下进行思考和定位的。建设现代职业教育体系，是中国职业教育发展的大事，是为中国职业教育服务于经济发展方式转型升级和结构性战略性调整优化的新使命、新要

---

[1] 技工学校"九五"时期改革与发展实施计划[J]. 职业技能培训教学, 1997(2): 10-12.

求、新任务而确定起的发展目标，具有鲜明的时代特色。

"现代职业教育体系"的政策目标，发轫于 1985 年《中共中央关于教育体制改革的决定》提出的建设"职业技术教育体系"，并在 1991 年、1996 年、2002 年、2005 年的职业教育政策、法规中不断被提及。[①]

2010 年 7 月，党中央、国务院在 21 世纪召开的第一次全国教育工作会议上发布了指导我国未来十年教育改革和发展的《国家中长期教育改革和发展规划纲要（2010—2020 年）》，并把构建现代职业教育体系作为中国职业教育发展的重要战略目标。2014 年 6 月，教育部等六部门发布《现代职业教育体系建设规划（2014—2020 年）》，从战略上部署了现代职业教育体系的建设任务，标志着现代职业教育体系的基本理念和总体架构初步形成。

《现代职业教育体系建设规划（2014—2020 年）》明确提出，2020 年要建成适应发展需求、产教深度融合、中职高职衔接、职业教育与普通教育相互沟通，体现终身教育理念，具有中国特色、世界水平的现代职业教育体系。这是一个跨界、连横、合纵、超越时空、内涵丰富、形式独特、外延宽广、结构开放、体系完整、相互联系、创新发展的多维立交的网络体系。[②]

但是，现行的职业教育体系仍然存在层次不完善、结构不合理、体系较封闭等问题，所以该文件提出，要理顺不同类型、各个层次职业教育之间的关系，促进各类职业教育的横向沟通、各层次职业教育的纵向衔接。

在此理念的指导下，高等职业教育的发展内容包括专科层次职业教育质量的提升、本科层次职业教育规模的扩大、研究生层次的拓展，以及学历与非学历高等职业教育的沟通，其中非常重要的一点就是，"根据高等学校设置制度规定，将符合条件的技师学院纳入高等学校序列"，给沉寂多年的技师学院转型或升格命题，再一次点亮了灯塔（图 2-1）。

2019 年发布《国务院关于印发国家职业教育改革实施方案的通知》（国发〔2019〕4 号）。此文件将"完善国家职业教育制度体系"作为第一大内容，并在"推进高等职业教育高质量发展"的项目中强调，"把发展高等职业教育作为优化高等教育结构和培养大国工匠、能工巧匠的重要方式，使城乡新增劳动力更多接受高等教育。高等职业学校要培养服务区域发展的高素质技术技能人才，重点服务企业特别是中小微企业的技术研发和产品升级，加强社区教育和终身学习服务。……根据高等学校设置制度规定，将符合条

---

① 平和光，李孝更. 十八大以来中国特色现代职业教育体系建设报告[J]. 职业技术教育，2017（24）：37-44.

② 蒋旋新. 中国特色职业教育体系论纲[M]. 北京：知识产权出版社，2017：44-83.

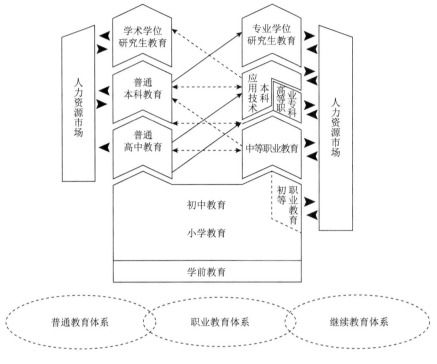

图 2-1　教育体系基本框架示意图

件的技师学院纳入高等学校序列"。这个通知，基于中国的大职业教育主义理念、从大职业教育体系的角度，按照"高等职业教育"的定位，确立了技师学院的地位，再次重申了将技师学院纳入高等学校序列的政策。

2021 年发布的《技工教育"十四五"规划》指出，技师学院是优化技工教育结构和培育大国工匠、能工巧匠的重要载体，重点培养技师、预备技师、高级工等高技能人才。2022 年修订通过的《职业教育法》规定，高等职业学校教育由专科、本科及以上教育层次的高等职业学校和普通高等学校实施。根据高等职业学校设置制度规定，将符合条件的技师学院纳入高等职业学校序列。未来，根据《职业教育法》加强规划引导，推动形成技师学院、高级技工学校、技工学校梯次发展、有序衔接、布局合理的技工教育体系，进而融入现代职业教育体系，形势喜人。

上述政策法规动向表明，技师学院纳入高等学校序列，不仅是党的重要教育方针，也是国务院的一项重要工作，因此也是国务院各部委协同攻关的重要工作任务；此外，它还得到了《职业教育法》的明确规定。

二、地方政策的多元实践

在教育部等六部门发布的《现代职业教育体系建设规划（2014—2020年）》的影响下，各省（自治区、直辖市）纷纷响应，并根据区域实际需要，因势利导地展开现代职业教育体系规划行动，立足区域出台规定性文件和改革方案，具体探索推进技师学院纳入高等学校序列的路径和模式。

（一）湖南省的政策探索

2014年8月，湖南省教育厅等六厅局联合编制了《湖南省现代职业教育体系建设规划（2014—2020年）》（湘教发〔2014〕50号），确立了高等职业教育的发展任务，并据此提出，"根据高等学校设置制度规定，将符合条件的技师学院纳入高等学校序列"，以便完善职业教育结构。[①]

为了完善职业培训政策和技能人才激励政策、加强职业能力建设工作，2015年3月湖南省人社厅与财政厅联合制定了《湖南省人力资源社会保障厅省财政厅关于进一步加强职业能力建设工作的实施意见》（湘人社发〔2015〕32号），其中规定，"技工院校取得高级工、预备技师职业资格证书的毕业生，可比照全日制大专、本科毕业生，参加报考事业单位相关岗位招聘"[②]。

2015年5月，湖南省人社厅发布《湖南省人力资源和社会保障厅关于贯彻落实人力资源和社会保障部〈关于推进技工院校改革创新的若干意见〉的实施意见》（湘人社发〔2015〕46号），明确了技师学院的发展方向和办学定位，提出要协调有关部门将技师学院列入高等学校序列，将技师学院纳入高等职业院校招生平台，在办学经费、毕业生职业发展待遇、就业创业政策等各方面与高校执行统一标准。[③]

2015年7月，湖南省人社厅、教育厅与财政厅联合印发的《湖南省人力资源和社会保障厅湖南省教育厅湖南省财政厅关于进一步做好应届毕业生求

① 郴州市教育局. 省教育厅等六厅局关于印发《湖南省现代职业教育体系建设规划（2014—2020年）》的通知[EB/OL]. (2014-09-04)[2022-12-04]. http://jyj.czs.gov.cn/zyjy/15573/content_821348.html.

② 湖南省人力资源社会保障厅省财政厅关于进一步加强职业能力建设工作的实施意见[EB/OL]. (2015-04-07)[2022-03-02]. http://www.hunan.gov.cn/xxgk/wjk/szbm_1/szfzcbm_19689/srlzyhshbzt_19756/gfxwj_19757/201504/t20150407_4885790.html.

③ 湖南省人力资源和社会保障厅.湖南省人力资源和社会保障厅关于贯彻落实人力资源和社会保障部《关于推进技工院校改革创新的若干意见》的实施意见[EB/OL]. (2016-04-07)[2022-12-14].http://rst.hunan.gov.cn/xxgk/zcfg/zxzc/201604/t20160407_4229599.html.

职创业补贴发放工作的通知》（湘人社发〔2015〕60号）[①]及《湖南省人力资源和社会保障厅湖南省财政厅湖南省教育厅关于做好校园招聘活动一次性补助工作的通知》（湘人社发〔2015〕62号）[②]等文件，要求初步落实技师学院执行高校的就业创业政策。

但遗憾的是，有关技师学院纳入高等学校序列的程序性操作，未见后续规定和指导性文件。

（二）江苏省的政策探索

2014年4月，江苏省政府办公厅在《省政府办公厅关于加强技能人才队伍建设促进产业转型升级的意见》（苏政办发〔2014〕34号）中要求完善技能人才激励政策，并实施一系列的重要举措，比如，"高级技工学校、技师学院在招生、学历、升学、收费等相关政策方面依法享受同类同等院校的同等待遇"，"建立职业院校生均拨款制度和生均拨款标准稳定增长机制，高级技工学校、技师学院可参照高职院校标准设定生均经费标准和核定人员编制"[③]。

2014年10月，江苏省政府结合国家关于职业教育的工作指示和本省省情，下发了《江苏省政府关于加快推进现代职业教育体系建设的实施意见》（苏政发〔2014〕109号），要求加快推进现代职业教育体系建设，并提出要创新发展高等职业教育，将符合条件的技师学院"纳入高等学校序列"，到2020年实现现代职业教育体系建设目标，且建成一批具有中国特色的世界一流高职院校，形成具有国际竞争力的技术技能人才培养高地。[④]

2021年，《省人力资源社会保障厅关于印发江苏省"十四五"技工教育发展规划的通知》（苏人社发〔2021〕70号）却对技师学院纳入高等学校序列无所体现，倒是提及：创建一批国家级优质技工院校、国家级优质专业，推进省重点技师学院、省级高水平技工院校建设。支持职业院校举办技师学院、技工学校。鼓励省重点技师学院探索培养全日制高级技师。建立和完善

① 湖南省人力资源和社会保障厅湖南省教育厅　湖南省财政厅关于进一步做好应届毕业生求职创业补贴发放工作的通知[EB/OL]. (2015-07-30)[2022-12-14]. http://www.yzx.gov.cn/5/2875/4488/4506/content_2224702.html.

② 岳阳市劳动就业服务局.湖南省人力资源和社会保障厅湖南省财政厅湖南省教育厅关于做好校园招聘活动一次性补助工作的补充通知[EB/OL].(2018-01-16)[2022-12-14]. http://www.yueyang.gov.cn/zfxxgk/58868/65751/65827/66109/content_1930144.html.

③ 江苏省人民政府办公厅. 省政府办公厅关于加强技能人才队伍建设促进产业转型升级的意见[J]. 江苏省人民政府公报,2014(11): 40-44.

④ 江苏省人民政府. 省政府关于加快推进现代职业教育体系建设的实施意见[J]. 江苏省人民政府公报,2014(26): 11-18.

与办学规模、培养要求相适应的技工院校财政投入制度，推进落实公办高级技工学校、技师学院参照当地高职院校同等标准安排生均拨款政策。

江苏在"纳入高等学校序列"的政策探索领域，从最前卫到比较保守的变化，令人遐思。

（三）江西省的政策探索

2014年9月，江西省人民政府印发《江西省人民政府关于加快发展现代职业教育的实施意见》（赣府发〔2014〕30号），提出"根据高等学校设置制度规定，将符合条件的技师学院纳入高等学校序列……探索高职院校、应用技术类本科院校与高级技工学校、技师学院联合办学，高职毕业证书+高级工职业资格证书、本科毕业证书+预备技师职业资格证书相衔接的高技术技能人才培养模式。……支持企业对取得高级工和技师、高级技师及相应职业资格的高技能人才，在政策上分别与大专和本科学历人员同等对待"[①]。

随后《江西省人民政府关于进一步做好新形势下就业创业工作的实施意见》（赣府发〔2015〕51号）[②]、《江西省人力资源和社会保障厅关于加快推进技工院校改革创新的实施意见》（赣人社发〔2015〕56号）[③]等文件，相继细化和落实关于技师学院学生就业创业政策、补贴标准、毕业生待遇执行高校标准的规定。

另外，在《江西省2016年度考试录用公务员报考指南》中明确标明，"取得高级工职业资格的高级技校、技师学院全日制高级工班毕业生，可视同大专学历报考；取得预备技师职业资格的技师学院全日制预备技师班毕业生，可视同本科学历报考"[④]。

这些政策规定，为江西省加快技师学院"纳入高等学校序列"的发展，营造了浓厚的用人环境、奠定了良好的社会基础，拓展了技师学院的发展空间。

---

① 江西省人民政府. 江西省人民政府关于加快发展现代职业教育的实施意见[J]. 江西省人民政府公报, 2014(15): 4-16.

② 江西省人民政府. 江西省人民政府关于进一步做好新形势下就业创业工作的实施意见[J]. 江西省人民政府公报, 2015(19): 4-11.

③ 江西省发布《关于加快推进技工院校改革创新的实施意见》[EB/OL]. (2016-09-20)[2022-03-05]. http://www.jiangxi.gov.cn/historyzt/zcfw/zcwj_15446/dzcywzcx_15450/201609/t20160920_1289159.htm.

④ 江西省2016年度考试录用公务员报考指南[EB/OL]. (2016-03-18)[2022-03-05]. http://gat.jiangxi.gov.cn/art/2016/3/18/art_40804_2367815.html.

（四）山东省的政策探索

早在 2014 年教育部等六部门发布《现代职业教育体系建设规划（2014—2020 年）》之前，山东省就开始探索建立职业教育与技工教育沟通合作机制，以优化职业教育结构。

2012 年 12 月，山东省人民政府出台《山东省人民政府关于加快建设适应经济社会发展的现代职业教育体系的意见》（鲁政发〔2012〕49 号），提出创新职业教育的系统培养机制，探索高等职业教育与技师教育的沟通途径。[①]在《山东省人民政府办公厅关于贯彻落实鲁政发〔2012〕49 号文件推进现代职业教育体系建设的实施意见》（鲁政办字〔2013〕126 号）文件中，详细制定了一系列落实技师学院等同高等职业技术学院的相关政策，包括招生、生均拨款等政策。[②]

2013 年，山东省教育厅与人社厅两部门联动，开始尝试推进高等职业教育与技师教育合作办学，并共同制定了《关于印发〈高等职业教育与技师教育合作培养试点实施方案〉的通知》（鲁教职发〔2013〕3 号）。[③]依照《关于开展高等职业教育与技师教育合作培养试点工作的通知》（鲁教职字〔2014〕16 号）的部署，2014 年正式启动合作培养工作，并遴选相关高职院校和技师学院[④]，最终评选出"山东职业学院+山东技师学院""淄博职业学院+淄博市技师学院""烟台职业学院+烟台工贸技师学院""山东理工职业学院+济宁技师学院""威海职业学院+威海技师学院""潍坊职业学院+潍坊市技师学院""德州职业技术学院+德州市技师学院""济宁职业技术学院+菏泽技师学院"八对试点学校，开展专业联合培养试点工作。

在中央政策的号召和鼓励下，2015 年 8 月山东省政府颁发了《山东省人民政府关于贯彻国发〔2014〕19 号文件进一步完善现代职业教育政策体系的意见》（鲁政发〔2015〕17 号），提出根据高等学校设置制度规定和区域产

---

① 山东省人民政府. 山东省人民政府关于加快建设适应经济社会发展的现代职业教育体系的意见[J]. 山东省人民政府公报, 2013(1): 35-38.

② 山东省人民政府办公厅. 山东省人民政府办公厅关于贯彻落实鲁政发〔2012〕49 号文件推进现代职业教育体系建设的实施意见[J]. 山东省人民政府公报, 2013(23): 16-20.

③ 山东省教育厅, 山东省人力资源和社会保障厅. 山东省教育厅山东省人力资源和社会保障厅关于印发《高等职业教育与技师教育合作培养试点实施方案》的通知[EB/OL]. (2018-11-03)[2022-03-05]. http://edu.shandong.gov.cn/art/2018/11/3/art_12045_7733457.html.

④ 山东省教育厅, 山东省人力资源和社会保障厅. 关于开展高等职业教育与技师教育合作培养试点工作的通知[EB/OL]. (2014-05-21)[2022-03-05]. http://edu.shandong.gov.cn/art/2014/5/29/art_11990_7737678.html.

业布局需要，逐步将符合条件的技师学院纳入高等学校序列。[①]为落实技师学院在各个具体领域的高等教育待遇，山东省人社厅在 2016 年 5 月制定了《关于加强高技能人才工作助推产业转型升级的意见》（鲁人社发〔2016〕22 号），具体规定了技师学院的收费标准、财政生均定额拨款标准、毕业生待遇及就业补贴执行与高校毕业生同一标准的政策。[②]

2021 年底，山东省人力资源和社会保障厅印发《山东省技工教育"十四五"发展规划》（鲁人社字〔2021〕172 号），提出以优化技能人才培养结构为目标，扩大技师学院数量和办学规模，在项目支持、师资培养等方面予以倾斜，支持技师学院做大做强。加大技师学院、高级技工学校面向中等职业学校毕业生招收高级技工班和预备技师班力度。重点依托技师学院组织开展省级职业训练院建设试点，拓展评价鉴定、公共实训、技能竞赛、师资研修、就业服务等功能，为技能人才成长提供全方位、多层次服务。

（五）天津市的政策探索

2015 年 12 月，天津市人社局印发《市人力社保局市残联关于做好技师学院和特殊教育院校部分毕业生同等享受高校毕业生就业政策工作的通知》（津人社局发〔2015〕94 号），具体规定，对技师学院高级技工班、预备技师班和特殊教育院校职业教育类毕业生，参照高校毕业生享受相关就业补贴政策。[③]

2016 年 3 月，天津市人民政府提出，要构建具有天津特点、中国特色、世界水平的现代职业教育体系。为此，在《天津市人民政府关于加快发展现代职业教育的意见》（津政发〔2016〕3 号）文件中，提出要拓展完善人才多样化成长渠道，探索集团化、区域化的现代职业协同培养体系建设；积极创新发展高等职业教育，促进高等职业教育内涵式发展，并且根据高等职业院校设置制度规定，将符合条件的技师学院纳入高等职业院校序列。[④]

---

① 山东省人民政府. 山东省人民政府关于贯彻国发〔2014〕19 号文件进一步完善现代职业教育政策体系的意见[J]. 山东省人民政府公报, 2015（24）: 6-14.
② 山东省人力资源和社会保障厅, 山东省发展和改革委员会, 山东省经济和信息化委员会, 等. 关于加强高技能人才工作助推产业转型升级的意见[EB/OL]. (2016-05-18)[2022-03-05]. http://hrss.zibo.gov.cn/art/2018/8/13/art_8162_1470416.html.
③ 天津市人力资源和社会保障局. 市人力社保局市残联关于做好技师学院和特殊教育院校部分毕业生同等享受高校毕业生就业政策工作的通知[EB/OL]. (2015-12-15)[2022-03-05]. https://hrss.tj.gov.cn/zhengwugongkai/zhengcezhinan/zxwjnew/202012/t20201206_4491125.html.
④ 天津市人民政府. 天津市人民政府关于加快发展现代职业教育的意见[J]. 天津市人民政府公报, 2016（6）: 2-8.

2016 年 6 月，经天津市人社局、市教委、市财政局的沟通商议，出台了《市人力社保局市教委市财政局关于做好高校毕业生求职创业补贴申领发放工作的通知》（津人社局发〔2016〕54 号），针对高校毕业生求职创业申领补贴政策做出规定，补贴的范围主要是就业困难、家庭贫困的高校毕业生，包括技工院校高级技工班和特殊教育院校职业教育类毕业生。[①]

（六）广东省的政策探索

广东省一直重视职业教育体系建设工作，2004 年和 2009 年两次提出现代职业教育体系和现代技工教育体系的建设目标。2011 年广东省政府决定统筹职业教育发展，提出统一高等职业院校与技师学院在发展规划、招生平台、经费投入、资源配置、培养标准五个方面的政策。[②]其政策旨趣就在于，通过技师学院与高等职业院校在核心发展政策上的一致，保证技师学院纳入高等职业教育体系。从此，广东省政府对技师学院的发展规划与工作部署都归属于高等职业教育层次。

2015 年 11 月，广东省教育体制改革领导小组办公室拟定的《广东省现代职业教育体系建设规划（2015—2020 年）》（粤教改办〔2015〕11 号）指出，推动职业教育（含技工教育，下同）实现从层次到类型，从规模扩张到内涵发展的重大战略转变，使现代职业教育助推经济社会取得更大更好发展……在技师学院开展高级工及以上学制教育和职业培训，培养高级工、技师、高级技师。支持技师学院、高级技工学校扩大高级工及以上学制教育规模，技师学院、高级技工学校高级工及以上在校生规模分别保持 60%、50%以上[③]。

2021 年，广东省高规格出台《中共广东省委办公厅广东省人民政府办公厅印发〈关于推动"广东技工"工程高质量发展的意见〉的通知》（粤办发〔2021〕10 号）和《广东省人民政府办公厅关于印发广东省推动技工教育高质量发展若干政策措施》（粤府办〔2021〕54 号），推动各种资源要素向技工教育领域集聚。特别是《广东省人民政府办公厅关于印发广东省推动技工教育高质

① 天津市人力资源和社会保障局. 市人力社保局市教委市财政局关于做好高校毕业生求职创业补贴申领发放工作的通知[EB/OL]. (2016-06-23)[2022-03-05]. https://hrss.tj.gov.cn/zhengwugongkai/zhengcezhinan/zxwjnew/202012/t20201206_4491297.html.

② 广东省人民政府办公厅. 印发广东省职业技术教育改革发展规划纲要（2011—2020 年）的通知[EB/OL]. (2011-07-01)[2022-03-05]. http://www.gd.gov.cn/gkmlpt/content/0/139/mpost_139870.html#7.

③ 广东省现代职业教育体系建设规划（2015—2020 年）[EB/OL].(2015-11-28)[2022-03-05]. https://www.gcp.edu.cn/gdzyjyyjs/info/1124/1370.htm.

量发展若干政策措施》提出推动技师学院与高等职业院校政策互通互认、技师学院办学经费按照高等职业院校标准统筹解决、统筹技师学院与高等职业院校招生政策、支持职业院校积极培养技能人才等，引起业界热议。无论是否纳入技师学院，广东省的政策指向在实不在名，虽有缺憾，但在当下已然不易。

综上所述，从中央到地方有关技师学院"纳入高等学校序列"的政策决议，皆是以构建现代职业教育体系为前提条件，以完善高等职业教育层次结构为直接动因；各级政府以及政府各部门出台各类各型的政策文件，逐步肯定并努力保障技师学院的高等教育属性，积极建设并努力优化技师学院的办学机制。这一切，都能为技师学院的发展创造出更为有利的政策条件和社会环境。

第二节　技工学校升格发展为高校的历史案例

技工学校升格、纳入高等学校序列，不是一个能不能、该不该、行不行的问题，而是一个"符合条件"和"依照程序"的问题。事实上，在漫漫历史长河中，技工学校从来都不是一个封闭的系统，而是和诸多学校一样，经历着风雨洗礼，有的关停并转，有的辗转腾挪，有的累进蝶变，走出了一条跨界发展、融合发展的道路，成为高等学校，可资借鉴。

一、中央军委无线电学校——西安电子科技大学

战争年代，在航空、船舶、交通、电报电话、机械等领域，技工是战略资源，也是战斗力量的核心组成，成为各方争夺的对象，也是保密范畴。根据晚清以来国防系统惯例，兵工相关技术学校统一被视为技工类学校，与当时职业学校（主要是为工商界培养人才）稍作区别。中国共产党创建的中央军委无线电学校，即属此类。

在红军时期，中共紧紧围绕"一切为了革命战争，一切为了革命胜利"的目标，开办了红军干部学校、通信学校、卫生学校、步兵学校、特种兵学校、各种工农业余学校等。

1930 年底，红一方面军缴获到一部完整无缺的电台（功率为 15 瓦），还收用 6 名电台人员。1931 年 1 月，建立了第一支红军无线电队。同年 7 月

30 日，中央军委（驻兴国）和前线总司令部（驻建宁）之间，开始了我军历史上第一次无线电密码通报[①]。1931 年，工农红军第一方面军开办无线电训练班，1932 年组建为中央军委无线电学校，1933 年增设有线电通信、简易信号通信等专业，扩建为中国工农红军通信学校：主要培养无线电报务、机务和有线电话、司号、旗语等人员，以应用技术训练为主。

1934 年，开办了一期高级班。同年 10 月，中央红军长征前，改为中央红军通信教导大队。1942 年更名为中央军委电信工程专科学校，1945 年停办。1932—1945 年，共培养各类通信人员 3000 余名[②]。

随后，该校随战争辗转于延安、获鹿、张家口。1958 年迁至西安，1966 年由军校转为地方院校，1988 年定名为"西安电子科技大学"。

二、兵工署第 11 技工学校——重庆理工大学

抗日战争时期，国民政府创办了一大批兵工署技工学校和各厂技工训练班，其中最知名的是兵工署第 11 技工学校，该校成立于 1940 年 9 月 18 日，因附设在 21 兵工厂，故简称"21 厂技校"，对外化名为"士继公学"（士为十一之合字，而继公音同技工）。其全称为"兵工署第二十一厂附属第十一技工学校"[③]，受兵工署和 21 厂双重领导，业务上受兵工署、经济部技工训练处指导。厂长李承干兼任校长，普通学科由专任教师担任，技术学科由工程技术人员兼任。该校作为典型的技工学校，专责枪炮制造，为抵抗日本侵略作出了卓越的贡献。

当时担任校长的李承干，与郭沫若曾是一起在日本留学的同学。[④]于是李承干便邀请郭沫若作词，著名音乐家、教育家贺绿汀作曲，完成了传唱至今的重庆理工大学校歌。这首创作于抗战时期的校歌，强调了工业救国的使命。歌词中提到的"沉着毅勇，自强日新，我们是工业的劲军"，就是在鼓励同学们自力更生、不断创新，以工业技术服务于国家和人民（图 2-2）。

---

① 桑金科, 杨贵生, 唯濂. 中共党史中的第一[M]. 开封: 河南大学出版社, 1991: 335.
② 教育大辞典编纂委员会. 教育大辞典(第 3 卷) [M]. 上海: 上海教育出版社, 1991: 614.
③ 陈子恒, 陈鹏. 抗战时期国民政府军政部兵工署第二十一工厂附属第十一技校初探[J].重庆理工大学学报(社会科学), 2019, 33(8):142-148.
④ 明德笃行自强日新重庆理工大学校训源自郭沫若作词的校歌[EB/OL]. (2017-05-05) [2022-03-03]. https://m.sohu.com/a/138341111_119038/.

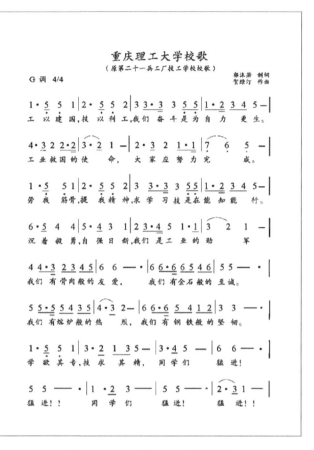

图 2-2 重庆理工大学校歌

随后该校经过多次更名，名称先后为：21 兵工厂工业职业学校（1949—1950 年）；重庆机械工业学校（1952—1953 年）；西南第一工业学校（1953—1955 年）；重庆工业学校（1955—1956 年）；重庆第一机械制造工业学校（1956—1960 年）；重庆工业专科学校（1960—1962 年）；重庆第一机械制造工业学校（1962—1963 年）；重庆第一机械工业学校（1963—1965 年）；重庆工业学院（1965—1969 年）；国营七一仪表厂（1969—1984 年）；重庆工业管理学院（1984—1999 年）；重庆工学院（1999—2009 年），重庆理工大学（2009 年至今）。①其另外一脉由长安技工学校发展为重庆工贸技师学院。

---

① 中华人民共和国教育部发展规划司. 中国高等学校（2001 年版）[M]. 北京: 高等教育出版社, 高等教育电子音像出版社, 2001: 527.

三、山丹培黎工艺学校——兰州工业学院

抗日战争期间，新西兰友人路易·艾黎联合国内外知名人士发起工合运动，组织难民和沿海流亡失业工人，以合作社形式，振兴内地工业，发展经济，供应军需民用，支持抗日战争。为培养工合运动的技术人才和领导骨干，工合组织先后在四川成都、广西桂林、湖北老河口、河南洛阳、陕西双石铺等地创办了培黎工艺学校和培训班。其中，双石铺培黎工艺学校较为成功。

1944 年迁移到甘肃河西山丹县内，改为"山丹培黎工艺学校"。其开设的主要课程有：机械制图、簿记、算术、工业常识、理化基础、历史、国文、英语等。学校实行半工半读的教学体制，根据学生年龄大小、进校时间长短，分成若干班级，一半上午上课、下午在生产实习组实习，另一半则相反。实际的技术训练，分别在自办的机械、电机、纺织、皮革、陶瓷、造纸、化工、玻璃、印刷、缝纫、制扣、测绘、铸铁、冶炼、采煤、炼铁、制糖、碾米等20 多个生产组进行，以培养手脑并用的技术人才。①

1950 年，学校更名为"西北石油管理局培黎工业学校"，划归西北石油管理局领导，属中专性质。1953 年，学校划归西北石油钻探局领导，改名为"培黎石油技工学校"。1956 年，石油部决定将学校交由兰州炼油厂筹建处直接领导，更名为"兰州石油技工学校"。1957 年，石油部决定将广州石油机械安装技工学校并入该校。1958 年，全国院校调整，"兰州石油技工学校"更名为中等专业性质的"甘肃省机械制造学校"。1960 年，甘肃省机械局决定，将中专教育与中技教育分离。1962 年，更名为"甘肃省工业学校"。1969年，学校撤校办厂，更名为"兰州第一机床厂"。1974 年，恢复办校，更名为"兰州工业学校"。1989 年，经国家教委批准改建为兰州工业高等专科学校。2012 年 3 月，经教育部批准升格为"兰州工业学院"。②

四、太行工业学校——中北大学

1938 年，中共六届六中全会作出"提高军事技术，以建立必要的军火工厂，准备反攻实力"的决议，为此各根据地创办了大批兵工厂。发展兵工厂

---

① 甘肃省地方史志编纂委员会，甘肃省志教育志编辑委员会. 甘肃省志 第 59 卷 教育志[M]. 兰州：甘肃人民出版社，1991：237.

② 兰州工业学院. 大事记[EB/OL]. (2019-12-30)[2022-03-02]. https://www.lzit.edu.cn/xxgk/dsj.htm.

急需大量兵工技术人才，在面临干部数量和质量的双重考验下，"八路军总司令部军工部工业学校"应运而生，因校址在晋冀豫抗日根据地的太行区，故称太行工业学校。该校是中国人民抗日军事政治大学（简称抗大）特科大队和干训队的延续和发展。

1941 年 5 月，该校正式成立，军工部长刘鼎兼任校长，柳沟兵工厂副厂长刘致中任副校长，抗大教员李非平任教务主任，诞生于抗战烽火硝烟中的该校开启了我党我军兵工教育的先河。[①]学校创办时期正是抗战最残酷的阶段。没有教室，他们就在场院里、大树下、窑洞里上课；没有黑板，他们就借用老乡家的门板。全校教师学工一手拿枪，一手拿书，一边学习，一边战斗，表现出不畏艰难、顽强奋斗的大无畏英雄气概。[②]全校有学员 70 余人，分为两个分队。第一分队为军事工业技术干部训练队，学员 27 人，皆由晋察冀根据地选派而来，教员由受过高等教育的陆汉涛、李吉瑞、高广平等人担任；第二分队为军事通讯联络队，学员 40 多人，大多来自晋察冀根据地。军事通讯联络队只办了 1 期，后合并至一二九师通讯学校。此后，太行工业学校以办机械专业、化工专业、企业管理等军事工业教育为主，迅速扩大了招生规模。根据 1943 年的统计，在八路军总部军事工业 51 名厂级干部（正副处长、正副厂长）中，有 41 名是太行工业学校培养出来的，约占 80%。[③]

太行工业学校从正式诞生，到 1943 年 9 月奉命停办。在这 3 年中，培养学员 1200 余人，为军事工业培养了近 400 名中级工业管理干部和技术干部，支援了军工建设，这些学员在抗战后期和解放战争中都发挥了重要作用。

1946 年 2 月恢复办学，改名长治工业学校。1948 年 5 月，华北人民政府兵工局又将该校改建为兵工职业学校。1958 年扩建为太原机械学院，1993 年更名为华北工学院。2004 年，经教育部批准更名为"中北大学"。

五、天津技工师范学校——天津职业技术师范大学

1959 年，国家批准建立天津技工师范学校，由劳动部主管。1960 年，天津技工师范学校更名为"天津技工师范学院"。1961 年 3 月，天津技工师范

① 王瑛. 从太行工业学校到中北大学[J]. 党史文汇, 2018(12): 61-63.

② 王楗夫. 铁血荣光——抗战时期中国人民军工建设发展纪实[M]. 济南: 山东人民出版社, 2015: 70-78.

③ 宋庆伟. 抗战时期中共对军工人才的引进、培养与改造[J]. 党史研究与教学, 2023(1): 85-103.

学院停办，学生并入天津市电气控制技工学校继续学习，学校教学人员、管理干部和工人，除部分调入其他单位外，大部分人员及全部教学和生产设备均由天津市电气控制技工学校接收。同年，天津市电气控制技工学校划归天津市劳动局管理，更名"天津市劳动局技工学校"。

1979 年，以天津市劳动局技工学校和天津市第五机床厂为基础，恢复建立天津技工师范学院，直属国家劳动总局。1983 年，更名为天津职业技术师范学院。2004 年，更名为天津工程师范学院①，现为"天津职业技术师范大学"。

与此类似，还有江西和吉林的两所职业技术师范学院的发展轨迹。江西科技师范大学也有技工学校的基因，曾兼并南昌市技工学校（1978—2003 年）、南昌市高级技工学校（1989—2003 年）。类似的还有吉林工程技术师范学院，学校前身为 1959 年筹建的吉林省劳动厅技工学校；1979 年经国务院批准成立吉林技工师范学院，隶属国家劳动总局；1983 年，划归吉林省管理并更名为吉林职业师范学院；2000 年 8 月，吉林省经济贸易学校并入；2002 年 2 月，经教育部批准更名为吉林工程技术师范学院；2015 年 8 月，吉林省国际商务学校并入，现为东北三省和内蒙古地区唯一一所独立设置的全日制本科职业师范院校。

六、广东省农业机械化技工学校——广东机电职业技术学院

1963 年，农业部与广东省劳动局共同出资，创办了由广东省农业厅管理的"广东省农业机械化技工学校"，并寄寓于广东省仲恺农业学校办学。1964 年，学校建成，迁入嘉禾校址。同年，广东省农业机械管理局成立，学校划归其领导。1965 年 9 月，经广东省农业机械管理局同意，并向广东省教育厅、广东省劳动局备案，学校正式改为半工半读农机化学校。1968 年，学校因"文化大革命"停办。

1973 年，与省机械学校在广州石牌南秀村联合办学，开设机械制造和农机化两个专业，名为"广东省农业机械技术学校"。1974 年与省机械学校分开，校址迁到广州市沙河沙太公路麒麟冈，归口广东省第一机械工业局领导，1983 年之后改由广东省机械工业厅领导。②

1992 年 2 月 22 日，广东省人民政府办公厅同意"广东省农业机械技术

① 孟庆国，曹晔，杨大伟. 中国职业技术师范教育史[M]. 北京：教育科学出版社，2016.
② 农业部教育司. 中国中等农业专业学校概况[M]. 北京：农业出版社，1989：421.

学校"易名为"广东省农业机电学校"。1994 年 1 月 5 日，广东省人民政府办公厅将学校定为广东省（部）级重点普通中专学校。1994 年 12 月 26 日，省政府办公厅同意"广东省农业机电学校"易名为"广东省机电学校"。2001 年 5 月 21 日，广东省人民政府同意在广东省机电学校的基础上设立广东机电职业技术学院，归广东省教育厅管辖。同年 5 月 31 日，教育部同意广东机电职业技术学院备案，是年起，学院独立招收高职生①。该校从技工学校起步，演变为中专，再升格为高职，是技工院校发展的典型模式之一。

七、一大批技工学校发展成职业技术学院

值得一提的是，在 2000 年左右高职大发展的背景下，技工学校发展成为职业技术学院的情况比比皆是。据本书不完全统计，至少有如下 60 余所（表 2-1）。

表 2-1　含有技工学校建校基础的高职（高专）院校统计表

序号	地区	高职（高专）院校名称	建校基础或包含元素
1		河北能源职业技术学院	开滦煤矿技工学校
2		唐山工业职业技术学院	唐山市高级技工学校
3		渤海石油职业学院	华北石油会战指挥部七二一工人大学·华北石油技工学校
4		山东劳动职业技术学院（山东劳动技师学院）	山东省高级技工学校
5		烟台工程职业技术学院	烟台技工学校
6		浙江农业商贸职业学院	浙江供销技工学校
7	东部地区	浙江工贸职业技术学院	温州动力机厂技工学校
8		浙江工业职业技术学院	浙江矿冶地质技工学校
9		浙江交通职业技术学院	浙江公路机械技工学校
10		浙江商业职业技术学院	杭州商业技工学校
11		南京科技职业学院	南化公司技工学校
12		泰州职业技术学院	无锡市商业技工学校
13		淮南职业技术学院	淮南矿务局高级技工学校
14		广东农工商职业技术学院	粤西农垦技工学校
15		广东机电职业技术学院	广东省农业机械化技工学校

① 广东机电职业技术学院校友会办公室.历史沿革[EB/OL]. (2023-05-19) [2023-06-25]. https://xyh.gdmec.edu.cn/info/1020/1142.htm.

序号	地区	高职（高专）院校名称	建校基础或包含元素
16		上饶职业技术学院	江西凤凰高级技工学校
17		宜春职业技术学院	宜春市技术工人学校
18		九江职业技术学院	九江仪表厂技工学校
19		江西现代职业技术学院	江西省建材工业技工学校
20		江西工业贸易职业技术学院	江西省工贸高级技工学校
21		合肥职业技术学院	安徽省汽车运输技工学校
22		淮北职业技术学院	淮北煤矿技工学校、淮北技工学校
23		滁州职业技术学院	滁州技工学校
24		宣城职业技术学院	宣城市技工学校
25	中部地区	黄河水利职业技术学院	黄河水利技工学校
26		平顶山工业职业技术学院	平顶山煤炭高级技工学校
27		河南职业技术学院	河南省机器制造技工学校
28		黄石职业技术学院	黄石市第二工业技工学校
29		郑州交通职业技术学院	郑州铁路技工学校
30		忻州职业技术学院	山西省农业机械化技工学校
31		潞安职业技术学院	潞安矿务局技工学校
32		湖北三峡职业技术学院	宜昌市交通技工学校
33		恩施职业技术学院	恩施州交通技工学校、恩施州商务技工学校
34		湖南九嶷职业技术学院（湖南潇湘技师学院）	零陵地区技工学校
35		湖南城建职业技术学院	湖南建筑高级技工学校
36		湖南水利水电职业技术学院	湖南省水利技工学校
37		巴中职业技术学院	巴中市技工学校
38		四川机电职业技术学院	攀钢冶金工业学校
39		云南锡业职业技术学院	云锡高级技工学校
40		云南能源职业技术学院	云南省煤炭基本建设公司技工学校
41		黔东南民族师范高等专科学校	黔东南州商业技工学校
42	西部地区	贵州航天职业技术学院	贵州航天高级技工学校
43		贵州电子信息职业技术学院	贵州无线电技工学校
44		贵州交通职业技术学院	贵州省汽车驾驶技工学校
45		遵义职业技术学院	遵义商业技工学校
46		铜仁职业技术学院	铜仁市技工学校
47		贵阳职业技术学院	贵州省地质局技工学校、贵阳铁路司机高级技工学校、贵阳市高级技工学校

续表

序号	地区	高职（高专）院校名称	建校基础或包含元素
48		柳州职业技术学院	柳州市机械工业学校
49		广西电力职业技术学院	广西电力技工学校
50		南宁职业技术学院	南宁市建设技工学校
51		甘肃机电职业技术学院	甘肃省机械高级技工学校
52		甘肃钢铁职业技术学院	甘肃冶金技工学校
53		西安航空职业技术学院	空军航空工程部第三技工学校
54	西部	咸阳职业技术学院	咸阳市技工学校
55	地区	陕西建设职业技术学院	陕西省建筑安装高级技工学校
56		陕西国防工业职业技术学院	惠安技工学校
57		内蒙古交通职业技术学院	内蒙古交通高级技工学校
58		宁夏职业技术学院	宁夏机械技工学校
59		新疆交通职业技术学院	新疆交通技工学校
60		新疆化工职业技术学院	新疆化工技工学校
61		新疆建设职业技术学院	新疆建筑技工学校
62	东北	黑龙江林业职业技术学院	牡丹江林业技工学校
63	地区	沈阳黎明职业技术学院	沈阳黎明高级技工学校

2000 年左右，大量优质技工学校升格或整合为高职（高专）院校，原因大致有三个。

（1）受上位文件影响。劳动部于 1996 年印发的《技工学校"九五"时期改革与发展实施计划》（劳部发〔1996〕385 号）指出，依据《职业教育法》，并结合《职业技能开发事业发展"九五"计划和 2010 年长远规划》，要求地方劳动行政部门和行业主管部门应从本地区、本行业实际出发，对规模较小的学校采取合并、联合等方式进行重组，同时要充分发挥骨干学校的示范和辐射作用，通过集团化、联合体等多种联合办学形式，实现资源共享、优势互补。该文件还强调，要在现有国家级重点技工学校的基础上，建设 100 所高级技工学校，并逐步发展成职业技术学院，使其成为我国培养高级职业技能型人才的重要基地。

（2）各地操作办法不同。2001 年，广东省政府出台《关于我省中等职业教育布局结构调整的实施意见》（粤府〔2001〕98 号），对 1155 所职业学校（含技工学校 195 所）通过合并、联办、共建、划转等方式进行布局优化。同年，在"十五"计划中对技工学校提出"调整布局、形成规模、提高层次、突出特色、服务就业"的办学方针。2002 年，广东省劳动和社会保障厅印发《广东省技工学校布局结构改革调整实施总体方案》，推动技工学校适应我国加入 WTO 的需要，同年印发省合格、一类、重点技工学校的评估标准。而在贵州，1966 年底，技工学校已发展到 37 所，在校生人数 4300 人。1980年发展为 84 所。2004 年撤销了一批已并入到高等职业技术学院和其他学校，或因所属企业破产、效益不好停办多年，或因原主管部门已明确改作他用等情况，实际已不存在的技工学校，到 2008 年，全省仅有 58 所技工学校。[①]广东并未削弱技工学校的力量，反而加强技工学校布局调整，为技工教育的进一步发展打下了坚实的基础，而贵州等省份，通过关、停、并、转让技工教育元气大伤。

（3）相关待遇利好驱动。在 2000 年左右的职业技术学院大发展过程中，由于专科有较强的诱惑力，故多地采取了主动新设或改设的办法兴办高等职业教育。东部地区，特别是广东、山东、江苏采取了新设的路径，大量兴办职业技术学院，技工学校则顺势升格为高级技工学校。中西部地区，由于基础比较薄弱，无法顺应职业技术学院大建设的需要，就把目光投向技工学校，在优质技工学校基础上改造、整合成职业技术学院，各方均较为满意。

如此看来，技工学校整合或升格成为职业技术学院/专科高等学校，并非没有可能，而是极有可能，因为历史早已有之。特别是技工学校，带有工业的天然基因，且发展成为高职是基本可能的，还有一些发展成为本科院校，也是一种可能。只不过，对于大部分人来说，将"高等学校"理解成为"专科性质的高等职业学校"是最具操作性的一种路径。

技工院校和高职（高专）院校变迁的历史，为当前技工教育系统的改革与发展积累了诸多经验。或升格，或整合，或纳入不仅要考虑其招生吸引力提高、社会声誉提升等方面，还要考虑到其带来的一系列不利的影响。通过访谈调查得知，有的技工学校跻身中专升为高职以后，失去了原有校企合作单位的天然联系，加上专业以制造业为主调整为服务业为主，虽然降低了办学成本，但服务企业的定位悄然移位，逐渐受到市场冷落。有的技工学校老师，虽然跻身高校转为高职序列，但学科式课程教学体系，与原有以生产实习教学为主的课程教学体系发生诸多冲突，适应起来困难，因其学历短板，职业生涯发展渐落下风。有的地区的人力资源和社会保障部门，一时响应大力发展高职（高专）号召，将技工学校升格为专科以后，学校脱离管辖，失

① 颜君. 贵州省技工教育的现状问题与对策研究[D]. 天津: 天津大学, 2008: 24.

去了职业技能开发事业（职业能力建设事业）的抓手，近年来还要面临解决大量专科生就业困难问题。

因此，高等职业教育改革虽然取得了举世瞩目的成就，但其发展仍然面临着许多复杂矛盾和亟待解决的难题。在新问题、新挑战面前，用发展的办法解决发展中的问题，靠高质量发展闯出新天地，成为历史上不少技工学校转危为机的宝贵经验，更给人以启示：解决技工学校的各种问题，最终还是要依靠发展。

第三节　技师学院纳入高等学校序列的路径探索

"分级管理、地方为主、政府统筹、社会参与"职业教育管理体制下，地方政府拥有根据区域需求设置、审批与管理技师学院的自主权。随着地方经济和社会越来越频繁地遭遇"高级技工荒"的发展瓶颈，许多地方政府意识到问题源自技工教育的滞后，并着手制定政策措施推动技工教育发展，加快技能人才培养。

其中，促进技师学院建设，又好又快地培养高素质技能型专门人才就成为重点工作。因此，在响应国家将技师学院"纳入高等学校序列"的政策号召、建设现代职业教育体系行动之前，不少地方政府已开始因地制宜，改革创新，将技师学院纳入高等职业教育体系的发展政策，并通过"直接纳入""组织转型""合作办学""集团化办学"等方式，推进技师学院"纳入高等学校序列"。

地方政府在实践中的试点探索，为探明技师学院"纳入高等学校序列"的政策路径，积累了有益的经验，提供了可供借鉴和推广的样本。

一、直接纳入——河南经验

河南在协调技师学院纳入高等职业教育范畴的工作上持续用力，在一系列职业教育和技工教育行动计划的基础上形成政策创新，进而推动了河南省技工教育快速发展。

2010年，《河南省人民政府关于加快推进职业教育攻坚工作的若干意见》（豫政〔2010〕1号）提出，"加快推行中等职业学校毕业生在取得学历证书的同时获得职业资格证书制度，探索高级技工学校毕业生在取得职业资格证书的同时获得教育部门颁发的学历证书制度"。在河南职业教育攻坚过程中，技工院校在人社厅的斡旋下跻身教育部门主导的基础设施改建、扩建工程，获得了办学资源的有效扩张。

河南省在2012年印发的《河南省人民政府关于进一步推进全民技能振兴工程的若干意见》（豫政〔2012〕60号）中指出，由人力资源和社会保障部门牵头，"坚持三改一抓，实施六路并进改革单一的封闭式办学模式，积极推进校企合作；改革单一的政府投资模式，建立多元投资办学机制；改革单一的公办学校经费供给体制，充分发挥政府投资效益；抓好一批全民技能振兴工程示范项目，实施项目带动。在党委、政府的统一领导下，由人力资源社会保障部门牵头，教育、民政、农业、扶贫和残联等部门各司其职，各负其责，共同推进全民技能振兴工程（六路并进）。充分利用各种培训教育资源优势，相互配合，齐抓共管，动员各方面力量，充分发挥工会、共青团、妇联等社会团体的作用，继续组织实施'农村劳动力技能就业计划'、'职业教育攻坚计划'、'阳光工程'、'雨露计划'，开展退役士兵和残疾人就业技能培训、新成长劳动力技能储备培训、失业人员就业再就业培训、创业培训和企业职工岗位技能提升培训，全面推进全民技能振兴工程"，并规定"技师学院是高等职业教育的组成部分，对……重点技师学院，在资金、项目等方面参照高等职业院校予以倾斜，学院主要领导可按有关规定享受相关待遇"。"探索建立高技能人才和专业技术人才互通机制，高级技工学校和其他中等职业学校、技师学院取得高级工和技师职业资格的毕业生分别与大专和本科学历人员同等对待，企业在岗的技师、高级技师分别与工程师、高级工程师同等对待。"[1]在全民技能振兴工程中，技师学院又利用资金优势，加大实训设备投入，重点投、重复投，技师学院优势进一步凸显。

2014年，国家六部门印发《现代职业教育体系建设规划（2014—2020年）》，指出"将符合条件的技师学院纳入高等学校序列"。随后，2014年，《河南省人民政府关于加快发展现代职业教育的意见》（豫政〔2014〕75号）提出以省部共建国家职业教育改革试验区和全国技工院校改革试验区为平台，探索搭建高等职业教育与技师教育的沟通途径的发展思路。[2]

2015年，河南省人社厅发布《河南省人力资源和社会保障厅关于推进我

---

① 河南省人民政府. 河南省人民政府关于进一步推进全民技能振兴工程的若干意见[J]. 河南省人民政府公报, 2012(23): 13-17.

② 河南省人民政府. 河南省人民政府关于加快发展现代职业教育的意见[J]. 河南省人民政府公报, 2014(24): 3-15.

省技工院校改革创新的若干意见》（豫人社〔2015〕61号），规定技师学院"属职业教育高层次技能人才培养范畴……到2018年建成20所技师学院，到2020年创建10所办学特色突出、高技能人才培养能力强、社会影响力大的国家级重点技师学院。……将符合条件的技师学院纳入高等学校序列，在资金、项目、生均经费拨款、绩效工资、领导配备等方面享受高等职业院校相关待遇"①。

特别是2014年《河南省人民政府办公厅关于设立技师学院审批程序的通知》（豫政办〔2014〕100号）发布以后，河南省的技师学院设置走入快车道②。

2015年8月17日，河南省人民政府发文设立郑州交通技师学院、郑州商业技师学院、郑州财经技师学院、郑州铁路技师学院、河南化工技师学院、漯河技师学院、驻马店技师学院等第一批11所技师学院③。

2017年4月8日，河南省人民政府下发《河南省人民政府关于设立郑州技师学院等9所技师学院的通知》（豫政文〔2017〕39号），设立郑州技师学院、三门峡技师学院、焦作技师学院、濮阳技师学院、商丘技师学院、鹤壁技师学院、许昌技师学院、河南经济贸易技师学院、平顶山煤炭技师学院等第二批9所技师学院④。

2019年12月5日，河南省人民政府发布《河南省人民政府关于设立南阳技师学院等11所技师学院的通知》（豫政文〔2019〕152号），同意设立南阳技师学院、信阳技师学院、周口技师学院、周口交通技师学院、济源技师学院、汝州技师学院、长垣技师学院、河南技师学院、郑州工业技师学院、河南交通技师学院、河南省能源工业技师学院等第三批11所技师学院⑤。

根据《河南省技工院校2022年招生公告》，2022年河南省共有86所技工院校招生，其中技师学院31所。这说明河南在"十三五"期间，完成了批准设立30所技师学院的目标任务。值得一提的是，河南在设立技师学院的文件

---

① 河南省人力资源和社会保障厅. 河南省人力资源和社会保障厅关于推进我省技工院校改革创新的若干意见[EB/OL]. (2016-11-24)[2022-03-04]. http://wjbb.sft.henan.gov.cn/upload/HN/2016/01/12/20160112094344243.pdf.

② 河南省人民政府. 河南省人民政府办公厅关于设立技师学院审批程序的通知[J]. 河南省人民政府公报, 2014(22): 28-29.

③ 第一批设立技师学院，以分别行文的方式进行，如《河南省人民政府关于设立驻马店技师学院的批复》（豫政文〔2015〕98号）、《河南省人民政府关于设立河南化工技师学院的批复》（豫政文〔2015〕107号）等。

④ 大河三门峡. 省政府批准，三门峡再添两所高校![EB/OL]. (2017-05-25)[2022-03-25]. https://mp.weixin.qq.com/s/mixAlXj1TBvNEoncuwKB0g.

⑤ 大河财立方. 喜讯! 河南新设11所院校[EB/OL]. (2019-12-17)[2022-03-25]. https://baijiahao.baidu.com/s?id=1653146694888275077&wfr=spider&for=pc.

中明确规定，技师学院属于高等职业教育范畴，主要通过学制教育承担高级工及以上技能人才培养任务，实行毕业证书和职业资格证书"双证书"制度。

如《河南省人民政府关于设立郑州技师学院等9所技师学院的通知》（豫政文〔2017〕39号），规定"郑州技师学院等9所技师学院属于高等职业教育范畴……不再套用行政级别，领导班子和相关人员管理及待遇按照有关规定执行，办学经费根据属地原则由各市政府按照省属高等职业院校标准统筹解决，财政部门要按照既定政策，加大投入力度"。

由此，许昌市高级技工学校从2008年起，在省、市政府的推动下，在不到10年的时间里迅速升格为技师学院，并被直接纳入高等学校序列，在政策文件上直接享受省属高等职业院校的待遇。可以说，河南省的职业教育改革发展行动及相应的政策文件，改变了许昌技师学院的举办方式，调整了许昌技师学院的管理格局，提高了许昌技师学院的政策待遇和组织架构标准，在组织结构、生均拨款、师资标准、校园面积、学生规模、毕业生待遇等具体领域执行高等职业院校标准，从而为许昌技师学院拓宽了生存空间、赢得了更充足的发展机遇，同时也建构了技师学院纳入高等学校序列的"直接纳入"模式。但这种纳入并不彻底，在学历等核心环节上无根本改观。

二、组织转型——山东经验

技师学院的组织转型，是指原有的技工院校通过组织革新、转型、升格而成长为职业技术院校，进而提高办学层次，实现技工院校组织结构的高等化，进入高等学校序列。技师学院组织转型的路径，得益于20世纪90年代"三改一补"（即改革、改组、改制、补充）建设高等职业教育的发展方针。

1998年，《面向21世纪教育振兴行动计划》出台以后，全国各地全力建设高等职业院校，一方面高等职业院校的规模扩张导致了高级技工学校的办学困难，另一方面组建高职院校的政策为高级技工学校的办学提供了新思路。在招生质量与数量均出现下滑的现实困境下，一些高级技工学校开始探索组织转型路径，尝试转型建设成为高等职业院校以求生存、谋发展。在此改革领域，山东劳动技师学院、德州市技师学院等都是值得认真分析的典型案例。

（一）山东劳动职业技术学院（山东劳动技师学院）

在扩大高等职业院校规模和大力发展学历与非学历高等职业教育的发展环境下，山东省高级技工学校决定抢抓政策机遇，改建为高等职业院校，按照"两条腿"发展的思路实现新跨越。①

受劳动部《技工学校"九五"时期改革与发展实施计划》（劳部发〔1996〕385 号）影响，山东省高级技工学校发展的"一条腿"迈向技术学院，即通过学校向山东省劳动厅申请、向省政府报备，将高级技工学校更名为技术学院，定位于非学历高等职业教育，主要以获得职业资格证书为教育培训目标，相当于现今的技师学院。

学校发展的"另一条腿"，其实也是学校发展的第二大战略，在落实此发展战略的过程中，在事实上引导学校进入了发展的第二个阶段。具体而言，1996 年劳动部在《关于进行综合性职业培训基地建设有关事项的通知》（劳部发〔1996〕195 号）中提出："综合基地年培训能力达 5000 人次以上、专业种类多、能承担高技能人才培养的，可发展为技术学院，按学校审批程序办理更名事宜。"此后，山东省率先开展了"技术学院"的办学探索。

1999 年 8 月 17 日，劳动和社会保障部办公厅以劳社厅函〔1996〕104 号复函，同意山东省劳动和社会保障厅向山东省政府申请将山东省高级技工学校更名为"山东技术学院"。2000 年 6 月 8 日，山东省人民政府同意山东省高级技工学校更名为"山东技术学院"，同年底，"山东省高级技工学校"与"山东省轻工业技工学校"合并，组建"山东劳动职业技术学院"。2004 年，原"山东省轻工业技工学校"分出，改建"山东技师学院"。

随后，2002 年山东省政府批准山东省第二高级技工学校等 7 所高级技工学校为技术学院，2005 年又批准山东烟台市商业高级技工学校等 4 所学校改为技术学院。②

至此，山东省高级技工学校成建制地整体转型、升格为高等职业学校，成为一所隶属于劳动管理部门的高等学校，以实施专科层次职业技术教育为主，同时承担高、中等技工培养和其他短期培训任务。2012 年 9 月 30 日，隶属于山东劳动职业技术学院的原山东省高级技工学校部分，升格为技师学院，加挂"山东劳动技师学院"校牌。

山东劳动技师学院纳入高等学校序列的实践路径是"组织变革"；具体包含两大内容：①组织转型，从人社系统主要从事技工教育向教育系统主要从事职业教育转型；②升格，从主要承担中等层次职业教育的高级技工学校

---

① 王韶明，周永. 轨迹——校史教育读本[M]. 北京：中国人民大学出版社，2016: 8-29.
② 崔秋立，王飞，李树岭. 我国高级技工学校的建立及经验启示[J]. 中国劳动关系学院学报，2021, 35(2): 20-26.

升格为主要承担专科层次职业教育的高等职业院校。

从山东省高级技工学校发展至山东劳动职业技术学院，并与山东劳动技师学院同时并存、协同发展，既提高了包括校园规模、教学实训场地与设备、经费筹措等在内的硬件设施建设水平，又增强了软实力，包括提高学校的行政级别、改善政策待遇，扩大师资规模、优化职称和学历结构，提高生源质量、扩大招生规模，等等（图2-3）。

总之，山东省高级技工学校的组织转型与升格，开创了技工院校纳入高等学校序列的新型发展模式，即在不改变隶属关系的前提下，实现技师学院举办高等职业教育的转变，构建了"技—职"融通的立交桥。这种跨界发展，融合了技师学院人才培养优势和高等职业院校的办学优势，实现了资源互补、强强组合，既解决了技师学院的生源、学生发展、师资待遇和职称晋升等问题，也预防了高等职业院校职业教育特色弱化和技能人才培养"重学历、轻技术技能"等问题，有助于彰显技术技能教育特色、实现技术技能人才的高端化培养。

图 2-3　　山东劳动职业技术学院机构设置牌匾陈列

值得一提的是，该校不仅历史悠久，而且一直活跃在我国技工院校政策前沿领域。在高级技工学校设立中，拔得头筹；在转型技术学院时，又抢占先机。可以说，该校是我国技工学校历史发展的活化石，也是政策变革的试金石。

（二）德州职业技术学院（德州市技师学院）

德州市技师学院，前身是1958年建校的德州技工学校，是德州市最早建立的职业技术学校，2001年晋升为德州市高级技工学校。为满足德州市经济发展对高技能人才需求，德州市政府提出，响应国家大力发展高等职业教育的政策，将高等职业院校建设工作提上德州市政府发展议程。但是，当时德州市仅有几所中等职业学校，高等职业教育仍是空白。

为此，德州市政府决定紧抓政策机遇，提出"强强联合、整合教育资源"的发展设想，力促高等职业教育与高级技工教育跨部门联手，组建全新的高等职业技术学院①，即以德州市高级技工学校为基础，通过整合德州市五所职业学校教育资源，尽快组建德州职业技术学院。②

2004年7月，德州市政府同意德州市高级技工学校更名为德州市技术学院，2005年1月，德州市政府向山东省政府上报建立德州高等职业技术学院的请示，提出了合并德州市技术学院、德州广播电视大学、德州财贸经济学校、德州粮食学校、德州经济学校的组建思路。同年5月，通过山东省高校设置评议委员会专家组审核评估；11月，山东省人民政府正式批准德州职业技术学院组建成立。

2012年，德州市技师学院挂牌成立，与德州职业技术学院"一校两牌"。从组织架构上来讲，德州职业技术学院是一所以高级技工学校、技师学院为基础的全日制普通高等学校，以专科层次的职业技术教育为主，兼顾预备技师培养及远程教育。③

从德州市高级技工学校到德州市技术学院，再到德州职业技术学院，进而加挂德州市技师学院的牌子，这是一条典型的组织转型、升格的发展道路，是紧密结合区域需求，改革发展高等职业教育的创新之举。德州职业技术学院的建立，不但填补了德州市高等职业教育的空白，满足了德州市的高等教育需求，而且融合了高等职业教育与技工教育，探索并开创了技工教育、高等职业教育跨部门合作、共赢发展的新道路。

综上所述，山东省高级技工学校与德州市高级技工学校都是以"技术学院"（技工教育）为基础，通过组织转型、升格而建设成为高等职业技术学院，以举办专科层次的高等职业教育为主，而后，又将技工教育部分单列出来，发展建设成为技师学院。

"一校两牌"的山东劳动职业技术学院（山东劳动技师学院）、德州职业

① 互动百科. 德州职业技术学院[EB/OL]. (2018-03-07)[2022-03-25]. http://www.baike.com/wiki/%E5%BE%B7%E5%B7%9E%E8%81%8C%E4%B8%9A%E6%8A%80%E6%9C%AF%E5%AD%A6%E9%99%A2.

② 德州职业技术学院（德州技师学院）. 历史沿革[EB/OL]. (2018-03-07)[2022-03-25]. https://www.dzvc.edu.cn/xxgk/lsyg.htm.

③ 孔瑗，杨欣鸿. 德州职业技术学院揭牌[N]. 德州日报，2006-01-10(1).

技术学院（德州市技师学院），跨界享受教育部门与人力资源和社会保障部门的两方资源，集职业资格证书、大专学历、专科单招、技能就业等优势于一体，坚持技能人才培养的职业技术教育，构建形成了上接教育系统的专科层次高等教育、下连人社系统的中等教育层次的技工教育的"立交桥"，走出了技师学院纳入高等学校序列的"山东模式"。

三、合作办学——山东经验

山东的技工教育一直走在政策前沿，"山东模式"的重要表现，除了搭建"立交桥"外，还有内部合作的"连通器"，即技师学院通过与普通高等院校之间的合作办学，为学生的学历提升提供有效的发展通道。这类合作办学主要形成了两种方式。

（一）传统的合作方式

这是几乎所有技师学院的共同选择。具体而言，技师学院通过引入开放大学、自学考试、成人教育等学历教育资源，实现与本科院校或高等职业院校的合作办学。如《山东技师学院2022年招生简章》明确，符合条件的学生全面附加开放大学大专学历，学信网可查。按照传统方式推进技师学院与高等学校的合作办学，虽然可以满足学生继续深造、获得更高层次学历的需求，一定程度上提高了人才培养质量，但存在着技师学院高等教育性质弱化、教育资源重复建设、高等学校办学积极性不强等问题，影响人才培养质量的持续提升。

（二）专业层面的合作培养

这是较新的合作办学方式。具体操作方式是，技师学院与普通高等院校（主要是高职院校）之间在专业层次方面，通过互认对方的学分、互颁文凭证书的方式，开展合作办学。

这种合作办学方式，是山东省的重要创举。具体而言，为了强化高等教育办学性质，最大限度地发挥技师学院的高等职业教育功能，山东省一直尝试创新职业教育的系统培养机制，探索高等职业教育与技师教育的沟通途径，形成了技师学院与高等职业院校专业试点联合培养的发展思路。

2012年12月，《山东省人民政府关于加快建设适应经济社会发展的现代职业教育体系的意见》（鲁政发〔2012〕49号）提出："到2020年，基本形成体现终身教育理念,以包括技工教育在内的中等职业教育、高等职业教育、应用型本科教育和专业学位研究生教育为主体,相互衔接、协调发展、开放兼容的现代职业教育体系……""探索高等职业教育与技师教育的沟通途径,支持具备一定学力基础的学生完成学业取得专科学历证书和预备技师证书。"

2013 年 9 月,《山东省人民政府办公厅关于贯彻落实鲁政发〔2012〕49号文件推进现代职业教育体系建设的实施意见》(鲁政办字〔2013〕126 号)明确:"推进高等职业教育与技师教育合作培养试点,支持双方学生同时取得专科学历证书和三级以上职业资格证书。"

2013 年,山东省教育厅联合山东省人社厅推出《关于印发〈高等职业教育与技师教育合作培养试点实施方案〉的通知》(鲁教职发〔2013〕3 号),确立了通过学制教育,培养一批兼具大专学历证书和预备技师证书的学生的合作目标。文件规定试点院校需要具备一定的资格:"高等职业学校须是独立设置的全日制高职(专科)院校,有 3 届以上全日制普通高等职业教育毕业生,并通过人才培养工作评估。……技师学院为独立设置的全日制技工院校,基本达到高等职业学校设置的条件,应以培养预备技师和高级技工为主,连续 4 年招收预备技师,并通过人才培养工作评估。"[①]

在自愿合作的基础上,每个合作培养试点院校选择性质相同或相近的专业进行合作培养,执行统一的人才培养方案和培养标准,采取高职院校就读培养和技师学院就读培养两种不同形式。对高等职业学校与技师学院合作培养试点专业单独增列招生计划,列入高职院校招生计划。在招生专业目录、招生简章等资料中单独注明"与××××合作培养",合作招收的学生同时注册高职(专科)学籍和预备技师学籍,学生按规定标准只缴一种学费。[②]

具体做法是:①两厅组织遴选 8 所(高职学院)+8 所(技师学院)参与试点,一般合作两个优势专业,每个专业 40 个名额。②试点专业纳入高等学校招生平台,单独增列招生计划,在招生专业目录、招生简章等资料中单独注明"与××××合作培养",合作招收的学生同时注册高职(专科)学籍和预备技师学籍。学生按规定标准只缴一种学费。③录取以后,各自培养,统一培养方案,统一教学标准,统一鉴定标准。④毕业后,经合作院校共同

① 山东省教育厅,山东省人力资源和社会保障厅.山东省教育厅山东省人力资源和社会保障厅关于印发《高等职业教育与技师教育合作培养试点实施方案》的通知[EB/OL]. (2018-11-03)[2022-03-05]. http://edu.shandong.gov.cn/art/2018/11/3/art_12045_7733457.html.

② 山东省教育厅,山东省人力资源和社会保障厅.关于开展高等职业教育与技师教育合作培养试点工作的通知[EB/OL]. (2014-05-21)[2022-03-05]. http://edu.shandong.gov.cn/art/2014/5/29/art_11990_7737678.html.

测试成绩合格，可同时获得合作院校的专科学历证书和预备技师证书。经职业技能鉴定合格者，颁发三级资格证书。

这个模式可概括为"专业试点、统一标准、双重学籍、各自培养、三证毕业"。试点工作的成绩是明显的：一是开启了技师学院培养大专层次人才的先河；二是三证毕业，从根本上解决了学历证书的疑难；三是招收到高分段的优质生源，其学习效果极佳；四是有效探索了理论与实践的融合，毕业生含金量较高，供不应求。可以说，这种探索，迈出了技师学院高等化的第一步，值得继续深入推进。

经过遴选，淄博市技师学院与淄博职业学院在"数控技术""电气自动化技术"两个专业开展合作培养工作。联合培养专业面向参加夏季普通高校招生统一考试的理科生招生，淄博职业学院的两个联合培养专业分别招生。在招生过程中，淄博市技师学院的两个联合培养专业以淄博职业学院的院校代码进入普通高校招生平台，独立设置招生专业代码，招生人数列入淄博职业学院招生计划中。以培养实用型高级技术技能型人才为合作基础，两校共同组建专业建设团队，开展专业建设调研，融合高职专业课程体系与技师专业课程体系，制定统一的培养方案和培养标准。同时，鼓励发挥各自优势，即技师学院的技能教学和鉴定与职业学院的专业、课程建设方面的优势相结合，实现资源共享。淄博市技师学院联合培养的专业采取小班制，实行一体化人才培养模式，配备教学经验丰富的教师团队和先进的实训设备，学生理论基础扎实且实践操作技能强，教学效果优于常规招生教学工作。

四、集团化办学——江西江苏经验

职业教育集团化办学是职业教育发展到一定阶段之后，基于有效利用教育资源、持续提升办学效率的需求而产生的，它以推动职业教育的校企合作、提升职业教育的办学质量效益为目的，促进职业院校之间、职业院校与企业之间、职业院校与行业之间、职业院校与政府部门之间以及与其他机构或部门之间的合作，整合各方相关资源，加强互助合作，实现协同育人。①

在共同的目标指引下，以优化职业院校的办学实践为主要内容，围绕人才培养的核心工作，在资源、人才等方面实现共享与互助，待合作关系逐步稳定并制度化，各方借助契约关系、通过资源共享而建立起固定的教育团体——职

---

① 陈工孟. 中国职业教育年鉴(2016)[M]. 北京: 经济管理出版社, 2016: 122.

业教育集团。[①]集团化办学，能发挥职业教育多元办学主体的耦合作用，产生"整体大于部分之和"的系统效应，具有"大职业教育"格局的特点。

近年来，中国大力提倡职业教育集团化办学，职业教育集团遍布各省份，且形成了各种模式，如三段培养、以强带弱的"海南模式"，城乡联合、以城带乡的"河南模式"，校企合作、工学结合的"天津模式"[②]等，且呈现出多样化发展趋势。技师学院作为职业教育的办学主体，也逐渐借力职业教育集团以赢得新的发展机遇。

集团化办学，为技师学院的发展搭建了沟通协作的平台，尤其是与高等学校之间的合作，包括人才和资源的流动，在一定程度上促进了技师学院组织结构要素及功能的高等化。技师学院借力职业教育集团实现持续发展的典型案例有：江西现代职业教育集团、江苏联合职业技术学院。

（一）江西现代职业教育集团

江西现代职业教育集团，在集团内部实现技工教育资源与高等职业教育资源之间的整合，从而间接实现了技师学院纳入高等学校序列、落实技师学院举办高等教育的政策目标。

江西现代职业教育集团，是围绕区域发展规划和产业结构特点，面向地区支柱产业和特色产业的区域型职业教育集团。它是以专业建设为纽带，以人才培养模式改革为目标，按照资源共享、优势互补、平等互助、共同发展原则，自愿组建而成的联合性、非营利性的社会组织。集团成员包括中高等职业院校、企事业单位、行业协会及科研院所和工业园区，面向建材、纺织、冶金、医药、化工、电子和轻工等行业。

官方网站的信息显示，2013 年 8 月，经省民政厅登记注册为"民办非企业"法人单位。2021 年 11 月，集团完成第三届换届选举，截至 2022 年 9 月有理事会成员单位 152 家，其中 11 所职业院校、134 家企事业单位、3 家政府部门、4 家科研院所行业协会。[③]在"共建、共享、共赢、共长"的发展理念下，江西现代职业教育集团为职业教育行业成员集团化办学构筑了资源共享平台，形成了"人才培养、科技服务、师资锻炼、岗位实践、就业创业""五位一体"的集团办学特色，实现院校之间的师资和专业优势互补，促进招

①　许涛. 职业教育集团化办学的理论分析与个案研究[D]. 上海：华东师范大学，2011：19.
②　黄尧. 经济转型期我国职业教育宏观政策研究[M]. 北京：外语教学与研究出版社，2012：319-324.
③　江西现代职业教育集团. 集团简介[EB/OL]. (2022-09-13)[2023-06-20]. http://www.jxxdzjjt.com/news-show-957.html.

生、就业、教学、科研等方面的有效合作，创新了校企共育人才的职业教育模式（图2-4）。

江西现代技师学院于 2011 年加入江西现代职业教育集团。通过职教集团，江西现代技师学院可与集团内其他高职院校，比如江西现代职业技术学院、江西电子信息技师学院、江西工业职业技术学院等，合作培养学生，联合开展各种教学活动。江西现代技师学院可以共享职教集团的专业建设成果、其他成员单位的实习实训基地以及其他院校的优质师资，还可共享教育行政部门给予现代职业教育集团的各种优惠政策。

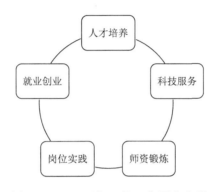

图 2-4 "五位一体"集团化办学

资料来源：陈工孟.中国职业教育年鉴（2016）[M].北京：经济管理出版社，2016：473-474

（二）江苏联合职业技术学院

2003 年，江苏省政府审批成立的江苏联合职业技术学院，属于独立设置的专科层次普通高等学校。学院采取"小学院、大学校"的办学模式，下设若干高等职业技术院校作为学院的分校，探索形成了五年制高等职业教育的新模式。江苏联合职业技术学院的主要职能有：协调和帮助高等职业技术学校制定发展规划；统筹协调高等职业技术学校五年制学生的年度招生计划；组织高等职业技术学校开展教育教学交流、合作与研究；协调高等职业技术学校的专业建设及校际教学资源共享等事项；负责高等职业技术学校中五年制学生的学籍管理，颁发毕业证书等。[①]江苏联合职业技术学院，作为院校联盟，其实是一种比较特殊的集团化办学模式，即在政府推动下，各类院校组建教育集团，集团内成员身份互认，形成统一的办学机制。

---

① 江苏联合职业技术学院简介[EB/OL]. (2019-03)[2022-03-20]. http://www.juti.cn/104/list.htm.

2007 年，江苏省《省政府办公厅转发省教育厅省劳动保障厅关于进一步加强职业教育统筹管理意见的通知》（苏政办发〔2007〕15 号）中确立了以下发展思路："在技师学院开展初中后五年制高等职业教育试点。省教育厅会同省劳动保障厅按照有关标准，对技师学院举办五年制高职教育进行评审，符合条件的可增挂'江苏联合职业技术学院××分院'的牌子。"①

随后，南京、徐州、常州、苏州、淮安、盐城、扬州等地多所中职学校、技师学院所举办的五年制高等职业教育满足评审条件，加入江苏联合职业技术学院，加挂分院校牌。与其他下设的高等职业院校分院一致，相关技师学院的五年制高职教育的发展规划、招生、教育教学、学生学籍、毕业证书发放等方面由江苏联合职业技术学院统筹管理，实现了技师学院与高等职业院校共同发展、技师学院纳入高等职业教育范畴的改革目标。

例如，《2021 年淮安技师学院招生简章》载明，技师、高级技工毕业生颁发人力资源和社会保障部统一印制、省人力资源和社会保障厅验印的技工院校技师或高级技工毕业证书。高职毕业生颁发省教育厅验印的江苏联合职业技术学院大专毕业证书。高级技工毕业生同时可获相关专业高级职业资格证书，技师毕业生可获相关专业技师职业资格证书。

据该校官方网站公布的信息，截至 2019 年 3 月，江苏联合职业技术学院下设南京工程分院等 53 所分院和江苏省戏剧学校等 36 个办学点及 4 所高等师范学校，共计 93 所学校为学院办学单位。设置 18 个专业大类、170 多个五年制高职专业，700 多个专业点，在校五年制高职学生 20 万人。学院现有 3200 多个校内实训基地，近 3000 个稳定的校外实训基地。近 50 所办学单位开展了国际交流与合作，合作交流项目 110 多个，合作范围覆盖 19 个国家和地区。②该校的创新性探索，在全国范围内比较少见。

五、实践探索的区域比较研究

综上所述，全国不同地区在技师学院纳入高等学校序列的政策探索过程中，充分发挥主观能动性，灵活运用职业教育管理自主权，已经形成了多样化的实践方式和路径。这些实践创新承载着技师学院和地方职业教育的发展

---

① 江苏省人民政府办公厅. 省政府办公厅转发省教育厅省劳动保障厅关于进一步加强职业教育统筹管理意见的通知[J]. 江苏省人民政府公报, 2007(5): 11.
② 江苏联合职业技术学院简介[EB/OL]. (2019-03)[2022-03-20]. http://www.juti.cn/104/list.htm.

诉求，为国家层面的政策创新提供了有益的试点经验。

但是，也必须承认，以上实践案例大多是各省市基于技师学院生源紧缺、教育教学缺乏产业支撑和毕业生就业状况不佳等实践难题，主要通过行政命令强力促使技师学院纳入高等学校序列的实践措施，其实践合理性、政策有效性尚待继续观察和谨慎评估。

对于"技师学院纳入高等学校序列"的政策落实，仍需着眼于各地技师学院的办学实际、办学目标和实践路径，通过理论研究与政策分析，明晰当前的问题、积累实践的经验、厘清实践的不足并探求解决的对策。唯此，才能将技师学院建设成为真正意义上的高等学校（表2-2）。

表 2-2　"技师学院纳入高等学校序列"之地方探索的案例比较研究

路径	案例	内涵	成果
直接纳入	许昌技师学院	2017 年的《河南省人民政府关于设立郑州技师学院等 9 所技师学院的通知》，将许昌技师学院直接纳入高等职业教育范畴。许昌技师学院不再套用行政级别，管理权归属于许昌市政府，领导班子和相关人员管理按照有关规定执行，办学经费执行省属高等职业院校标准。河南省"职业教育攻坚计划"和持续六年的"全民技能振兴工程"扩建了校园规模和基础设施，提高了生均拨款，打通了师资发展路径	1.行政级别、校园规模、基础设施、领导班子资质比肩高校； 2.办学条件按照高职标准设计； 3.技师学院办学环境优于高职，成为建设重点
组织转型	山东劳动技师学院	双管齐下走向高等学校序列： 1.不断升格：从最早的技工学校升格为高级技工学校，进而升格为技师学院； 2.持续转型：从技工学校转型为劳动职业技术学院，进而形成劳动职业技术学院与劳动技师学院"一校两牌"的办学格局。 基于高级技工教育的办学基础和"三改一补"的政策契机，转变办学思路，以建设成为高等职业院校为目标，成立高职院校筹建小组，试办高职大专班。筹建工作达到高职院校建设标准后获得省教育厅评审，建成山东劳动职业技术学院，成为山东省人力资源和社会保障厅主管的专科层次全日制普通高等学校，属于副厅级。2012 年加挂技师学院校牌，高职与技师教育两种办学形态同时共存	1. 山东省人力资源和社会保障厅直属的公办全日制普通高等学校； 2. 建成了高等学校的组织结构以及与之相匹配的教学条件（专业、生源、师资、实习实训资源、经费、校园面积）； 3. 跨界融合，集两种形态的职业教育优于一体，形成了"技—职"融通的立交桥
	德州市技师学院	以高级技工学校为基础，整合其他四所职业学校，达到高等职业院校设置标准，建设成为高等学校，实现组织转型和升格。融合高等职业教育与高级技工教育，是跨部门合作的成果，是发展高等职业教育的新举措	高职与技师学院"一校两牌"，以专科层次高等职业教育为主，兼顾高级工及以上技能人才培养
专业试点合作培养	淄博市技师学院	依据《关于印发〈高等职业教育与技师教育合作培养试点实施方案〉的通知》（鲁教职发〔2013〕3 号），2014 年启动实施淄博市技师学院与淄博职业学院两个相近专业的联合培养，统一培养方案、培养标准。试点专业的生源是以高职院校标准录取的普通高中毕业生，三年学制教育，统一授予预备技师职业资格证书和大专学历证书	1.培养了兼具大专学历和预备技师资格的学生； 2.合作专业的教学条件与高职校相当，专业层面的合作带动了其他教学要素的质量提升

续表

路径	案例	内涵	成果
集团化办学	江西现代技师学院	2011 年加入由江西现代职业技术学院发起的江西现代职业教育集团,职教集团内含多所中高等职业院校、企事业单位、行业协会、科研院所和工业园区。职教集团为成员搭建了院校沟通合作的平台,现代技师学院除了与现代职业技术学院直接交流合作之外,作为集团成员还享有以下权利:与其他成员单位合作培养学生与联合开展各种教学活动;共享职教集团的专业建设成果及他校优质师资;使用集团成员单位提供的实习实训基地;共享集团内的就业信息,有权参加由集团组织举办的毕业生就业洽谈会等	截至 2022 年 9 月有理事会成员单位 152 家,其中 11 所职业院校、134 家企事业单位、3 家政府部门、4 家科研院所行业协会。已构筑起"政府主导,行业指导,园区支持,企业参与,科研相助"的合作办学、合作育人、合作就业、合作发展的多方联动的"大职教"格局
集团化办学	江苏联合职业技术学院	江苏省《省政府办公厅转发省教育厅省劳动保障厅关于进一步加强职业教育统筹管理意见的通知》(苏政办发〔2007〕15 号)提出,"在技师学院开展初中后五年制高等职业教育试点。省教育厅会同省劳动保障厅按照有关标准,对技师学院举办五年制高职教育进行评审,符合条件的可增挂'江苏联合职业技术学院××分院'的牌子" 江苏联合职业技术学院是高等职业技术院校合作交流的载体,统筹技师学院与高等职业技术院校的发展规划、招生计划、学籍管理和毕业证书发放等工作,是技工教育与高等职业教育共同发展的新形式,创新了职业教育的办学模式	江苏联合职业技术学院采取"小学院、大学校"的办学模式,截至 2019 年 3 月内含 53 所高等职业技术学校(8 所技师学院)作为分院、36 个办学点及 4 所高等师范学校

第四节　技师学院纳入高等学校序列的条件分析

根据《现代职业教育体系建设规划(2014—2020 年)》的提法,即"根据高等学校设置制度规定,将符合条件的技师学院纳入高等学校序列",技师学院要想被纳入高等学校序列,必须在办学条件上至少达到高等学校的设置标准,这是准入门槛和基本要求。

为此,有必要从两个角度分析技师学院的办学条件:一是从技师学院和高等学校各自的设置标准的角度,分析两者在设置标准上的政策异同,从而准确把握技师学院设置标准与高等学校设置标准的差异和差距;二是遴选出一些具有代表意义的技师学院,将其现实的办学条件与高等学校的设置标准进行比较分析,从而具体把握技师学院与高等学校设置标准之间的差异与差距。只有理解差异,才能找到调整的着力点;只有找到差距,才能找到发展的增长点。

一、技师学院与高等学校设置标准的对比分析

《现代职业教育体系建设规划(2014—2020 年)》规定,要"根据高等学校设置制度规定,将符合条件的技师学院纳入高等学校序列"。这意味着,

必须以技师学院达到高等学校的办学条件为前提和基础，才能将技师学院纳入高等学校序列。技师学院，是培养高素质技术技能型人才的教育机构，在办学性质上类似于教育部所辖教育体系的高职（高专）院校和应用技术大学，因此，技师学院必须达到高职（高专）院校、应用技术本科院校的设置标准，必须具备高职（高专）院校或应用技术本科院校的办学条件。

对于高等学校序列的办学条件要求，现有文件《普通本科学校设置暂行规定》（教发〔2006〕18 号）、《普通高等学校基本办学条件指标（试行）》（教发〔2004〕2 号）、《高等职业学校设置标准（暂行）》（教发〔2000〕41 号）做出了具体的规定，而《人力资源社会保障部关于印发技工院校设置标准（试行）的通知》（人社部发〔2012〕8 号），则对技师学院的设置条件做出了规定。

对比两个系列的设置条件，具体包括领导班子资质、人才培养定位、学生规模、专业设置规模、师资条件、基础设施等，可以详细梳理出技师学院的设置标准与高等学校之间的差异和差距。

（一）领导班子资质

本科院校、高职（高专）院校和技师学院对领导班子的资质，在学历、职称和素养方面的要求大体相同，但技师学院更强调领导班子的职业教育经历、企业工作经验（表 2-3）。

表 2-3　三类院校领导班子资质的对比

领导班子条件	本科院校	高职（高专）院校	技师学院
学历	本科及以上		
职称	副高级及以上专业技术职务		高级专业技术职务/高级技师职业资格
素养	必须具备《中华人民共和国教育法》《中华人民共和国高等教育法》《中华人民共和国民办教育促进法》等有关法律规定的关于高等学校领导任职条件要求，具有较高政治素质和管理能力、品德高尚、熟悉高等教育、有高等教育副高级及以上专业技术职务的专职领导班子		政治素养高、管理能力强，熟悉高技能人才培养规律，具有五年以上职业教育、职业培训或企业工作经历

（二）人才培养定位

本科院校、高职（高专）院校和技师学院都致力于培养高素质技能型专门人才，但在学历与非学历的培养类型上、在学制体系中的培养层次上，都存在差异（表2-4）。

表 2-4　三类院校人才培养定位的对比

院校类型	人才培养定位
本科院校	本科及以上层次的高级专门人才
高职（高专）院校	高等专科层次的专门人才
技师学院	预备技师、高级工等高技能人才

（三）学生规模

本科院校、高职（高专）院校和技师学院对办学规模的最低要求有所差异，本科院校标准最高，高职（高专）院校标准相对最低，技师学院在校生规模要求在 5000 人以上，其中学制教育 3000 人以上（表2-5）。

表 2-5　三类院校全日制在校生规模的对比

院校类型		全日制在校生规模
本科院校	学院	5000 人以上
	大学	8000 人以上
高职（高专）院校		2000 人以上（建校四年后）
技师学院		3000 人以上

注：①折合在校生数=普通本、专科（高职）生数+硕士生数×1.5+博士生数×2+留学生数×3+预科生数+进修生数+成人脱产班学生数+夜大（业余）学生数×0.3+函授生数×0.1；②全日制在校生数=普通本、专科（高职）生数+研究生数+留学生数+预科生数+成人脱产班学生数+进修生数。

（四）专业设置规模

本科院校和高职（高专）院校的专业设置主要遵循学科逻辑，依据学科大类划分专业，而技师学院以满足区域产业发展的人才需求为依据，依据工种设置招生专业（表2-6）。

表 2-6　三类院校专业设置规模的对比

院校类型		专业规模
本科院校	学院	至少设置 1 个主要学科门类，每个学科门类至少 3 个专业
	大学	至少设置 3 个主要学科门类，专业总数至少 20 个
高职（高专）院校		首次招生专业数量应在 5 个左右
技师学院		常设预备技师（技师）专业不少于 2 个

（五）师资条件

在生师比方面，本科院校、高职（高专）院校和技师学院的基本要求都是不高于 18∶1。在师资配备方面，本科院校和高职（高专）院校对专业和课程的师资配备要求都明确具体，且数量和职称方面的要求高于技师学院（表 2-7）。

表 2-7　三类院校师资配备要求的对比

院校类型	每个专业师资配备	每门课程师资配备
本科院校	至少 1 名正高级专业技术职务专任教师	公共必修课程和专业基础必修课程，至少 2 名副高级专业技术职务及以上的专任教师；专业必修课程，至少 1 名副高级专业技术职务及以上的专任教师
高职（高专）院校	副高级专业技术职务及以上的专任教师 3 人，中级专业技术职务及以上的"双师型"专任教师 2 人	至少 4 名中级专业技术职务及以上的专任教师
技师学院	初级及以上职业资格的技术理论课指导教师和高级及以上职业资格的生产实习指导教师	—

在师资队伍条件方面，本科院校专任教师总数不少于 280 人，具有研究生学历比重不低于 30%，具有副高级专业技术职务及以上的专任教师人数一般应不低于专任教师总数的 30%，其中具有正教授级别职务的专任教师应不少于 10 人（表 2-8）。

高职（高专）院校的本科学历及以上的专任教师总数不少于 170 人，研究生学历占比不低于 20%，具有副高级专业技术职务及以上的专任教师占专任教师总数比例不低于 25%，"双师型"教师人数占专任教师总数的比例不低于 15%。

技师学院专任教师分为技术理论课教师和生产实习指导教师，两者数量占专任教师总数的 70% 以上。技术理论课教师至少具备相关专业初级技能职业资格。其中，具备中级技能及以上职业资格的达 60% 以上。生产实习指导教师应具备相关专业高级技能及以上职业资格。其中，具备高级实习指导教师职务或技师、高级技师职业资格的占 50% 以上。具有企业实践经验的教师和理论实习教学一体化教师占教师队伍总数的比例分别不低于 70% 和 60%。

表 2-8　本科院校和高职（高专）院校专任教师的条件要求

院校类型	总数	研究生学历占比	副高级及以上职称占比	其他
本科院校	≥280 人	≥30%	≥30%	正教授职务人数≥10 人
高职（高专）院校	≥170 人	≥20%	≥25%	"双师型"教师占比≥15%

在专任教师要求上，三类院校差异显著。本科院校注重专任教师的学术素养和理论水平，强调学历和职称比重；技师学院注重专任教师的技术水平和实践能力，强调专任教师的职业技术水平；而高职（高专）院校介于两者之间，既注重专任教师的学历和职称，也强调职业技术能力。对于兼职教师占专任教师的比例，本科院校和高职（高专）院校都是少于 1/4，技师学院要求少于 1/3。

（六）基础设施

在校园规模方面，与本科院校、高职（高专）院校相比较，技师学院的占地面积最小，标准类别数量最少（表 2-9）。

表 2-9　三类院校占地规模的对比

类别		本科院校	高职（高专）院校	技师学院
校园面积/亩[①]		500	300	150
建筑总面积/米²		15 万（学院）	6.6 万	8 万
生均教学、实验、行政用房建筑面积/米²	理、工、农、医类	≥20	≥16	
	人文、社科、管理类	≥15	≥9	—
	体育、艺术类	≥30	≥22	
生均宿舍面积/米²		6.5		—

在教学仪器设备、图书方面，技师学院设置标准中暂未对教学仪器设备和图书生均值作出明确规定，只对以下方面做出了大致要求：配备与办学规模、办学层次、专业设置相适应且具有国内领先水平的实习、实验设备设施，以保证每生都有实习工位；实习、实验设备总值不少于 4000 万元；具备满足师生需求的图书馆、阅览室。本科院校和高职（高专）院校教学设施条件见表 2-10。

---

① 1 亩≈666.7 米²。

表 2-10　本科院校和高职（高专）院校教学设施条件的基本要求

类别		生均教学科研仪器设备值/（元/生）	生均图书/（册/生）
本科院校	理、工、农、医类	5000	80
	人文、社科、师范类	3000	100
	体育、艺术类	4000	80
高职（高专）院校	理、工、农、医类	4000	60
	人文、社科、师范类	3000	80
	体育、艺术类	3000	60

二、技师学院纳入高等学校序列的差距分析

在设置标准的政策要求上，技师学院与高职（高专）、本科院校等高等学校存在差异；而从具体的办学情况看，技师学院的办学状况一般也难以直接达到高职（高专）、本科院校的办学要求。

由于技师学院的办学条件与当地经济社会发展水平密切相关，因此一般来说，经济社会越发达，技师学院的办学条件应该越好，其经费投入应该更充足。基于这个假定，可以选择技工教育居于全国前列的广东省广州市为案例，具体分析其技师学院的办学状况，深入探究其技师学院的办学状况与高职（高专）、本科院校的办学条件要求之间的差距。

从目前的数据看，广东省的技工教育及其技师学院，技术技能人才培养能力整体较高，世界影响越来越大。2010 年中国加入世界技能组织，从 2011年到 2019 年，中国参加了第 41 届到 45 届世界技能大赛，累计获得 143 枚奖牌，其中 36 枚金牌、29 枚银牌、20 枚铜牌和 58 个优胜奖。获金银铜奖总数前三名的地区是：第一名广东 38 枚，第二名上海 9 枚，第三名江苏 8 枚。广东实力超群，奖牌数量遥遥领先，仅统计金银铜牌数量，广东的奖牌总数占中国队奖牌总数的 38%。排名前三的单位是：第一名广东省机械技师学院（15枚）；第二名广州市工贸技师学院（7 枚）；并列第三名的单位有深圳技师学院（4 枚）、中国十九冶集团有限公司（4 枚）[①]。

---

① 王新刚. 第 41 届—45 届世界技能大赛中国奖牌榜分析，技工院校立鼎足之功[EB/OL]. (2019-09-11) [2022-06-11]. https://mp.weixin.qq.com/s/208Wyp4yIqdojA9mxW3eLA.

广州是中国加入世界技能组织的先行者和探索者，累计有 36 名选手在 5 届世界技能大赛中获 7 金、3 银、4 铜、17 个优胜奖，充分展现了"技能广州"的强大实力。对接世界技能大赛，广州积极参与国内各层次技能竞赛，并取得优异成绩。2020 年，在第一届全国职业技能大赛中，广州获 13 金、6 银、5 铜、18 个优胜奖，获奖总数占全国 15.1%、全省 40.6%。2021 年，在第二届广东省职业技能竞赛大赛中，广州共获 37 金、13 银、11 铜、9 个优胜奖，金牌数、奖牌数均为全省第一。其中，广州技工院校选手获 30 金、11 银、8 铜、10 个优胜奖[①]。因此，以广东省广州市的技师学院为例，分析它们与高职（高专）、应用型本科院校之间的差距，具有代表性意义和典型价值。

（一）广州市属 7 所技师学院办学基本情况

2017—2018 年，受广州市职业技术教研室[②]的委托，本研究团队对广州市属 7 所技师学院的发展战略问题，特别是如何纳入高等学校序列问题，开展了调查研究，以此调查研究为基础，进而尝试分析技师学院的实际办学情况与高职（高专）、应用型本科院校办学条件要求的差距。

1. 院校概况

广州市属的 7 所技师学院，分别是广州市技师学院、广州市工贸技师学院、广州市轻工技师学院、广州市机电技师学院、广州市公用事业技师学院、广州市交通技师学院、广州市白云工商技师学院。其中，广州市白云工商技师学院为经费全部自筹学校、属民办性质，其他 6 所为政府全额拨款学校、属公办性质。

广州市属 7 所技师学院整体上呈现出多校区办学格局，除广州市白云工商技师学院为单一校区外，其他 6 所技师学院共有 21 个校区。以 2017 年的数据为依据，7 所技师学院校均 3.14 个校区，校园面积和校舍建筑面积基本情况如表 2-11 所示。

为了防止引起不必要的误会、避免激化办学竞争和排序争论，在以下的数据分析中，将分别用罗马字母编号指代广州市属 7 所技师学院。

① 李兴军, 古斯婷. 非凡十年: 数说新时代广州技工教育[J]. 中国培训, 2023(4): 37-40.

② 该研究室 2021 年升级并更名为"广州市职业技术教育研究院(世界技能大赛中国(广州)研究中心)"，后又于 2024 年 7 月更名为广州市人力资源和社会保障发展研究中心。

表 2-11　广州市属技师学院的校园规模

学校编号	校园面积/亩	生均教学、实验、行政用房面积/米^2	校舍建筑面积/米^2
Ⅰ	200.03	10.28	14.50 万
Ⅱ	154.51	5.2	9.90 万
Ⅲ	170	11.50	10.55 万
Ⅳ	190	7.0	8.10 万
Ⅴ	166.1	9.6	9.07 万
Ⅵ	83.92	6.0	5.30 万
Ⅶ	160.8	15.12	20.80 万

由于技工院校"高中阶段的职业技术教育"的定位,其在生均拨款、人员编制、教师待遇、重大项目申报及资金支持、管理模式等方面受到制约,与高职院校相比,普遍存在办学条件"小、散、弱、挤",师资力量不足和结构性矛盾等问题,如广州市属 6 所公办技师学院办学场地均不足 300 亩,在纳入高等学校序列方面存在困难。

但这种情况,将随着广州科技教育城的推进发生根本性改变。广州科技教育城规划于 2012 年提出,拟引入 24 所职业院校,以改善广州职业教育教学条件。根据规划,广州科技教育城分一期、二期和远期建设,可比肩广州大学城,被誉为技能人才资源库。广州科技教育城一期控规 10.79 千米^2,包括 13 所市属职业院校(含技工院校)、交通及市政配套设施、三大组团共享带、安置区、四大公园等,可容纳学生约 12.9 万人。2024 年秋季,广州 4 所技师学院陆续入驻,4 校纳入高等职业学校序列的办学场地不足的矛盾迎刃而解。

2. 学生规模

从在校生规模看,2016—2017 学年 7 所技师学院共有学生 69 361 人,其中高级技工班人数为 46 530 人,占 67.08%;预备技师班学生人数为 2336 人,占 3.37%。学制教育招生总人数共 21 529 人,高级技工班人数为 16 655 人,占 77.36%;预备技师班学生人数为 602 人,占 2.80%(表 2-12)。

表 2-12　2016—2017 学年广州市属技师学院的学生规模　单位:人

项目	Ⅰ	Ⅱ	Ⅲ	Ⅳ	Ⅴ	Ⅵ	Ⅶ
在校生数	9316	10189	9519	7366	9980	9202	13789
高级技工班在校生数	5370	8486	2174	5544	7081	7650	10225
预备技师班在校生数	235	513	237	331	42	521	457

续表

项目	Ⅰ	Ⅱ	Ⅲ	Ⅳ	Ⅴ	Ⅵ	Ⅶ
招生数	3108	3078	2609	2557	3116	2596	4465
高级技工班招生数	1838	2925	2207	1985	2322	2142	3236
预备技师班招生数	55	153	90	77	42	91	94

3. 专业规模

根据 2017 年 7 所技师学院的招生简章统计，7 所技师学院的专业设置数量比较充足，招生专业规模较大。招收普通高中毕业生或者中等职业学校（含技工学校）毕业生、按四年学制教育培养预备技师的招生专业数量普遍较少，多是培养高级技工的招生专业（表 2-13）。

表 2-13　2017 年广州市属技师学院专业规模　　　单位：个

教育层次	招生专业数						
	Ⅰ	Ⅱ	Ⅲ	Ⅳ	Ⅴ	Ⅵ	Ⅶ
高级技工	24	32	35	32	22	28	64
预备技师	3	7	5	5	2	3	5

4. 师资队伍

2017 年，7 所技师学院共有 3845 位在职教职工，生师比为 18.04∶1，师资规模总体情况相对理想。Ⅰ至Ⅶ 7 所技师学院的生师比分别为：17.06∶1、16.59∶1、20.34∶1、13.87∶1、18.55∶1、18.22∶1、21.44∶1。7 所技师学院的生师比情况各异，其中有些技师学院的师资相对紧缺，不过，7 所技师学院的兼职教师比例都偏低，这种状况有利于稳定师资队伍，也方便技师学院通过扩大兼职教师的比例而迅速扩大师资队伍的规模（表 2-14、表 2-15）。

表 2-14　2017 年广州市属技师学院教师类别　　　单位：人

学校编号	文化、技术理论教师数	生产实习指导教师数	一体化教师数	在职教职工数	兼职教师数
Ⅰ	232	53	227	546	22
Ⅱ	328	259	347	614	70
Ⅲ	265	42	307	468	51
Ⅳ	295	142	136	531	22

续表

学校编号	文化、技术理论教师数	生产实习指导教师数	一体化教师数	在职教职工数	兼职教师数
V	323	126	191	538	5
VI	235	187	160	505	22
VII	122	126	248	643	25

表 2-15　2017 年广州市属技师学院师资学历和职称情况　单位：人

学校编号	本科及以上学历	讲师、高级讲师	技师、高级技师
I	349	155	134
II	468	185	215
III	404	185	186
IV	433	135	212
V	462	150	180
VI	394	140	224
VII	445	64	282

（二）与高职（高专）院校设置标准之间的差距分析

将广州市 7 所技师学院的办学条件与高等学校的设置标准进行对比分析，有助于理解目前办学状况与发展目标之间的差距。考虑到将技师学院一步到位地升格为本科院校存在较大的难度，因此在这里仅把广州市属技师学院与高职（高专）院校的设置标准进行对比分析。

通过数据分析可知，广州市属 7 所技师学院的办学条件水平差异不大；但与高职（高专）院校的设置标准相比较，不少技师学院存在校园整体规模，生均教学、实验、行政用房面积等硬件设施方面的劣势。另外，甚至有些学校的学生生活和文体活动设施也相对不足。

但也不可否认，其中也有些技师学院的办学条件相当优越，比如，有些技师学院拥有一流的，甚至优于高职院校的教学仪器设备，拥有充足的"双师型"教师和实践课时设置——这些优势非常有助于训练学生的实践操作能力、对接生产实践要求，能真正体现技师学院的职业教育属性和人才培养特色（表 2-16）。

表 2-16　7 所技师学院办学条件与高职（高专）院校设置标准对比情况汇总表

主要指标		I	II	III	IV	V	VI	VII
领导班子		√	×	×	√	×	×	√
系科专业负责人		√	×	×	√	×	√	×
校园面积		√	×	×	×	×	×	×
校舍建筑面积	总面积	√	√	√	√	×	×	×
	生均面积	×	×	×	×	×	×	×
教学设施设备		√	√	√	√	√	√	√
图书资料	总量	×	×	×	×	×	√	√
	生均拥有量	×	×	×	×	×	×	×
全日制在校生规模		√	√	√	√	√	√	√
生师比		√	×	×	√	×	√	√
教师学历和职称结构	研究生学历	×	×	√	×	×	√	√
	副高级及以上职称教师	×	×	×	×	×	×	×
	"双师型"教师	√	√	√	√	√	√	×
兼职教师		√	√	√	√	√	×	√
专业设置		√	√	√	√	√	√	√
实践课时		√	√	√	√	√	√	√
生活设施		√	√	√	√	√	×	×
文体活动设施		√	√	√	√	√	×	×

注："√"表示"条件达标"，"×"表示"条件待改进"。本表仅呈现 2017 年的状态，经过"十四五"期间的努力，各校办学条件大为改观，基本符合高等职业学校办学标准。

上述分析表明，即便是办学实力强如广州市的技师学院，在转型发展成为普通高等学校、纳入高等学校序列时，也存在着办学条件不足的困难。为了顺利纳入高等学校序列，技师学院既要认识到自身的优势，更要明确自身的短板；既扬长又补短，以切实改善办学条件、提升办学质量，在强化和彰显技师学院办学特色的同时，顺利被纳入高等学校序列。为了顺利推进技师学院纳入高等学校序列，非常有必要理性面对差距，基于时代发展趋势，确立持续改革的决心和信心。

第一，要承认发展创新不可回避。目前仍是中国经济社会转型升级和职业教育改革发展的关键时期，是实现中国特色现代职业教育体系建设目标的关键阶段，是加快技工教育发展创新的重要阶段。只有建立并不断优化现代技工教育体系，才能培养全面发展的高素质技能人才，才能适应时代需求。因此，以技师学院为突破口的技工教育变革与发展创新不可避免。为此，在国家高度重视职业教育和技能人才工作的背景下，紧抓职业教育事业建设大发展机遇，横向拓展办学空间以扩大办学规模、优化布局和提高质量，实现技工教育的蓬勃发展，并且纵向提升办学层次以打通职业教育体系，促进技工教育深化内涵、增强特色和扩大影响力。

第二，要相信条件不足可以克服。纳入高等学校序列工作势必可行，技师学院要抓住政策机遇，改善办学条件，提升办学实力，在大部分指标已基本达到高职院校设置标准的要求的基础上，进一步加强基础设施、专业和师资建设，未达标的指标通过努力亦可达标。

第三，要承认整合转设更具效益。在技师学院条件不足的情况下，化零为整将多所技师学院的办学资源进行整合，能满足高等职业院校的办学标准，通过新办高职院校的办学合格评估，甚至超过高职院校办学水平，实现更高起点办学、更高质量发展。

第四，要明确顶层决策至关重要。技师学院纳入高等学校序列，办学条件的制约确实客观存在，但只要有政治决心，只要能变成行政决策，就能快速、成功且创新性地得到实践落实。依靠政治决心、做出行政决策、积极实践落实的核心内容是：立足技师学院，主动新设高职；技职双线并存，资源共享互补；借力高职院校，实现创新发展。

第三章　面向未来的技师学院战略管理

针对技师学院纳入高等学校序列的政策实践以及技师学院的持续发展问题，非常有必要从战略管理的角度，深入开展理论研究和实践探索。

作为一个学术研究领域，战略管理已经走过了半个世纪。具体而言，20世纪 60—70 年代，出现了艾尔弗雷德·D.钱德勒撰写的《战略与结构》①等战略管理研究的奠基性著作；20 世纪 70 年代末至 80 年代初，战略管理开始成为一个独立研究领域，且经济学范式，尤其是产业经济学和交易成本经济学一直占据该领域的主导地位；从 20 世纪 90 年代开始，学者们开始关注组织的内部，资源（能力）与竞争优势的关系成为研究重点。在 21 世纪的最初10 年间，资源基础观和动态能力理论依旧有新发展；新兴经济体中的战略管理、再探高阶理论、组织二元性、战略即实践和战略研究方法论逐渐发展成为有重要影响力的研究方向；制度理论似乎成为唯一一个在 21 世纪初占据主导地位的战略管理新理论。②

纵观战略管理的研究历程和战略管理研究的各派观点，尽管尚无统一的定义，但对于战略管理可以形成的最大公约数就是，都强调战略管理作为一个动态管理的过程，是对企业实行的总体性管理，是制定和实施战略的一系列管理决策与行为，其核心问题是使组织条件与环境相适应，求得组织的长期生存与发展；规范、全面的战略管理过程可大体分解为：战略分析阶段、战略选择阶段、战略实施及控制阶段——这个完整的过程其实是在要求组织研究外部环境和内部环境以找出市场的机遇和挑战，并决定如何利用核心竞争力获得预期的战略收益。③

技师学院要办出成效、办出活力，必须要有明确的战略指导。模仿普通高校，或走高职院校的办学之路，是不会有生命力的。因此，对技师学院战略管理的研究就显得非常必要，有重要的现实意义。本书以战略管理理论为

---

① 艾尔弗雷德·D.钱德勒. 战略与结构[M]. 孟昕译. 昆明：云南人民出版社，2002.

② 徐二明，肖建强. 战略管理研究的演进[J]. 管理科学，2021，34(4)：101-114.

③ 曾国华，吴雯雯. 战略管理：理论、方法与应用[M]. 北京：冶金工业出版社，2019：7.

指导（图 3-1）①，根据技师学院目前的发展状况和变革趋势，深入探究技师学院定位发展、竞合发展、跨界整合发展、内涵发展的战略管理，以期为技师学院的内涵提升和高端引领提供学术参考。

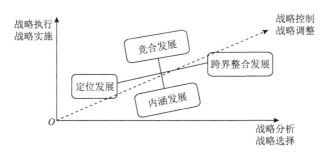

图 3-1　技师学院发展的战略管理

第一节　技师学院内外定位与发展路径

无论从技师学院的数量，还是从就读的人数上看，技师学院都占技工教育的一半以上，成为高技能人才培养的主阵地。然而，摆在我们面前的现实情况是，技师学院在应对高等教育普及化挑战和高等职业教育本科化的过程中缺乏明确的、科学的、可行的发展战略，表现为犹豫和反复。只有将技师学院的战略定位加以详查，才能跳出既有视野，对技师学院长远发展有一个清晰的认识。改革与发展技师学院，首先必须科学、合理地定位技师学院，明确技师学院"是什么""该干什么"——这是技师学院定位发展的核心要义，也是定位发展战略的关键内容。②

一、定位发展的内涵

定位（positioning），是竞争发展的重要战略思维方式。美国著名营销专家艾·里斯（Al Ries）与杰克·特劳特（Jack Trout）在 20 世纪 70 年代早期从经济管理的角度，强调"定位致胜"。"定位要从一个产品开始。那产品可能是一种商品、一项服务、一个机构甚至是一个人，也许就是你自己。

---

① 黎群, 张文松, 吕海军. 战略管理[M]. 北京: 北京交通大学出版社, 2006.

② 艾·里斯, 劳拉·里斯, 张云. 21 世纪的定位: 定位之父重新定义"定位" [M]. 寿雯译. 北京: 机械工业出版社, 2019.

但是，定位不是你对产品要做的事。定位是你对预期客户要做的事。换句话说，你要在预期客户的头脑里给产品定位。所以说，把这个概念称作'产品定位'是不正确的，好像你在对产品本身做些什么似的。定位并不是不包含变化在内。它也要变。不过，那只是名称上的变化，产品的价格和包装事实上都丝毫未变。变化基本上是表面的，旨在确保产品在预期客户头脑里占据一个真正有价值的地位。在我们这个传播过度的社会里，想要解决说话有人听的问题，定位同样也是首选的思路。"①

这表明，定位的逻辑和战略，是对产品和服务在竞争过程中的创造性发展；定位，并不能仅仅面向"产品""服务"本身，更应面对市场和顾客。技工教育的加快发展、技师学院的转型升格，同样需要从多个角度、基于多种系统的角色分工，多维度、多层面地反思自身的形象定位、市场定位以及服务对象定位等问题。②

对于技师学院，亟须反思并确定其在国民教育体系中、在人力资源和社会保障部门的技工教育系统与教育部所辖的职业教育系统之间的"技—职"体系中以及在技工教育体系内部等多重系统中的定位。

（一）在国民教育体系中的发展定位

在任何国家，都必须建设起一套完备、够用且具有适度超前发展能力的国民教育体系。但是，不同国家和民族的教育体系的类型和模式各不相同。为了厘清技师学院的发展，必须首先分析我国技工教育的发展定位。为了厘清技工教育的发展定位，则需首先厘清国家层面的教育体系、厘清技工教育及其中的技师学院在国家教育体系中的定位。

1. "普—职"两分型国民教育体系与技师学院的定位

中国的国民教育体系，是由五个方面的教育和三项保障机制所构成的现代教育事业总体。五个方面的教育是义务教育、基础教育、高等教育、职业教育和成人教育；三项保障机制是国民教育经费保障机制、国民教育教师保障机制和国民享受教育权利保障机制。

2006 年 10 月，党的十六届六中全会通过的《中共中央关于构建社会主义和谐社会若干重大问题的决定》提出，要"建设现代国民教育体系"。现

---

① 里斯, 特劳特. 定位[M]. 王恩冕, 于少蔚译. 北京:中国财政经济出版社, 2002: 2-3.
② 陈伟, 黄大乾, 李姿. 技工教育发展三题: 历史、逻辑及定位[J]. 职教论坛, 2017(22): 18-23.

代国民教育体系以终身教育思想为导向，以普通教育和职业教育为基础，以初等、中等、高等教育为层次，以提高全民族思想道德素质和科学文化素质，形成全民学习、终身学习的学习型社会为目标。现代国民教育体系具有的功能包括：教育为社会进步、为经济发展、为公民自身发展服务的功能；创新功能；终身教育功能；教育资源的优化整合功能。[①]

教育部等六部门发布的《现代职业教育体系建设规划（2014—2020年）》，基于发展职业教育、建设现代职业教育体系的需要，绘制了中国教育体系基本框架（图2-1）。

在这个基本框架中，形成了"普通教育—职业教育"两分体系，脉络比较清晰，较为充分地凸显了职业教育的地位。但遗憾的是，在这套宏观体系中，诸多细节尚待进一步厘清，但并没有在后续文件中得到厘清，特别是技工教育的地位并未得到科学、合理的明确，"技师学院属于中等教育还是高等教育"的问题并没有得到明晰。

2. "优、雅、实、用"四分体系[②]及技工教育的定位

在"国家急需""民众急需"的驱动下，中国教育系统中的学校分类发展日受重视，但在价值旨趣上仍然存在着"学"重"术"轻、"普"重"职"轻等问题，在分类实践中同时存在着某些学校"有类不愿归"、某些学校则"无类可归"的问题。

这些问题，在目前的相关理论研究中尚未得到厘清。如果仅就高等学校而言，从知识、学校职能、人才培养类型等多个维度出发，紧扣"研究—教学""学术—应用"两大维度，基于"优、雅、实、用"四大价值基准，可以在"普—职"两分的教育体系基本框架中，详细划分出学术类、通识类、应用技术类、技术技能类高校，形成一套新的高等学校分类体系（图3-2）。

侧重以研究（开发）为人才培养方式、以学术创新能力为核心、以领袖人才为培养目标的高校是典型的学术类高校，这类高校要"优"，"优"在教师和学生的知识创新、精神创新——这类似于柏拉图"理想国"中培养"哲学王"的古老构想；主要以教学为人才培养方式、以学术理解能力为培养目标的高校是典型的通识类高校，这类高校要"雅"，"雅"在学生的身心素

① 奚洁人. 科学发展观百科辞典[M]. 上海：上海辞书出版社，2007：126.
② 陈伟. 高等学校分类模式的反思与"理想类型"建构[J]. 教育发展研究，2016，36（11）：1-6.

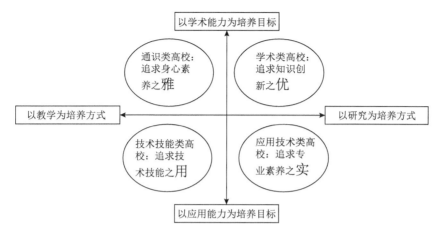

图 3-2　高等学校类型的"优、雅、实、用"四分体系

养——英国牛津大学、剑桥大学中古老的住宿制学院、美国的文理学院大多如此；强调以研究（开发）为人才培养方式、以开发型应用能力为培养目标的高校是典型的应用技术类高校，这类高校重在"实"，"实"在师生的应用型专业能力；侧重以教学为人才培养方式、以操作型应用能力为培养目标的高校是典型的技术技能类高校（包括高级技工学校、技师学院），这类高校要重"用"，"用"在学生的技术技能。四类学校分别重点追求"知识创新之优、身心素养之雅、专业素养之实、技术技能之用"；借助四类学校的整体协同，使教育系统完整承担起培养"优、雅、实、用"多样化人才队伍的职能，适应经济社会发展对毕业生提出的"创新、创造、创业"等多类型、多层次需要，全面回应《中华人民共和国教育法》规定的培养"社会主义建设者和接班人"的教育宗旨。

　　如果对目前学校进行粗略分类，大部分曾入选"985 工程"的本科高校、在中央"统筹推进世界一流大学和一流学科建设"过程中能被遴选为"双一流"的本科高校，可以归入"学术类高校"；曾入选"211 工程"的本科高校可以归入"学术类高校"或"通识类高校"；具有较强学术实力的综合性、师范类本科高校（包括前身为师专类、新升格为本科的综合性院校）可归入"通识类高校"；专科性（与综合性相对应）、应用类本科院校都可发展为"应用技术类高校"；高职类院校，以及技师学院（技工学校和高级技工学校是技师学院的基础性学校），可归为"技术技能类高校"（表 3-1）。

表 3-1 "优、雅、实、用"四类学校的比较

类型	特征	核心标识	办学定位	学校主要来源
学术类高校	"优"	知识创新之优	侧重以研究（开发）为人才培养方式，以学术创新能力、领袖人才为培养目标	曾入选"985工程"的高校；在中央"统筹推进世界一流大学和一流学科建设"过程中的"双一流"本科高校
通识类高校	"雅"	身心素养之雅	主要以教学为人才培养方式，以学术理解能力为培养目标	曾入选"211工程"的高校；其他具有较高学术实力的综合性、师范类本科高校
应用技术类高校	"实"	专业素养之实	强调以研究（开发）为人才培养方式，以开发型应用能力为培养目标	专科性（与综合性相对应）、应用类本科院校
技术技能类高校	"用"	技术技能之用	侧重以教学为人才培养方式，以操作型应用能力为培养目标	高职类院校、技师学院

在"优、雅、实、用"的学校四分体系中，职业教育主要体现为"实、用"两种类型；作为职业教育系统的一个部分、一种类型，隶属人社系统的技工教育，同样主要属于"实、用"两种类型。在技工教育体系中，仅高级技工学校、技师学院培养的高级技工、预备技师分别"相当于"高职和本科层次的毕业生、能类比为"高等教育"，但在"优、雅、实、用"的学校四分体系中，技师学院主要限于"用"的类型，在目前的高等教育类型划分中尚难达到"实"的层次——不过，这可以作为技师学院未来的发展目标。

（二）在"技—职"两分体系中的发展定位

现代职业教育的中国特色之一就是两套职业教育体系并立；这两套职业教育体系，一为隶属教育系统的职业教育体系，一为隶属人社系统的技工教育体系（表3-2）。

表 3-2 "技—职"两分型职业教育体系

项目	隶属教育系统的职业教育体系	隶属人社系统的技工教育体系
招生秩序	优先招生	兜底招生
培养层次	可直达专业学位研究生教育层次	仅可达到技师层次
文凭证书	职业技术院校毕业证书+职业资格证书	职业技能等级证书+技工院校毕业证书（另可以社会考生的名义参加考试，获得成人教育、自学考试的学历文凭）

续表

项目	隶属教育系统的职业教育体系	隶属人社系统的技工教育体系
升学通道	原则上可通过与普通教育系统的斜向沟通，向上升学至硕士、博士研究生层次	既难以向教育系统的职业技术院校转学和升学，更难向教育系统的普通教育院校转学和升学

资料来源：陈伟，黄大乾，李姿. 技工教育发展三题：历史、逻辑及定位[J]. 职教论坛，2017（22）：18-23.

在"技—职"两分型职业教育体系中，技工教育由于招生秩序、培养层次、升学通道及能发放的文凭证书等方面的先天不足，在事实上处于竞争的劣势地位；在高等教育普及化的背景下，尽管技师学院在高职（高专）层次和本科层次能够保持"相当于"，且可以"根据高等学校设置制度规定，将符合条件的技师学院纳入高等学校序列"，而且人社部愿意"积极协调有关部门将技师学院列入高等学校序列，按照高职生均经费标准落实办学经费"（《人力资源社会保障部关于推进技工院校改革创新的若干意见》（人社部发〔2014〕96号）），但不可否认的客观事实是，教育系统的职业教育体系与人社系统的技工教育体系，在总体上构成的是"上下型"纵向等级关系。

这种以"上下型"层次关系为基调的技工教育传统定位，抑制了技工教育的发展潜力、压抑了技工教育的功能发挥。

从技工教育系统角度看，存在建设新型"技—职"关系的意愿。这种新型"技—职"关系应该具有以下三个特点：①平行分立，即两套职业教育体系在分工基础上各安其位、各守其责；②互补协同，即两套职业教育体系应在竞合架构中彼此互补、协同发展；③平等竞争，即两套职业教育体系应在各自实现优质发展基础上营造平等竞争的环境和秩序、保持平等竞争的关系。

（三）在技工教育体系内部的发展定位

在技工教育体系内部，从低到高依次有技工学校、高级技工学校、技师学院三个层次。

《人力资源社会保障部关于推进技工院校改革创新的若干意见》（人社部发〔2014〕96号）强调，"进一步明确技工院校办学定位。技工院校是国民教育体系和人力资源开发的重要组成部分。技师学院主要承担通过学制教育培养高级工及以上技能人才任务，属职业教育高层次技能人才培养范畴。高级技工学校主要承担中级工、高级工培养任务，普通技工学校主要承担中级工培养任务，属中等职业教育。技工院校是构建劳动者终身职业培训体系的重要载体，是培养技能人才的重要平台，是承担技工教育、职业培训、技能鉴定、竞赛集训、公共实训、就业服务等工作的综合性技工教育培训基地"。三个层次的技工院校在人才培养定位上，既分工明确，又彼此衔接。

2016年发布的《技工教育"十三五"规划》强调，"技工院校中级工班、高级工班、预备技师（技师）班毕业生分别按相当于中专、大专、本科学历落实相关待遇"。"支持符合条件的技师学院开展学制教育培养技师试点，到2020年，力争每所国家级示范性技师学院有1—3个专业开展技师学制教育。"

2021年发布的《技工教育"十四五"规划》强调，"加强规划引导，推动形成技师学院、高级技工学校、技工学校梯次发展、有序衔接、布局合理的技工教育体系。技师学院是优化技工教育结构和培育大国工匠、能工巧匠的重要载体，重点培养技师、预备技师、高级工等高技能人才。高级技工学校主要承担高级工、中级工培养任务，技工学校主要承担中级工培养任务"（表3-3）。

表 3-3 技工教育体系的人才培养分工定位比较

	2014年的政策表述	2016年的政策表述	2021年的政策表述
技师学院	主要承担通过学制教育培养高级工及以上技能人才任务，属职业教育高层次技能人才培养范畴	高级技工学校、技师学院招收高中毕业生，培养高级工、预备技师的学制教育期限分别为3年、4年。高级技工学校、技师学院招收对口专业中等职业学校（包括技工学校）达到中级技能水平学生，培养高级工、预备技师的学制教育期限分别为2年、3年。技师学院招收达到高级技能水平学生，培养预备技师、技师的学制教育期限分别不少于1年、2年。技工院校中级工班、高级工班、预备技师（技师）班毕业生分别按相当于中专、大专、本科学历落实相关待遇	优化技工教育结构和培育大国工匠、能工巧匠的重要载体，重点培养技师、预备技师、高级工等高技能人才
高级技工学校	主要承担中级工、高级工的培养任务		主要承担高级工、中级工培养任务
技工学校	主要承担中级工培养任务，属于中等职业教育		主要承担中级工培养任务
技工院校	技工院校是构建劳动者终身职业培训体系的重要载体，是培养技能人才的重要平台，是承担技工教育、职业培训、技能鉴定、竞赛集训、公共实训、就业服务等工作的综合性技工教育培训基地	技工教育是国民教育体系和人力资源开发的重要组成部分，承担着为经济社会发展培养高素质技能人才的重要任务。增强技工院校社会服务功能，积极承担职业培训、企业新型学徒培养、就业创业指导、技师研修、技术攻关与交流、人才评价、技能竞赛、脱贫攻坚、国际交流合作等任务	技工院校发展成为开展学制教育和职业培训服务技能人才成长的重要平台、现代职业教育体系的重要组成、构建技能型社会建设的重要依托。落实技工院校实施学制教育和职业培训并举的法定职责，组织开展第二轮职业训练院建设试点，拓展评价鉴定、职业技能等级认定、公共实训、技能竞赛、师资研修、就业服务等功能，为技能人才成长提供全方位多层次服务

在技工教育体系中，技师学院的地位非常特殊，且发挥着日益重要的作用。首先，技师学院在技工教育体系中发挥着主导作用。在技师学院里，学生拥有不断提升职业能力的教育—训练机会，因此其招生最具吸引力，在校生数往往总量庞大。其次，技师学院在技工教育体系中发挥着标杆作用。与本地区高级技工学校、技工学校相比较，技师学院往往实训条件最好、办学水平最高，大多扮演着办学水平的标杆角色。最后，技师学院在技工教育体系中发挥着引领作用。最重要的是，技师学院往往扮演着办学方向调整和人才培养模式变革的引领者角色。

尽管技师学院在技工教育系统中的地位显赫，但不可否认的是，技师学院是由高级技工学校通过评估升格而成的，往往是在高级技工学校之上加挂的一块牌子，而非独立的院校建制，这就造成以下局面。

与教育系统的职业教育相比较，在技工教育体系中，"相当于"中等教育的技工学校、介于中等教育与高等教育之间的高级技工学校、"相当于"高等教育的技师学院，混搭在一起办学。由此而可能引发的问题就是，拥有技师学院牌子的高级技工学校，在招收、培养中级工、高级工层次的学生时，吸引力更大，但是，由于技师学院是以高级技工学校升格并与之混搭在一起的，这反而削弱了技师学院"相当于"高等教育的"高等"性，并部分地引发一些新的问题，比如，技师学院常常较难被当作高等教育、较难大规模地招生，等等。因此需要深入思考：这种多层次混搭的状况，如何认识和理解？如何避免它可能引发的新问题并发挥其最大功效？

另外，各地技师学院的表现不统一，对技师学院整体形象造成不利影响。可以说，全国技师学院至今尚未实现"同名同层次、同城同待遇"。尤为关键的是，技师学院享受不到高等职业教育的应有待遇，在办学规格、管理层次、生均经费和财政投入等方面与高职院校相距甚远，从而制约了技工教育的长足发展。

二、定位发展的路径

定位发展，既要明确定位，还要围绕发展的目标，基于定位探求跨位发展路径。定位发展，既要从思想认识、战略理念上明晰定位的内容，还要以适切强劲的组织结构为支撑，获得发展的支撑。缺失组织支撑，就无法实施、落实定位发展战略。

（一）技师学院定位发展的组织之困

技工教育的发展、技师学院的建设，有"三高三低"的特征。

所谓"三高"，即技师学院的技术技能训练的实用性高、毕业生的就业率高、用人单位的评价高。所谓"三低"，一是生源吸引力低，几乎所有的生源都是在教育系统所属院校筛选之后才选择接受技工教育，首选技工教育的学生数量较少。二是家长认可度低，技工院校并不是家庭的首要、优先教育目标，并不能同教育部所属的"中职—高职—专业学位研究生教育"一样具有较高的社会认可度。三是文凭价值低。在技能劳动力市场中，特别是在职务晋升体系中，旨在培养技术工人的技工院校文凭并不占有优势。

"三高"，是对技工教育系统以及技师学院的功能与价值的认可和肯定；"三低"，则是对技工教育系统和技师学院的社会声誉和社会认可度的写实性评估，其实也表明它们遭遇了不公平的待遇和价值低估。"三高"与"三低"的同时存在，使得整个技工教育系统以及作为该系统之领头羊的技师学院，陷入了"价值高、贡献大而声誉低、地位低"的剪刀差困境之中。

对此剪刀差，理论界和实践界从归因分析和解决对策等方面，提出了多样化的解决路径。

路径之一是"招生同平台"。即允许技工院校与相同层次的教育系统的院校在同一平台上进行招生，比如在初中升高中、高中阶段毕业生的高考招生时，把技工院校与其他学校放在同一平台，公平进行招生。比如，2016年人社部在《人力资源社会保障部关于做好2016年技工院校招生工作的通知》（人社部函〔2016〕84号）中，要求积极协调教育部门，将技师学院纳入高等职业院校招生平台，加大面向高中、中职毕业生的招生力度。[①]此目标到2019年得以实现，《人力资源社会保障部教育部关于做好技工院校招生工作的通知》（人社部发〔2019〕119号）要求，推进各省份技师学院、技工学校纳入职业教育统一招生平台。支持按照高校设置程序进入高等学校序列的技师学院纳入高职（专科）统一招生平台，并以××职业技术学院（××技师学院）予以明确体现，支持这些学院参与高职扩招[②]。各地发展程度不同，效果有待考证。

---

① 人力资源社会保障部关于做好2016年技工院校招生工作的通知[EB/OL]. (2016-04-29)[2023-07-15]. http://www.mohrss.gov.cn/xxgk2020/fdzdgknr/qt/gztz/201605/t20160505_239476.html.

② 人力资源社会保障部教育部关于做好技工院校招生工作的通知[EB/OL]. (2019-11-07)[2023-07-15]. http://www.mohrss.gov.cn/xxgk2020/fdzdgknr/qt/gztz/201911/t20191111_341061.html.

路径之二是"毕业生同等待遇"。关键点在于改变长期以来将技工教育仅定位在中等教育层次的政策，彰显技师教育的高等教育性质。在《现代职业教育体系建设规划（2014—2020 年）》发布并确立技师学院"纳入高等学校序列"的发展思路之后，国家各部门高度重视并迅速发布配套文件。2014年 12 月，人社部印发《人力资源社会保障部关于推进技工院校改革创新的若干意见》（人社部发〔2014〕96 号），强调技师学院属职业教育高层次技能人才培养范畴。[①]

2015 年 4 月，国务院在《国务院关于进一步做好新形势下就业创业工作的意见》（国发〔2015〕23 号）中提出，统筹推进高校毕业生等重点群体就业，鼓励高校毕业生多渠道就业，并为高校毕业生发放就业补贴，技师学院高级工班、预备技师班和特殊教育院校职业教育类毕业生可参照高校毕业生享受相关就业补贴政策。[②]同年 9 月，教育部在《教育部对十二届全国人大三次会议第 8527 号建议的答复》（教建议〔2015〕第 245 号）中重申，"技师学院需要按照《高等职业学校设置标准（试行）》，通过省级政府审批，组建为高等职业院校后，在生均经费等方面享受相关待遇"。[③]《人力资源和社会保障部关于印发技工教育"十三五"规划的通知》（人社部发〔2016〕121号）强调："技工院校中级工班、高级工班、预备技师（技师）班毕业生分别按相当于中专、大专、本科学历落实相关待遇。"

"招生同平台""毕业生同等待遇"两条路径极具诱惑力，而且有改革"一步到位"的感觉。但无论从实践成效看，还是从理论上分析，这两条路径都是治标而非治本，并没有也不能从根本上解决问题，因此无力破解技工教育地位低下、技师学院发展空间有限的难题。

在专业主义至上的现代社会，专业性是专业教育的核心资本，而组织分化是促进专业主义、保证专业性的根基；缺乏日益分化的组织保障，必然会缺失专业性。据此可以说，技工教育以及技师学院发展的根本困境在于，在教育序列中缺乏组织分化，难以彰显其专业性，难以赢得专业地位、获得专业权力。

---

① 人力资源社会保障部关于推进技工院校改革创新的若干意见[EB/OL]. (2014-12-23)[2023-07-15]. http://www.mohrss.gov.cn/SYrlzyhshbzb/rencairenshi/zcwj/jinengrencai/201412/t20141226_147252.html.

② 国务院关于进一步做好新形势下就业创业工作的意见[EB/OL]. (2015-05-04)[2023-07-15]. http://www.mof.gov.cn/zhengwuxinxi/zhengcefabu/201505/t20150504_1226109.htm.

③ 教育部对十二届全国人大三次会议第 8527 号建议的答复[EB/OL]. (2015-09-29)[2023-07-15]. http://www.moe.gov.cn/jyb_xxgk/xxgk_jyta/jyta_zcs/201603/t20160325_235272.html.

　　从目前的实践状况看，技工教育系统确实缺乏组织分化。从发展的角度看，无论是人类社会本身，还是人类社会中的一切组织，都会在其从低级到高级、从简单到复杂、从非专业到专业的发展过程中，以三种方式实现组织分化：①横向分类，即平行分解为多种类型的组织；②纵向分层，即在横向分类达到一定程度和规模之后，为了加强同类组织的管理而出现纵向分层，并且通过纵向分层，缩小横向的管理幅度，提高管理效率；③功能分化，这是横向分类、纵向分层的必然结果，也是分化所要达成的最终目标。①

　　组织的横向分类、纵向分层以及作为发展结果的功能分化，最终结果是促进专业化。专业化会带来两个方面的影响：一是从事该专业的人员，借助完整的职业发展道路、专业化的繁衍机制、正式的专业建制而奠定雄厚的知识基础，借助对外的专业服务承诺、对内的专业伦理规范而获得雄厚的专业伦理基础，进而可以享受专业权力，实现专业价值的合法化、获得专业自治权力——这是成为"专业人员"的权力和福利（图 3-3）。②二是一直庇护专业人员、承担专业工作的组织，成长为专业组织。

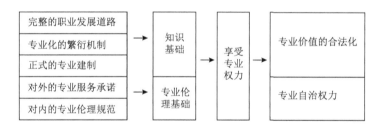

图 3-3　专业人员的专业化逻辑

资料来源：陈伟. 西方大学教师专业化[M]. 北京：北京大学出版社，2008：273-289

　　从技工教育系统的发展进程看，新中国成立之后迅速发展的技工学校，在 1991 年由劳动部基于《劳动部关于开展技工学校评估工作的通知》（劳培字〔1991〕4 号），开始评出省（部）级和国家级重点技工学校；经劳动部同意，1990 年山东省在济南和烟台试办两所高级技工学校；1995 年发布《关于申办高级技工学校若干问题的通知》（劳部发〔1995〕289 号）、1997 年制订《高级技工学校设置标准（试行）》（劳部发〔1997〕351 号）等文件，逐步规范管理高级技工学校的建设。

---

① 乔纳森·H.特纳. 社会学理论的结构(第 7 版)[M]. 邱泽奇，张茂元，等译. 北京：华夏出版社，2006: 59.
② 陈伟. Academic Profession: 学术史梳理和语义分析[J]. 清华大学教育研究，2018，39(5)：12-20.

进入 21 世纪，中国制造业大国地位日趋稳定。同时，对高技能人才日益增长的需求与供给严重不足之间的矛盾日益明显，"高级技工荒"现象日渐严峻，技能人才培养与队伍建设任务愈发迫切。为此，国家出台了一系列政策支持职业教育发展，技工教育进入全面发展时期。一些办学条件相对成熟的高级技工学校为了进一步提高人才培养质量、提升办学层次，尝试设立技师学院。

2000 年，常州技师学院挂牌招生，全国第一所技师学院就此诞生；2002年 7 月 25 日，印发《加强职业培训提高就业能力计划》（劳社部发〔2002〕13 号），强调大力发展高级技工学校和技师学院；2003 年中共中央、国务院颁布《中共中央、国务院关于进一步加强人才工作的决定》（中发〔2003〕16 号），技师学院首次得到中央政策层面的认可。

中国目前已经建立起"技工学校—高级技工学校—技师学院"三个层次的技工教育体系，这是极大的发展成就；但遗憾的是，"技工学校—高级技工学校—技师学院"之间，并没有实现明显的组织分化，几乎所有的技师学院，都与高级技工学校混合设立在同一校园之中，进行叠加办学，而不是通过组织分化实现相对独立的分层次办学。

这就导致"技工学校—高级技工学校—技师学院"之间，虽然初步建立起了纵向阶梯关系，基本实现了层次分化，但在技工教育系统中，却因为缺乏组织分化，这些层次分化在事实上反而被弱化为横向分类，因此也就阻碍了技工教育系统通过组织的横向分类、纵向分层而实现功能分化，进而阻碍了技工教育系统的进化发展。

与之相对比，在教育部所属的职业教育系统中，一直通过组织分化来加强其专业性。具体而言，首先，通过增加新的层次和类型的职业院校，教育部所属的职业教育系统形成了"中等职业教育（包括职业高中、中专等）—高等职业教育（包含高等职业技术学院—应用技术类本科院校—专业学位研究生教育院校）"的学校体系。其次，职业教育体系中的不同院校有意识地促进彼此办学功能的分化。具体而言，从事本科职业教育的院校，在办学过程中大多倾向于放弃专科层次的职业教育，而高等职业技术院校则是有意识地与职业高中等中职层次的教育剥离开来；低层次的学校升格为高层次的学校之后，往往也是通过放弃原有层次的招生培养而彰显、强化其专业性。

在缺乏组织分化的技工教育系统中，从技工学校历经省（部）级重点技工学校、国家级重点技工学校、高级技工学校的发展而逐渐形成的技师学院，大都在高级技工学校的基础上采取加挂技师学院校牌的方式建校。这种寄生而非独立建制的发展方式，使得技师学院的组织结构并没有从技工学校中得到充分分化。技师学院与高级技工学校形成同体异构的关系[①]，即技师学院基于高级技工学校的组织架构举办高等职业教育，或者说，高级技工学校以技师学院的名义举办高级技工教育。

介于中、高职之间层次的高级技工学校与高等职业教育范畴的技师学院混搭在高级技工学校之中跨层次办学[②]的状况，部分地导致技师学院面临着组织结构的非高等性与教育使命的高等性之间的冲突，最终招致技师学院本身的疑惑、诱致教育部门及社会的质疑。具体而言，技工学校的组织分化迟滞，带来两大问题。

问题之一：社会公众容易误认为技工教育的专业化程度低。一方面，技师学院本身并未从高级技工学校中通过组织分化的方式剥离出来，独立办学，从根本上造成技师学院的专业化程度不高、高等教育性质和职能不强。另一方面，因体制壁垒，技师学院一直未被纳入高等职业教育体系中，技师学院没有高等学校的招生代码，不能进入普通高校的招生平台，因此在招收普通高中毕业生方面极为受限，难以吸引更多更高素质的学生。为了保证生源、维持办学规模，部分技师学院往往被迫采取兜底性招生措施，即招收初中毕业生，开展中职教育，培养中级技术工人，这就进一步引发技师学院职能越位、高等教育性质模糊、专业化程度降低的问题，甚至引起技工教育内部各层次办学的不良竞争。

问题之二：技工教育的社会声誉有待提高。历史身份、管理体制、"重学历轻技能"思想等因素，都是导致技师学院社会声誉不高的重要因素。首先，社会对技工学校的惯性思维，认为上技工学校就等于选择了当技术工人。[③]在社会主义市场经济时代，这种惯性思维造成社会对技工学校学历的认可度低，对技师学院的认识仍停留在20世纪的刻板印象。其次，因管理体制差异，教育部门把技师学院划入中等职业学校范畴，学生、家长、社会对技师学院的高等教育性质认识不到位。再加上高等职业院校的快速发展，对技师学院的办学形成了强烈冲击，间接导致技师学院招生困难、生源素质

① 刘雪庚. 关于技师学院如何办的几点思考[J]. 中国培训, 2015(7): 34-35.
② 陈伟, 黄大乾, 李姿. 技工教育发展三题: 历史、逻辑及定位[J]. 职教论坛, 2017(22): 18-23.
③ 宦平. 进入高职序列技师学院的功能定位与办学机制断想[C]//中国职协 2015 年度优秀科研成果获奖论文集(中册). 北京: 中国职工教育和职业培训协会秘书处, 2015: 2303-2314.

和人才培养质量下滑，进一步导致社会声誉下降。最后，"重学轻术"的思想是困扰职业教育发展的重大障碍，而非学历教育则是造成技师学院社会认可度低的另一因素。这一切，都给技师学院的办学和发展带来了巨大的挑战（图3-4）。

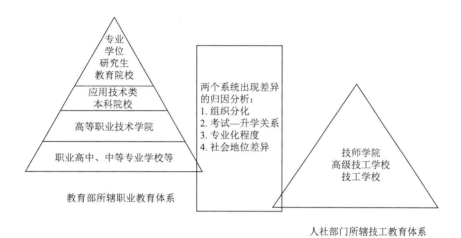

图 3-4 技工教育体系与教育部所辖的职业教育体系的组织分化差异比较

（二）技师学院定位发展路径：组织分化

通过组织分化明确技师学院的发展定位，至少可以采取以下两种方式。

方式之一：技工教育系统内部的组织分化。即在"技工学校—高级技工学校—技师学院"之间，进行组织区分，可以试点探索三类学校各自独立地分化、分层办学，进而在彼此之间建立起升学关系。这是技工教育系统内部的纵向阶梯分层。

方式之二：技师学院转设为教育系统所辖的职业院校。比如，广东省教育厅在2021年2月发布公示宣布，经省高等学校设置评议委员会专家考察和评议，拟将广东省轻工业技师学院、深圳技师学院、中山市技师学院纳入高等学校序列，并进行更名。其中，广东省轻工业技师学院设立为"广东省轻工业技师职业学院"；深圳技师学院设立为"深圳技师职业学院"；中山市技师学院设立为"中山技师职业学院"或"中山信息职业学院（中山市技师学院）"。①

① 孙唯. 广东拟新设 6 所高职院校 3 所技师学院"升级"高等院校[EB/OL]. (2021-02-03)[2022-02-12]. https://news.ycwb.com/2021-02/03/content_1454102.htm.

这三所技师学院目前的办学实力整体较强。其中，广东省轻工业技师学院创建于 1974 年。根据其官网介绍，该校 2023 年下设 16 个二级学院和专业系、66 个常设专业；教职工 1031 人，在校生 1.9 万人，毕业生就业率常年保持在 98.5%以上，用人单位满意度均达 92%。该校是国家高技能人才培养示范基地，人社部和广东省政府共建的技工教育示范基地，国家中等职业教育改革示范校，世界技能大赛商品展示技术、美容项目中国集训基地，省级创新创业孵化基地，省级粤菜师傅培训基地，以及省级南粤家政培训基地。[①]

位于深圳市龙岗区中心城的深圳技师学院是深圳市人力资源和社会保障局直属的一所培养应用型、复合型、创新型知识技能人才的国家级重点技工院校。根据该校主页介绍，2023 年其有 13 个二级学院，40 个专业，全日制在校学生近 11 000 人。有教职工 801 人，其中专职教师 500 余人。专职教师具有研究生学历的 340 人，具有高级职称的 169 人，具有技师及以上职业资格的 336 人；专职教师获国家级技能大师 1 人，全国技术能手 21 人，广东省技术能手 29 人，深圳市技术能手 59 人，深圳市高层次人才 30 人，鹏城工匠 3 人，深圳技能菁英 6 人。[②]

创建于 1980 年的中山市技师学院，是国家级高技能人才培养基地、国家级重点技工院校、国家中等职业教育改革发展示范学校、世界技能大赛国家级项目集训基地、广东省高技能人才公共实训基地、广东省第一批 10 所高水平技师学院创建单位之一、广东省第一批 3 所纳入高等职业教育的技师学院之一。[③]截至 2024 年夏，三所技师学院只有深圳技师学院转设为"深圳城市职业学院"，另两所暂无下文。

从组织分化的角度看，技师学院纳入高等学校序列，一方面是技师学院的横向分类，即在技师学院的类型之外，新增出"技师职业学院"的类型，另一方面是技师学院的纵向跨位，即按照高等学校序列的设置标准和办学条件要求，从中等教育层次升格为专科层次的技师职业学院。

以技工教育系统内部的纵向阶梯分层、技师学院转型和升格为"技师职业学院"为基础，技工教育系统及其技师学院可以实现有效的组织分化，进而推进自身的专业化建设——这一切，既是有效实施定位发展战略的重要内容，也是定位发展战略的总体目标（图 3-5）。

---

① 学院简介[EB/OL].[2023-07-15]. http://www.qggj.com/html/895/.
② 学校简介[EB/OL].[2023-07-15]. https://www.ssti.net.cn/html/xyjj/index.html.
③ 学院简介[EB/OL].(2022-03-16)[2023-07-15]. http://zsjsxy.367edu.com/?a=web.article&uid=9089&id=23119.

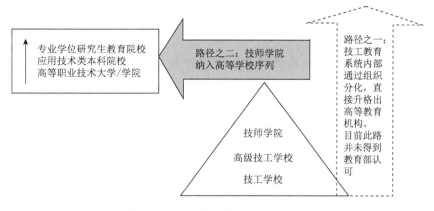

图 3-5　技师学院的组织分化路径

第二节　技师学院竞争合作与协同管理

竞合来源于合作竞争理论（cooperation-competition theory）。合作竞争理论，源于对竞争对抗性本身固有的缺点的认识和适应当今复杂的经营环境。随着零和博弈被正和博弈所取代，越来越多的学者加入竞合关系的研究中。有学者对竞合理论的相关研究进行了总结，认为已有竞合理论的研究主要回答了四个方面的问题：竞合的内涵和过程、竞合关系的前因变量、竞合关系的结果变量、竞合关系的类型。在竞合关系的类型方面，有学者根据粤港澳大湾区高等教育集群发展的情况提出同质性和异质性两种类型[①]。竞合理论的核心逻辑是共赢性，管理者要从传统的企业间非赢即输、针锋相对的关系，改变为更具合作性、共谋更大利益的战略合作伙伴关系。对于技工教育的技师学院与职业教育中的高职院校而言，它们之间同样既存在着竞争性，又存在着合作性，适合走"竞争+合作"之路。

一、竞合发展的战略内涵

技工教育的存在与发展、技师学院的转型与升格，一方面必须面对教育系统举办的职业院校所带来的巨大竞争压力，特别是生源竞争压力，另一方面，又必须与之保持互补、合作关系，以共同建设中国特色现代职业教育体

---

① 王旭初，黄达人. 历史同源与类型竞合：职业本科与应用型本科关系的厘清与重塑[J]. 国家教育行政学院学报，2022（9）：30-37，83.

系。两者之间的竞争往往更易得到认识和讨论，而两者之间的合作较少受到关注。

　　有关调查表明，人社系统的技工教育在与教育系统的职业教育竞争发展的过程中，所面临的困难、问题和制约性瓶颈主要有：生源质量差、师资短缺、社会认可度低、投入不足、政策落实不到位、专业趋同、特色不突出、校企合作融合不够、教师待遇缺乏吸引力、升学通道不畅、干部轮岗太快等；亟须获得的政策支持主要有：应与教育系统的职业院校建立统一的招生平台，避免恶性竞争，加大经费投入，落实毕业生待遇，学历互认，提高民办教师待遇，建立毕业生跟踪服务体系与机构，打破传统人事制度，完善激励机制，搭建公共教学及科研平台等。① "高级工+成人大专"的组合，尽管增强了技工院校所培养的高级工的竞争力，但也暴露了技工教育在颁发文凭学历、赢得国民教育待遇方面的竞争劣势和生存尴尬。

　　技工教育的存在与进化、技师学院的改革与发展，一方面必须建构起"政府—企业—技工院校"之间的合作关系，另一方面又必然面临着"政府—企业—技工院校"之间在办学和育人等方面绩效的竞争关系。其中，既有基于不同层级政府之间的竞争关系——比如，不同地区技工教育的招生竞争，国家、省、市、县不同层级政府的人力资源和社会保障部门在推进技工教育发展方面的政策执行方式和绩效发展目标的竞争，也有基于不同企业之间的竞争关系——比如，哪些企业能够更好地切入到技工教育的新型学徒制体系之中，哪些技工院校能够吸引到更具竞争力、更愿意为技工教育提供赞助的优质企业。

　　正因为存在上述两个方面的竞争与合作关系，即人社系统的技工教育与教育系统的职业教育之间的竞争与合作，"政府—企业—技工院校"之间的竞争与合作，技师学院的可持续发展、转型发展，特别是以争取纳入高等学校序列为目标的升格发展，必然要适应极富辩证法的"竞合"发展逻辑。

　　博弈理论与实务专家布兰登博格（Adam M. Brandenburger）和奈勒波夫（Barry J. Nalebuff）在《竞合策略：商业运作的真实力量》一书中，把"竞合策略"作为博弈理论的应用，理解为创造价值与争取价值的理论。该理论认为，创造价值的本质是合作的过程，争取价值的本质是竞争的过程。②

　　竞合战略的主要观念是增加互补者（complementors），运用互补者的战

---

① 广州市职业技术教研室. 广东省技工教育内涵建设研究[R]. 2015.

② 何庆明, 戴丽萍. "竞合"理论的帕累托效应研究[J]. 华南农业大学学报(社会科学版), 2004(3): 58-62.

略可使产品和服务变得更有价值。从互补理论出发，竞合战略告诫人们，商业运作是竞争与合作的综合体。在做蛋糕的时候，商场是讲求合作；在分蛋糕的时候，商场是讲求竞争。单纯的竞争、单纯的合作，都不会带来最佳的发展效果；在既合作又竞争的精神指导下，有些情况下"赢输"模式最有效，有些情况下"双赢"模式才明智，但不管怎样，在竞争中共同发展进步、实现优胜劣汰，在合作中谋求更好的共存方式，才是不可废弃的基本原则。受竞合战略思维的影响，在英语中出现了 competition（竞争）和 cooperation（合作）的组合词 co-opetition。[①]

在技工教育以技师学院为龙头的发展过程中，客观存在着竞争与合作并存的事实，因此问题的关键在于，如何遵循竞合规律，促进技师学院的改革与发展。

第一，要树立竞合以共赢的理念。竞合关系有利于构筑技工教育组织内的持续创新动力、引发创新活动，进而提高整个技工教育系统的技术水平和竞争力。

第二，要认清竞合主体。对于企业而言，竞合主体的选择是非常关键的一环，主体选择不当很可能导致竞合战略失败。但对于技师学院而言，竞合主体在类型上虽然不可选择，但在具体的竞合对象上是可以选择的。企业倾向于构建产业集群以降低选择竞合主体的成本并控制风险；受此启发，技师学院组建职业教育集团不失为一种明智的选择。

第三，要建立竞合关系。竞合关系是在选择竞合主体的基础上建立的，主体不同将导致竞合关系的不同；同一时期同一技师学院可以有多种竞合关系并存。

第四，实施竞合行为。在各种竞合关系中，竞争与合作并非此消彼长，而是分属于不同的强度；从逻辑上讲，可形成四种竞合行为：弱竞争弱合作的行为、弱竞争强合作的行为、强竞争弱合作的行为、强竞争强合作的行为。

第五，要提高竞争优势。技师学院积极创造各种有利条件，灵活多变并最大限度地利用自身的竞争优势，与其他组织在各个方面进行单项或多项合作。这有别于传统意义上的纯粹竞争，是获得竞争优势的合作方式、秩序及过程，目的是维持、强化技工教育本身的竞争优势。

技师学院的竞合发展，牵涉到多个领域、多个方面的竞争与合作关系，既要关注校企之间的竞争与合作，又要关注普通教育与职业教育之间的竞争

---

① 孙晓绯, 李春华. 竞合理论与企业战略联盟核心竞争力[J]. 经济管理, 2005(3): 40-42.

与合作，还要关注教育系统的职业教育体系与人社系统的技工教育体系之间的竞争与合作。这些方面的竞争与合作关系，既需要建立起各方利益相关者彼此沟通、互相融通的"立交桥"，还需要挖掘和彰显技工教育的办学潜力、强化并提升技师学院的核心竞争力。

二、技师学院竞合发展的战略目标

在推进工业4.0、落实2035中国制造实现智能升级的时代背景下，从人才强国与现代职业教育体系构建的国家发展战略看，从现代产业体系和现代技工教育体系建设目标看，技师学院纳入高等学校序列的序幕已经开启。从技工教育发展条件看，从各省份的实践创新看，从技师学院的发展现状看，技师学院纳入高等学校序列是必然之势，但需进一步厘清技师学院发展的战略目标，以便明确发展原则与发展定位，彰显技师学院的功能特色，形成更富特色、更具活力的办学机制。

（一）根基于技工教育

技工教育，首先是而且从根本上讲是一种教育活动，因此它必须遵循教育的基本规律，依赖教育的基本要素以保持有序运行。教育，与人类社会共始终；且在人类社会的不同发展阶段，都有不同的认识、理解和解释。

在现代教育学中，教育被区分为广义与狭义两种概念。广义的教育，泛指一切培养人的社会活动。凡是有目的地对受教育者的身心施加影响，使之养成教育者所期望的品质的活动，不论是否有组织，不论是系统的还是零碎的，都是教育，家庭教育、社会教育、学校教育皆统括在其中。狭义的教育，通常是指学校教育，即根据一定社会或阶级的要求，遵循人的身心发展规律，对受教育者所进行的一种有目的、有计划、有组织的传授知识技能、培养思想品德、发展智力和体力的活动。狭义的教育，有明确的教育目的，有专门的教育机构，有固定的专职教师，通过一定的组织形式，对受教育者施加系统的影响。从构成要素来看，狭义的教育离不开"教师—学生—知识（能力、技能）及其组织形式——教育教学中介"等基本要素。教育实践的有序运行，离不开上述基本构成要素及其有机组合。

从根本上讲，所有教育都具有职业性质，或者说都是以职业为最终目标的——这是广义的职业教育；但从狭义的角度看，职业教育指的是萌芽于工业革命早期、成熟于19世纪末和20世纪初的现代职业教育。

在我国，现代职业教育属于舶来品。如前所述，"职业教育"几经争论和发展，最终写入 1982 年版《宪法》，并随着 1996 年《职业教育法》的颁布，成为正统称谓。

技工教育是培养学生掌握在某类职业、行业或岗位从业所需的实际技能、知识而设计的一种职业教育，其目标是培养满足经济社会发展需要的具有一定政治文化素质，面向生产、技术、管理、服务第一线的初、中、高级技能操作型或技术应用型的技能人才，是一种培养和训练职业岗位能力的职业教育。在技工教育体系中，技师学院是其顶端层次机构。

技工教育体系以及技师学院，具有一些鲜明的特色。

第一，它以充分就业为目标。技师学院承担着提升岗位工人技能水平、为企业培养高技能人才的重要职责，且自新中国成立以来已经在事实上为产业发展、经济转型、社会管理提供了大批高素质技术技能人才，在促进就业、服务社会和改善民生方面发挥了不可替代的作用。

第二，它以技能提升为根本。与高职院校不同，技师学院的职业教育不是以学科逻辑为依据，而是以生产规律为指导，教学过程以技术、技能为核心，着重培养学生熟练的专业技术技能，以职业岗位要求为考核标准，同时注重培养学生的职业素质和职业技能，要求毕业生掌握必要的专业理论知识、形成综合运用专业知识解决具体问题的操作能力、解决生产现场突发性问题的应变能力。

第三，它以产业发展为依据。技师学院以服务区域经济发展为动力，以劳动力市场需求为导向，专业设置与课程开发对应职业领域专业岗位的高端技能，是推动产业转型升级的生力军。

第四，它以职业资格（技能等级）为载体。技师学院在学制教育部分开展"毕业证书+职业资格证书"的"双证书"制度，保证技能教育质量，并面向社会岗位开展技能提升训练、技术研修等业务，是职业技能交流与各级技能人才考核评价的重要平台。

第五，它以校企合作为优势。校企合作已经成为技师学院的一项基本办学制度，是技师学院职业教育质量的制度保证，是技师学院发展的生命力源泉。企业需要技师学院培养的高技能人才，技师学院需要企业丰富的教学资源；企业为技师学院提供丰富的教学资源，技师学院为企业提供高技能人才；企业和技师学院，双方在不同资源供给方面互为供求者。只有坚持以上办学特色，技师学院才能区别于高等职业院校，保持并彰显自身特色和优势，才能避免学历化的错误倾向，成为高等职业教育体系中不可替代的重要组成部分。

技师学院是培养高级技能型人才的院校，是高等职业教育的组成部分，与高等职业院校的层次相当。但不同的是，技师学院形成与发展的本源是技工教育。因此，纳入高等学校序列后，技师学院的发展首先要坚持技工教育办学特色，要立足于成为企业高技能人才队伍建设的综合基地，以培养企业一线高级技工、预备技师为主要任务，同时通过开展企业一线技术工人岗位技能提升训练、技术研修等业务，成为高端职业技能交流与技能人才评价的重要平台。

（二）拓展技工教育的发展空间

要想纳入高等学校序列，技师学院的发展和建设必须满足高等学校的设置标准，必须解决技师学院与高等职业院校相比较而言的办学条件不足和政策弱势等问题，与高等职业院校建立起平等竞争关系。技师学院不仅要扩大发展规模、推进基础设施建设，还要加强专业建设、促进教学改革，更要加快师资队伍建设、彰显校企合作和职业技能训练等办学特色。要坚持技能人才培养的办学宗旨，扬长补短，拓展规模，更快更好地出人才，发挥高端引领技工教育的作用，提高技工教育社会地位且扩大技工教育的社会影响力和生源吸引力。

技师学院要想通过转型和升格而纳入高等学校序列，具有能力和资格举办高等教育性质的技术技能教育，必须瞄准未来发展方向，纵向拓展办学层次。在建设成为高等职业院校的基础上，深化技术技能教育、提高学历（学位）教育层次。通过加强技师学院与应用技术型大学在培养目标、专业设置、课程体系、教学过程等方面的有机衔接，借助弹性学制、学分互认和学分银行等教学管理制度，打通技师学院应用技能型人才深造发展的渠道，形成衔接本科教育、专业学位研究生教育的职业教育人才培养体系。

（三）拓展学生终身发展的渠道

技师学院技能教育采用全日制职业教育、成人职业教育、职业岗位技能培训等灵活多样的教育形式，将职业教育体系中的职前与职后教育有机地结合起来，满足从中等职业教育到高等职业教育、从中等职业资格到高等职业资格、从在校生到社会大众的不同层次和不同类型的职业教育需求及终身学习需求，创造了一个完整、连续的职业教育统一体。技师学院的培养目标、专业设置、课程设置、教学计划、教学大纲以及师资、设备等，都是基于技能、学历和素质提升的需要而设置的，符合终身化职业教育对教育资源的需求，是技师学院承担终身化职业教育使命、发挥终身化职业教育培训作用的优势所在。[①]

技师学院纳入高等学校序列后，仍需承担终身职业教育的功能。技师学院紧扣校企合作平台，发挥技术和人才资源优势，满足企业的技术开发与服务、人才培养需求，为产学研合作注入新鲜血液，并掌握企业技术发展状态和技能人才需求动态，改进人才培养规格、教育模式和优化专业建设，促进学生职业能力持续发展。同时，技师学院的专业结构与培养定位要结合学生的发展需求，除了技能提升之外，更要关注学生综合素质的发展，为学生接受全面良好的素质教育提供可能。技师学院通过与其他高校开展高层次学历教育，将技师学院的技能训练优势与合作院校的教育资源优势相结合，满足学生职业技能提升与学历层次提升的需要，并为学生的终身发展奠定扎实的基础。

技师学院纳入高等学校序列，不是一个可以一蹴而就的短期建设目标，而是一个长远的发展方向，因此，技师学院的未来发展必须固守其本，坚持技工教育办学特色，发挥技工教育的办学优势，不断开拓发展空间，使技师学院在中国现代职业教育体系中成为独树一帜、不可或缺的职业教育类型。

三、技师学院竞合发展的战略重点

从目前的运行状况看，"技—职"两套职业教育体系之间存在着以等级划分为特征的"差序格局"。

"差序格局"的概念，由费孝通先生提出，且广泛用于阐释中国社会结构。费孝通认为，我们的社会结构"好像把一块石头丢在水面上所发生的一圈圈推出去的波纹。每个人都是他社会影响所推出去的圈子的中心"。[②]差序格局，并不带有贬义，也并不必然代表落后，它在中国是一种具有强大生命力的文化类型和社会结构；它不仅深刻地影响着中国传统社会结构，而且在现代社会通过与理性意志的悖论性结合，实现了创造性转化，形成了基于理性意志[③]，或者说基于感情、利益与伦理的新"差序格局"。[④]费孝通借助水波纹模型、

① 王联翔. 技师学院的终身职业教育功能探析[C]//中国职协 2013 年度优秀科研成果获奖论文集(中册). 北京: 中国职工教育和职业培训协会秘书处, 2013.
② 费孝通. 乡土中国·乡土重建[M]. 北京: 生活·读书·新知三联书店, 2020: 21.
③ 肖瑛. 差序格局与中国社会的现代转型[J]. 探索与争鸣, 2014(6): 48-54.
④ 柴玲, 包智明. 当代中国社会的"差序格局"[J]. 云南民族大学学报(哲学社会科学版), 2010(2): 44-49.

北极星中心的星图模型及人伦释义（"伦也，水文相次有伦理也"）等①，形象清楚地比拟"差序格局"概念的多维内涵。

"差序格局"概念，提供了以下三大社会学内涵：其一，中心与边缘的地位明确，并导致关系有远近亲疏之别；其二，有等级分化，地位有尊卑贵贱之差；②其三，有固化的秩序，对待不同主体采取不同的处理方式。

"差序格局"的上述三大特征，在中国的高等教育系统中一直存在③，在"技—职"两套职业教育体系之间同样有明显的体现。

首先，隶属教育系统的职业教育体系的中心地位牢固，隶属人社系统的技工教育体系常常处于边缘地位——这从技工教育的招生状况就可以得到明证；其次，隶属教育系统的职业教育体系处于等级上层，而技工教育体系较难回避下层地位；最后，从新中国成立之初两者分别确立了培养工人和干部的办学定位起，"技—职"两套职业教育体系的办学秩序就已基本固化，并且影响至今。因此，"技—职"两套职业教育体系之间的关系，表面看似横向分化关系，实则形成了纵向的差序格局。

"技—职"两套职业教育体系的差序格局，不利于建设现代职业教育体系，不利于技工教育的良性发展；技工教育未来的战略调整、技师学院纳入高等学校序列，基本方向应该是从差序格局向平行且交叉互补格局变革。在平行、交叉、互补格局中，技师学院的发展应坚持三大原则。

第一，应继续坚持互补发展。目前教育系统的中职学校、高职院校的招生制度中，选拔性招生特征仍然较为明显；而技工教育系统的招生，可以通过调整文化测试与技能测试之间的比例、优化考试方式，保证较好地突出技工教育的兜底性招生特征。

第二，应继续坚持错位发展。教育系统的中职学校、高职院校，以学历教育为主，同时日益突出职业资格（技能等级）证书的重要性。技工教育系统一方面通过招生和全日制培养，配套发放技工学校毕业证书、考核颁发相应级别的职业资格证书；另一方面，借助人力资源和社会保障部门的政策性鼓励，大力开展面向企业职工、农民工等人员的在职技术技能培训。全日制学历教育之外的多项其他职能，保证了技工教育系统与教育系统的中职、高职在服务定向上的错位发展、错位竞争。

① 夏玉珍, 刘小峰. 论"差序格局"对中国社会学理论的贡献[J]. 思想战线, 2011(6): 31-36.
② 阎云翔. 差序格局与中国文化的等级观[J]. 社会学研究, 2006(4): 201-213, 245-246.
③ 陈伟. 高等学校的差序格局及其变革[J]. 高等教育研究, 2015, 36(6): 1-8.

第三，应积极争取平等竞争的机会。在中国特色现代职业教育体系中，人力资源和社会保障部门的技工教育系统与教育部门的职业教育系统，在技工学校、高级技工学校与中职之间，在技师学院与高职（高专）院校之间，培养层次基本相同；从借助竞争机制以激活发展动力、挖掘发展潜能的角度看，技工教育要积极争取平等竞争的机会、创造平等竞争的条件、培育平等竞争的实力（图3-6）。

图3-6　"技—职"两套职业教育体系之间关系的战略调整

四、技师学院竞合发展的战略保障

（一）教育部—人社部的部门协同

技工教育是一种独具特色的职业教育。由教育系统（教育部—教育厅—教育局）主管的职业教育，与由人社系统（人力资源和社会保障部—各省人力资源和社会保障厅—各地市人力资源和社会保障局）主管的技工教育之间，存在诸多差异。

具体而言，首先是管理者不同，它们隶属于不同的行政管理系统。其次是举办目的不同。按照新中国成立初期的设定，教育系统的职业教育培养干部，技工教育培养工人。再次是人才培养定位不同。教育系统的职业教育着重培养管理服务型人才，技工教育着重培养专门技术工艺型人才；教育系统的职业教育理论性强于技能性，技工教育的技能性强于理论性，人才培养特点的差别导致两者的本质差异。最后，在经费来源、招生方式、培养模式等具体运行领域，两者也各不相同。这也就决定了人社系统的技工教育与教育系统的职业教育之间，存在着"同型不同样"（同属职业教育类型，但并非同样的职业教育）的细微差异；敏锐把握这些差异，是加快发展技工教育、促进技师学院改革的重要前提条件。

因教育部门与人力资源和社会保障部门的分流管理，"技—职"两类职业教育分化发展，且两者之间的差异越来越大、竞争越来越激烈，门户成见越来越深：技工教育系统往往会片面地认为，高职院校职业教育的学科性质浓厚，学历化倾向明显，职业实践技能训练虽然不断加强但在制度设计上相对薄弱；而教育系统的职业教育体系会认为，技师学院所提供的职业教育不够规范，教育管理不够成熟系统，职业理论水平不高。

这些成见和偏见，导致技师学院与高职院校难以融合，长期分割对立，技师学院一直被排除在高等职业教育体系之外，阻碍了职业教育体系的完善和技能人才的培养。但从根本上讲，技师学院的技工教育与高等职业院校的职业教育都面向人力资源市场，培养熟练掌握职业、行业或岗位从业所需的理论和技术、实践技能和职业认知的职业人，两者的办学都需要遵循人力资源市场规律、职业教育规律和技能人才成长规律。

所以，在构建现代职业教育体系和形成服务需求、开放融合、纵向流动、双向沟通的现代职业教育的体系框架和总体布局的任务要求下，技工教育与职业教育要加强交流与融合，将技师学院"纳入高等学校序列"以完善高等职业教育的层次结构。

故此，教育部门与人力资源和社会保障部门必须抛弃门户之见，克服部门之间的狭隘利益之争，跳出职业教育看职业教育。从高技能人才培养模式多样化的视角出发，加快完善高等职业教育体系，把技师学院纳入"高等学校序列"，加强学历高等职业教育与非学历高等职业教育的沟通与结合，促进高等职业教育办学模式、办学体制、教学内容与教学方法的多样化，拓宽高技能人才的培养渠道和成才路径。

劳动人事制度与育人教育制度的分离、用人需求与育人供给的脱节，都是职业教育过分"定界"所诱致的问题，容易造成企业、行业和工会等职业教育相关利益主体的"失语"，是限制中国现代职业教育体系建设的关键症结[1]，也是形成技工教育与职业教育并存且竞争发展的主要原因。解决"定界"问题的对策在于增强职业教育的跨界属性，建立"合作办学求发展、合作育人促就业"的良性互动机制。从职业教育行政管理机构多样、职业教育管理分割且职能交叉的现状来看，只有重组职业教育管理机构，才能增强职业教育管理部门的统筹协调能力。

中国曾尝试推进的大部制改革，核心旨趣就在于促进整合与融通。其具体启示在于，各级政府贯彻改革理念，逐步推动职业教育管理组织的沟通，厘清教育系统的职业教育与人社系统的技工教育的权责，借助职业教育联席会议制度的平台，组建国家职业教育机构，建立统筹教育行政部门、人力资

---

① 姜大源. 关于建立"国家职业教育局"的建议[J]. 中国职业技术教育, 2013(31): 92-93.

源和社会保障部门和专业部委、行业协会及企业的相关资源的综合管理机构，实现人力资源开发和使用的综合配置、协调发展，并充分发挥工会和企业行业参与职业教育管理的作用，以实现职业教育资源的统筹以及职业教育发展与改革的综合协调。[①]也许未来，政府机构改革会再次将技工教育纳入职业教育，并归属于一个部门管理。但两者的差异，特别是技师学院办学的特色，最好也不应随着管理部门的变化而发生扭转。

为此，首先必须认识到，高等职业教育不再是教育部门独有的领地，仅凭教育部门一己之力、仅仅借助高等职业院校仍不足以解决高技能人才的供需矛盾。其次，人力资源和社会保障部门所具备的劳动就业制度、行业企业资源是高技能人才培养的优势，技师学院已经成为高技能人才培养的主要渠道，但它们在职业教育领域仍有劣势和一定的不足。最后，高等职业教育与技师教育的壁垒只会引起管理的无序和运行的低效率，会制约高素质技能人才的培养。

因此，要在管理体制上为现代职业教育体系的构建注入新的发展动力，加快加强教育部门与人力资源和社会保障部门的协调与配合，以便更少阻力地将技师学院"纳入高等学校序列"，促进教育资源与职业资源的融合，推动高等职业教育与技师教育的有机整合，从而破除大职业教育领域的部门职能交叉、校企供需脱节的弊端。[②]

（二）政府与技师学院之间的政校协同

技工教育目前的"大规模、高增长、强吸引力、高成才率、高就业率"等特征，在职业教育领域形成了极富示范价值的技工教育特色。技工教育的政府主管部门认为，政府的支持和资助是技工教育发展的核心动力。比如，就广州市的技工教育系统来看，技工教育"广州模式"的重要内涵之一就是"政校企"一体办学，重要特征之一是"行政主导"[③]，并认为"行政主导"是广州技工教育得以快速发展并取得重大成就的重要法宝。但从高位发展的角度看，技工院校要想取得进一步发展，必然呼唤调整政府与技工院校之间的关系、扩大技工院校的办学自主权。

为了回答清楚这些问题，亟须厘清以下关键性问题：政府的角色是什么？

① 姜大源. 刍议如何做好职业教育这篇大文章[J]. 教育与职业, 2015(32): 5-8.
② 姜大源. 刍议如何做好职业教育这篇大文章[J]. 教育与职业, 2015(32): 5-8.
③ 崔仁泉, 黄远飞. 广州模式: 现代技工教育体系探索[M]. 北京: 中国劳动社会保障出版社, 2011: 1-162.

技工学校的角色是什么？政府与技工院校之间的关系如何处理？如何界定政府作为技工教育的举办者、管理者角色，如何界定技工院校作为办学者的角色？如何定位、如何协调技工教育的举办者、管理者、办学者三者之间的关系？"管办评"分离是否必要、如何可能？政府是技工教育的管理者、公办技工教育的举办者，但是否必然是、应该是人才培养过程中的主导者，或者说是否应该在技工教育中发挥"主导"作用？技工院校是否应该有、有哪些办学自主权？如何落实技工院校的办学自主权？特别重要的是，作为技工教育系统的领头羊的技师学院，应该享有哪些办学自主权？

1. 政校关系调整的总体走向

在中国的政治、行政管理领域，"治理"已经成为改革的核心理念。党的十八届三中全会提出："全面深化改革的总目标是完善和发展中国特色社会主义制度，推进国家治理体系和治理能力现代化。"强调"国家治理"而非"国家统治"、强调"社会治理"而非"社会管理"，不是简单的词语变化，而是思想观念的发展。"治理"的概念不同于"统治"的概念，从统治走向治理，是人类政治发展和管理优化的普遍趋势。治理是一种偏重于工具性的行为，是实现一定社会目标的手段。

国家治理体系就是规范社会权力运行和维护公共秩序的一系列制度和程序。它包括规范行政行为、市场行为和社会行为的一系列制度和程序，政府治理、市场治理和社会治理是现代国家治理体系中三个最重要的次级体系。有效的国家治理涉及三大基本问题——谁治理、如何治理、治理得怎样，依赖于国家治理体系的三大要素——治理主体、治理机制和治理效果。国家治理的理想状态，就是善治；善治不同于传统的政治理想"善政"或"仁政"，但善治必然需要依赖于善政——公共权力运行的制度化、规范化、民主化、法治、效率、协调，还要依赖于良好的社会治理（表3-4）。①

表 3-4 统治与治理的比较

比较项目	统治	治理
权力主体	主体是单一的，即政府或其他国家公共权力	主体是多元的，除了政府外，还包括企业组织、社会组织和居民自治组织等
权力的性质	强制性	可以是强制，但更多是协商的

① 俞可平. 推进国家治理体系和治理能力现代化[J]. 前线, 2014(1): 5-8, 13.

续表

比较项目	统治	治理
权力的来源	强制性的国家法律	除了法律外，还包括各种非国家强制的契约
权力运行的向度	统治权力运行是自上而下的	治理权力运行可以是自上而下的，但更多是平行的
权力所及的范围	统治所及的范围以政府权力所及领域为边界	治理所及的范围则以公共领域为边界，因此范围更为宽广

　　在政治生活中，中国改革的重点在于如何理解与落实"从统治到治理"的转变。从政府行政管理的角度看，则是重在如何理解与落实"从刚性的行政管理向柔性的多元治理"的转变。这种转变，涉及一切公共领域，当然也包括技工教育的改革与发展。

　　换言之，在发展的新常态背景下，必须深入研究如何改善与落实技工教育工作、技师学院办学"如何从管理向治理转变"、如何治理以及治理效果如何评价等问题。根据治理的国家理念及政府职能转变所提出的新要求，技工教育治理体系和治理能力的现代化，技师学院的善治等，至少需要思考以下问题。

　　第一，如何界定政府和技工院校之间的关系。治理理念会提出这样的忠告，即深思政府是技工教育发展之"主导"的观点，统筹政府主导技工教育发展、技师学院办学之政。政府、技工院校之间的关系，不是谁主谁从的地位划分，而应是角色分工的差别。在技工教育领域，有三大支撑性角色：举办者、管理者、办学者。举办者，即技工教育的出资者，可以是政府——由此而举办的是公办技工院校，也可以是公共财政之外的其他主体（包括私人资本、企业集团、公私混合法人等）——由此而举办的是民办技工院校或混合所有制技工院校。管理者，只能是政府，这是中国教育行政管理的必然要求。办学者，只能是技工院校，包括技师学院。技工教育的举办者、管理者、办学者的关系，呈现为三角形关系，而非线性的上下级关系。举办者、管理者、办学者，皆需正确地在位，都应防止错位、越位、失位，都要各安其位、各守其责（图3-7）。

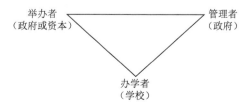

图3-7　技工教育的举办者、管理者、办学者之间的关系

第二，如何协调好"政府对技工教育的顶层设计和宏观管理"与"技工院校对技工教育的特色探索和主动创新"之间的关系。对于举办者而言，容易出现的问题是出资投入时的缺位，进而导致投入不够、资源不足；对于作为管理者的政府而言，需要反思的则是，政府的教育行政管理应该如何彰显治理的理念；对于作为办学者的技工院校而言，需要谨慎防止的问题则是，如何避免政府越位、代替技工院校思考办学问题、决定办学细节。协调好举办者、管理者、办学者三种角色分工，防止出现各种越位、缺位、失位的问题，亟须协调好政府顶层设计与技工院校的地方性实践、政府的宏观管理与技工院校的个性化发展之间的关系，既要鼓励彰显、积极总结技工院校的个性化经验，还要保持政府、技工院校双方的有效协同。

2. 政校关系调整的核心内容

技工教育是职业教育的类型之一，技师学院是技工教育的重要机构；职业教育的职业性特征，要求在政府与技工院校之间的关系中引入"社会"（广义的理解，包括除政府和技工院校之外的所有其他利益相关者，因此它包括但不限于市场）这个第三方因素，要求职业教育的办学必须关注社会的需求、回应市场的反应；换言之，职业教育管理者在协调政府与学校的关系时，必须引入社会的因素，在政府、技工院校、社会三者之间构建起"管—办—评"的相对分离关系。

在"政府—技工院校—社会"三者之间坚持"管办评"分离，其目的是在转变政府职能、释放技工院校的办学活力的同时，让作为用户的"社会"参与到技工教育系统之中，在丰富办学资源、调整办学方式、活化人才培养模式、提高人才培养质量等方面发挥积极作用。综观国内不同地区技工教育的发展状况，若政府与技工院校的关系不能协调好，难以形成"各安其位、各守其责、协同合作、共谋发展"的良好格局，原因往往在于政府越位过多、用力过猛、管理过细，而技工院校该办的事不能办、不敢办、不愿办，社会的声音又难以进入教育过程，这就极易造成双输的局面。与此相对应，"政府宏观管理、技工院校自主办、社会广泛参与、利益相关各方职能边界清晰、多元主体共治"的格局，是技工教育系统"管办评"分离的体制改革目标；给政府减负、给学校松绑、让社会满意，是技工教育系统"管办评"分离的终极目标。

在"管办评"分离的新型关系中，政府怎么管？应该重在简政放权、创新管理方式，以便为技工院校营造良好的办学环境。政府应该由办技工教育向管技工教育转变、由技工教育管理向技工教育服务转变，政府的管理应由微观走向宏观、由直接走向间接，政府的职能应体现在综合运用法律法规、标准、规划、政策、公共财政、信息服务等手段引导和支持学校发展上，尤其要体现在通过教育政策、教育规划、监督管理等柔性方式落实技工教育的管理意图上；政府应重在"把方向、立规矩、订标准"，并自觉防止越位和缺位，防止使技工院校陷入"一管就死、一放就乱"的恶性循环之中，自觉培养技工院校的自主办学能力。

在"管办评"分离的新型关系中，技工院校怎么办？技师学院应该怎么办？应该权责明晰、依法办学，让技工院校真正享有独立事业法人的各项应有权利，并以特色和活力赢得尊严，以竞争优势和内涵建设拓展办学空间和发展机遇。

在"管办评"分离的新型关系中，技工院校的教育教学、人才培养怎么评？首先，评价可以是多类型的——有政府评价①、社会评价、学校的自我评价等不同类型的评价，而且目前的教育评价倾向于不同类型评价的整合。其次，评价可以是多层次的——合格评估是认证模式的评估，重在评基本的办学条件、教学管理、教学质量，达到底线标准即可；水平评估属于选优模式的评估，关注的是教育质量的引领高度，重在评办学水平的前瞻性、先进性和高水平，旨在好中选优；审核评估包括外部审核、内部审核等，可以不设指标体系，只给定审核范围，重在评估被评估者是否达到自身设定的目标，评估结论不分等级，只形成旨在帮助被评估者发展和改进的写实性审核报告。最后，评价应该是独立的、中立的、专业的和非营利的。

技工教育的"管办评"分离，并不意味着"管办评"的分割，事实上应该是"管办评"在分工、互动、协同基础上的相对分工，即政府、技工院校、包括行业（企业）在内的大"社会"之间，既需要保持深度交流、密切合作，又需要相对分离、各司其职。

3. 政校关系调整的战略重点

政校关系的调整和优化，目标在于形成"政府宏观指导、学校自主办学、政府和学校基于分工合作和协商治理的理念共建和谐的政校关系"，关键在

---

① 教育部教育质量评估中心(https://www.heec.edu.cn/)，前身是 2004 年经中央机构编制委员会办公室批复同意、教育部党组决定设立的教育部高等教育教学评估中心。其评估体系中最值得关注的有两项：一是院校自身质量报告的编制，包括普通高等学校本科教学质量报告、高职（高专）院校人才培养质量报告；二是由该评估中心组织的院校评估，包括合格评估、审核评估。

于明确界定、有效保护、切实落实技工院校的办学自主权。

对于高等学校，《高等教育法》明确规定了七大办学自主权；对于职业院校，特别是对于技工院校，赋予并尊重其办学自主权已经成为共识，但是，技工院校到底拥有哪些办学自主权，如何落实技工院校的办学自主权等问题，其实并未得到应有的重视和合理的解决。因此特别建议：组织专家团队，具体探讨和详细梳理适合国情和教情、有助于技工教育系统和技师学院良性发展和有序运作、有益于技工教育系统和技师学院转型升格的技工院校办学自主权"清单"（表 3-5）。

表 3-5　各类学校的办学自主权

办学主体	办学自主权的内容
职业院校	职业院校的办学自主权，包括学校定位、发展目标、人才培养模式、课程选择、专业设置、教师管理、自主招生、校企合作、经费使用等方面的权力。① 2014 年 2 月 26 日，国务院总理李克强主持召开国务院常务会议，部署加快发展现代职业教育工作，提出创新职业教育模式，扩大职业院校在专业设置和调整、人事管理、教师评聘、收入分配等方面的办学自主权；建立学分积累和转换制度，打通从中职、专科、本科到研究生的上升通道；引导一批普通本科高校向应用技术型高校转型；积极推进学历证书和职业资格证书"双证书"制度②
技工院校	"落实技工院校在人事管理、教师评聘、绩效工资分配等方面的办学自主权。"——《人力资源社会保障部关于推进技工院校改革创新的若干意见》（人社部发〔2014〕96 号）
高等学校	《高等教育法》 第三十二条　高等学校根据社会需求、办学条件和国家核定的办学规模，制定招生方案，自主调节系科招生比例。 第三十三条　高等学校依法自主设置和调整学科、专业。 第三十四条　高等学校根据教学需要，自主制定教学计划、选编教材、组织实施教学活动。 第三十五条　高等学校根据自身条件，自主开展科学研究、技术开发和社会服务。 国家鼓励高等学校同企业事业组织、社会团体及其他社会组织在科学研究、技术开发和推广等方面进行多种形式的合作。 国家支持具备条件的高等学校成为国家科学研究基地。 第三十六条　高等学校按照国家有关规定，自主开展与境外高等学校之间的科学技术文化交流与合作。 第三十七条　高等学校根据实际需要和精简、效能的原则，自主确定教学、科学研究、行政职能部门等内部组织机构的设置和人员配备；按照国家有关规定，评聘教师和其他专业技术人员的职务，调整津贴及工资分配。 第三十八条　高等学校对举办者提供的财产、国家财政性资助、受捐赠财产依法自主管理和使用。 高等学校不得将用于教学和科学研究活动的财产挪作他用

---

① 胡卫. 职业院校亟待扩大办学自主权[J]. 上海教育评估研究, 2014, 3（3）: 1-3.

② 国务院: 扩大职业院校办学自主权[EB/OL]. (2014-02-27)[2023-07-16]. https://www.gov.cn/jrzg/2014-02/27/content_2624692.htm.

4. 地方政府的全面统筹

由于教育部门与人力资源和社会保障部门之间的部分管辖权存在"分割—冲突"关系，人力资源和社会保障部门全面拥有技工教育的举办权和管理权、统筹技师学院发展的管理体制逐渐不太适应新的发展形势。

为了弥合人力资源和社会保障部门与教育部门之间的"两张皮"现象，一些地市、省域逐渐改革，把技师学院由人力资源和社会保障部门管辖调整到归属地市、省级政府直接管理。由于技工院校和职业院校都围绕服务区域建设、培养技能人才的目标开展教育教学，所以地方政府经常协调教育管理部门与人力资源和社会保障管理部门以共同培养技能人才。因此，推动技师学院纳入高等教育体系、加快技师学院"纳入高等学校序列"的步伐，地方政府乐见其成。

又鉴于"中央—省域"两级管理体制下地方建设更具灵活性、中央决策更具战略性的特点，中央与地方应相互配合，互为补充，中央要重视区域的发展创新，地方要以实践积极回应中央的战略决策，加快现代职业教育体系的建设。

第三节　技师学院体系跨界与资源整合

跨界，是职业教育的天然属性。[①]职业教育的跨界，强调教育与产业对接、学校与企业对接、专业设置与职业岗位对接、课程教材与职业标准对接、教学过程和生产过程对接，要求学校围着市场转、专业围着产业转、人才培养围着企业转。跨界，是职业教育的基本特征，是职业教育生存与发展的基本能力；跨界，也是技工教育系统和技师学院整合资源、寻找新的生存空间和发展机遇的重要方式。因此，技师学院的战略发展，须密切关注跨界，从单极思维向多极思维转变，采他山之石以攻玉，纳百家之长而厚己。

一、跨界发展的内涵

在学生的技术技能培养领域，职业教育必然与企业、社会等存在着物理边界、社会边界、心理边界等，也必然需要通过"跨界"思考、"跨界"实践才能达成培养目标；在学生成长领域，职业教育是介于学校与社会之间的

---

① 崔永华, 张旭翔. 论职业教育的"跨界"属性[J]. 教育发展研究, 2010, 30(17): 43-46.

中介过渡阶段，职业教育既需要"跨界"连接学校与社会，也需要"跨界"借力，以保证学生顺利实现从学校到社会的过渡；在职业教育发展领域，更是需要借助"跨界"的策略，以赢得生存空间和发展机遇。

技师学院跨界发展的总体特征应该是，从"被动跨界糅合"向"主动跨界整合"转变。所谓被动跨界糅合，即在利用目前已经掌握的技工教育资源的基础上，基于学生发展的需求，被动地跨界利用其他系统的其他资源（比如教育系统的学历文凭资源，特别是非全日制的学历文凭资源），谋取技工教育的发展机遇、扩大技工教育的生存空间。所谓主动跨界整合，意即在目前已有资源的基础上，主动进行政策创新、组织借力、资源共享等，以谋求更大程度的发展与提升。

技师学院跨界发展对策的重点在于基于政策创新的组织重构。基于政策创新的组织重构，一直是中央在研讨人社系统的技工教育体系和教育系统的职业教育体系之间关系时关注的焦点。

从历史的角度看，新中国成立以来，两套职业教育体系历经 1964 年之前的并行不悖期、1964—1978 年的合并停滞期、1978 年至今的竞争发展期。[①]

在 1964 年之前的并行不悖期，职业学校主要通过接管、改造原有的职业学校而建成，并于 1951 年底基本完成，旨在培养初、中级技术人才；1954 年国家规定中等专业学校开始招收实践毕业生，学习 3—4 年，培养中级技术和管理人员，从而形成了中等专业教育制度的基本模式。与此同时，为了社会稳定，国家开设大量的训练班，对失业人员进行非学历的技能训练，从而形成了第一批技工学校；1953 年 5 月中央劳动就业委员会、内务部、劳动部联合召开劳动就业座谈会，提出要根据生产发展要求，以生产实习为主，培养技术工人。

在此期间，技工学校毕业生是工人身份，作为职业教育主体的普通中专学校毕业生身份是干部，两者的身份差异导致双方彼此分立且并行不悖。

在 1964—1978 年的合并停滞期，国务院在 1964 年将技工学校的综合管理工作由劳动部划归教育部，而地方劳动行政部门办的技工学校仍由劳动行政部门直接领导，"技—职"至此并轨；"文化大革命"期间，两者皆陷入瘫痪状态。"文化大革命"后，进入了"技—职"竞争发展期。

1978 年 2 月经国务院批准，教育部和国家劳动总局联合下发《教育部、国家劳动总局关于全国技工学校综合管理工作由教育部划归国家劳动总局的

---

① 陈庆礼. 并流或统一：技工教育与职业教育关系走向探析[J]. 南方职业教育学刊, 2015, 5（3）: 7-10, 29.

通知》，"技—职"两分，且开始出现竞争；1984年劳动人事部发文《关于不得随意改变技工学校性质的通知》，坚决抵制"有的地区、部门把一些条件较好的技工学校改为中专"的行为。

《劳动和社会保障部关于对技工学校管理体制问题的复函》（劳社部函〔1999〕180号）强调，技工学校是开展劳动预备制培训、下岗职工再就业培训以及在职职工培训的重要基地，也是实行职业资格证书教育的重要依托，因此，技工学校的改革和发展应当受到重视，不能削弱。关于技工学校管理体制问题，经国务院有关领导协调，原劳动部、国家教育委员会已就此达成"教育工作的宏观管理在国家教委、职业培训的归口包括技工学校的管理在劳动部"的一致意见。这次政府机构改革后，在国务院办公厅下发的《劳动和社会保障部职能配置、内设机构和人员编制规定》中，明确规定劳动和社会保障部负责"在国家教育工作方针、政策的指导下，制定技工学校的发展规划和管理规则"。据此，技工学校的改革和调整工作被确定在劳动保障部门的指导下进行。

分化导致竞争，而在"竞争—合作"战略框架下，"技—职"教育之间不但存在既有的竞争，也能保持一定的合作；在这种战略框架下，技师学院不但需要继续挖掘自身的竞争潜力以便赢取竞争优势，而且也需通过与教育系统的职业教育体系进行跨界合作，以便拓展生存空间、赢得更强劲的发展机遇。梳理已有的各类政策，且如果撇开这些政策在时间上的先后顺序，则可以发现相关政策的内在逻辑关系，并借助政策层次的逻辑划分，为技师学院的发展探寻出可供利用的不同层次的政策空间。

二、"技—职"两套体系的跨界整合

"技—职"两套体系的跨界整合，初级境界是"技—职"并流。"技—职"并流的基本特征是，两套职业教育体系的相对分化状态保持不变，但加强统筹协调，既有竞争又有合作。

"并流"统筹的首要表现是毕业待遇相同。在"技—职"两套职业教育体系彼此分化的背景下，为了在政策上认可技工教育的已有贡献和现实价值，也是为了进一步彰显技工教育的人才培养功能、缩小技师学院的竞争劣势，从政策上认可并重点保证落实两者毕业生的待遇彼此参照、保持相同。《人力资源社会保障部关于推进技工院校改革创新的若干意见》（人社部发〔2014〕96号）规定，"落实技工院校毕业生待遇政策。技师学院高级工班、预备技师（技师）班毕业生，参加企事业单位招聘、确定工资起点标准、职称评定、职位晋升等方面，按照全日制大专学历享受相应待遇政策，并按国家有关规定享受高校毕业生就业创业政策。技师学院取得高级工及以上职业资格的工程技术类专业毕业生，可按有关规定参加专业技术人员职称评聘，构建技能人才成长'立交桥'"。待遇的等值，在后续文件中被一再强调，但一直没有得到真正落实。

"并流"统筹的政策保障在于坚持"统一招生政策、统一招生计划、统一招生代码、统一招生平台"。《人力资源社会保障部关于推进技工院校改革创新的若干意见》（人社部发〔2014〕96号）规定，"扎实做好技工院校招生工作。各级人力资源和社会保障部门要与教育部门加强协调配合，加大对技工院校招生工作的组织领导和统筹协调，将技师学院纳入高等职业院校招生平台，落实高级技工学校、技工学校与中等职业学校'统一招生政策、统一招生计划、统一招生代码、统一招生平台'的要求，稳定全日制招生规模，扩大非全日制招生规模"。

以毕业待遇等同为目标、以"统一招生政策、统一招生计划、统一招生代码、统一招生平台"为保障，"技—职"两套职业教育体系初步具备了并流统筹、竞争合作的政策依据和实践基础；切实落实这两大要点，有助于进一步促进技工教育的良性发展、促进技师学院的跨位发展。

"技—职"两套体系跨界整合的高级境界是"技—职"合流。"技—职"合流的基本特征是，两套职业教育体系实现资源共享甚至合而为一。具体而言，"技—职"合流有三种方式。

一是合并式合流。即借助"职业教育局"之类的机构实现"技—职"合流[1]——这种方式目前因中央政策存在瓶颈而较具难度。

二是吞并式合流。从逻辑上讲有两种可供选择的方案："技—职"两套职业教育体系要么全面纳入技工教育系统，要么全部纳入教育部所辖的中职、高职系统，换言之，即职业学校划归人力资源和社会保障部门，或者技工学校划归教育部门——这种合流方式目前也较难实现。

三是交叉式合流，即将"技—职"两套职业教育体系的部分职能、部分资源，通过互通有无的方式，进行交叉式合流。具体而言，交叉式合流方式目前可供选择的实践措施有两条：一是在人才培养领域，技师培养学制化；二是在院校机构领域，将"符合条件的技师学院纳入高等学校序列"（图3-8）。

---

① 姜大源. 关于建立"国家职业教育局"的建议[J]. 中国职业技术教育，2013(31)：92-93.

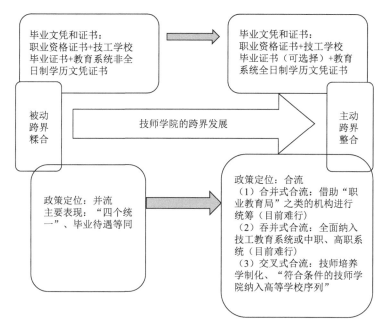

图 3-8 技师学院跨界发展战略

人社系统的技工教育体系及其技师学院通过主动跨界，向教育系统的职业教育体系借力，特别是从低级的跨界对策向高级的跨界对策升级，技工教育体系的发展资源就会更加丰富，招生吸引力就会更大，毕业生据以证明并彰显就业竞争力、争取并扩大职业升迁空间的毕业文凭和证书就具有更加多样化的选择。

从目前的技工教育体系的学生毕业情况看，毕业文凭和证书的基本组合是：职业资格（技能等级）证书+技工学校毕业证书+教育系统非全日制的成人教育、自考类学历文凭证书。文凭、证书，粗看似乎一应俱全，实际效果却并不理想、问题较多。比如，隶属两个系统的两类文凭、证书之间由于缺乏课程设计上的衔接、能力培养上的统筹，因此往往难以发挥"1+1＞2"的放大效应，还有可能因为培养方向不同而导致学生的学业精力分散、专业教育效果弱化等问题。

跨界发展对策支撑下的技工教育体系及其技师学院，特别是在高级跨界发展对策的支撑下，比如，借助学制化的技师培养体系，或借助"技师学院纳入高等学校序列"等跨界发展，其毕业生的毕业文凭和证书的合理组合就应该是：职业资格证书（技能等级证书），加上可供选择的技工学校毕业证书，再加上教育系统的全日制学历证书。更为重要的是，由于有了跨界发展的整体设计，学生为了获得职业资格证书和技工院校的毕业证书所经历的学习过程，更易于与获得教育系统的全日制学历证书的学习过程彼此沟通、互相补充、相得益彰，既防止技工教育体系中出现"学历主义"倾向，又防止技工教育体系因缺少教育系统全日制的学历证书而弱化招生、就业的竞争力，最终形成"1+1＞2"的放大效应。

人社系统的技工教育体系及其技师学院与教育系统的职业院校之间的跨界整合，关键在于能否真正构建起国家资格框架体系，实现学历与职业资格证书的跨界整合——比如切实落实职业教育"1+X"证书制度。技师学院举办的职业教育是以职业技能等级证书为载体，高职院校的职业教育以大专学历证书为主要凭证，两者分别代表中国职业教育体系中非学历职业教育与学历职业教育的证书制度，是我国职业教育人才培养的特色。

但是，职业资格（技能等级）证书与学历证书分别由人社部和教育部主管，且未建立评估评价双证书的参照系和相互认定的框架，两者的有效沟通和等值对应并没有得到社会的广泛认可与严格执行。

构建新型的国家资格框架体系，打通学历资格和职业资格，衔接劳动人事制度和教育制度，统一资格标准，促进专业技术人才的有效流通，协调各主体之间的关系，有助于实现职业教育与普通教育的等值、融通，促进各级各类职业教育的沟通衔接，加快建成现代职业教育体系。国家资格框架的建立，将进一步激发国民接受教育的热情，为国民提供受教育的平台，广泛提高国民的综合素质水平，优化国家人力资源结构，建设人力资源强国，为专业技术人才的终身发展提供保障，为国家的现代化发展和经济结构转型升级提供持久动力。[①]

三、技师学院之间的跨校整合

由于《人力资源社会保障部关于印发技工院校设置标准（试行）的通知》（人社部发〔2012〕8 号）对技师学院设置条件的规定并不太高，明显低于《普通本科学校设置暂行规定》（教发〔2006〕18 号）、《普通高等学校基本办学条件指标（试行）》（教发〔2004〕2 号）、《高等职业学校设置标准（暂行）》（教发〔2000〕41 号）对普通高校的设置标准要求，因此目前已有的技师学院在办学条件上往往弱于普通高校。为了最为便利地推动技师学院达

---

① 李梦卿, 肖乐. 建立国家资格框架体系的基本认知与现实语境[J]. 教育与职业, 2015(29): 12-16.

到普通高校的办学条件要求、纳入高等学校序列，跨校整合多所技师学院实属明智选择。

借鉴国内不同地区的技师学院纳入高等学校序列的试点探索经验，综合考虑区域经济社会发展需求、现代职业教育发展规律、高等学校发展逻辑以及技工教育发展特点、技师学院发展方向等，以技师学院纳入高等学校序列的转型速度、难度和成长度等为判断标准，可形成以下四种发展策略。

策略之一是"一枝独秀"。即选取综合实力、办学水平、人才培养特色较强的技师学院，以试点方式，单独建设成为高等职业院校。此办法主要是考虑快速地建成具有技工教育身份的高等学校，为技工教育树立标杆，试点先行，发挥引领性作用。选择实力较强的技师学院，与高等学校设置标准之间差距小，则将其建成高等学校所耗费的时间最短、投入的成本最少，而且以一所特色最显著的学校作为试点，其诱发新问题的风险最小。

策略之二是"优化组合"。为求最优，遴选2—4所技师学院进行优化组合，共建一所高职甚至本科院校。这是按照"先破后立"的办法，通过学科专业调整、组织整合等方式，以期调整、优化技师学院的结构，并以优化的学科专业结构、院校组织结构支撑新建的高职或本科院校。

策略之三是"联合共赢"。若重共赢，则将多所技师学院联合起来，共同申报一所高职甚至本科院校。可参照江苏联合职业技术学院的思路，形成技师学院的院校联盟，按照"大联盟共同建设高职或本科，小学院相对独立自主运行但资源共享"的发展模式，在特定的省域、市域技工教育系统中共建一所专科甚至本科层次的高等职业院校，形成一个完整的生态系统，各技师学院成为其分校或具有一定独立办学自主权的校区，各技师学院在共享高职或本科的办学品牌、教学平台和教育资源的同时，更要齐心协力共建院校联盟，为建成高水平的应用技术型大学作出自己的贡献。

策略之四是"全面改名"。若言便利，则以"质变、形不变"的思路，强化技师学院的高等教育属性，在不改变技师学院的组织特征和内部架构或者学院名称等前提下，在政策待遇上保证并落实技师学院的高等化。具体操作为，不改变原有技师学院的特点，政府部门制定明确政策肯定技师学院的高等教育办学层次，并执行相配套的标准和待遇，比如，规定技师、高级工等职业资格证书与本科、专科等高等教育学历互认，给予技师学院普通高等学校招生代码，与同地区高等职业院校执行同等的经费标准等。

第四节　技师学院误区规避与内涵发展

改革开放以来，国家对于技工教育发展政策的调整经历了两个阶段。第一个阶段的政策调整重在实现技能人才与学历类人才的"人才等值"，第二个阶段的政策调整重在实现人社系统的各级各类技工院校与教育系统的中职学校、高职院校的"院校合流"，即"根据高等学校设置制度规定，将符合条件的技师学院纳入高等学校序列"。

技工教育的内涵建设、内涵发展，在事实上已经成为贯穿上述两个发展阶段的政策重点，且是完成上述两个阶段的政策调整目标的基石。正因为如此，内涵建设、内涵发展目前已经成为技工教育发展、技师学院转型升级的重要理念。就内涵建设、内涵发展两个概念而言，内涵建设是过程、是实践，内涵发展是目标、是结果；内涵发展必然包括了内涵建设，但内涵建设并不必然带来内涵发展。①

一、内涵发展的战略内涵

近年来，内涵发展已经成为技工教育政策的核心关键词。《关于大力推进技工院校改革发展的意见》（人社部发[2010]57号）要求"明确技工院校功能定位，突出办学特色"，强调"坚持高端引领""开展多元办学"的同时，还要"注重内涵发展。各地要处理好扩大规模和内涵发展的关系，指导技工院校在注重改善办学条件，保持适度办学规模的同时，强化内涵发展"。

人社部的这个文件，既是对目前有关技工教育、职业教育内涵发展、内涵建设的相关理论研究的总体回应，也是对技工教育持续发展的战略性要求，在各省得到了积极响应。比如2013年底以来，广东省技工教育提出要"控制规模、调整结构、提升内涵、特色发展"，吹响了广东技工教育从"规模发展"逐步转为"内涵发展"的号角。②

在政策话语体系中得到广泛使用的内涵发展概念，并没有在理论界取得统一的认识，也缺乏深度的阐释和解读。最早运用于高等教育发展领域的内涵发展概念，侧重于指陈通过激活内部因素，依靠结构合理、质量提高、效

---

① 陈伟，黄大乾，李姿. 技工教育内涵发展辨析[J]. 职教论坛，2017(31)：20-23.
② 陈伟，黄大乾，李姿. 技工教育内涵发展辨析[J].职教论坛，2017(31)：20-23.

益提升等促进发展的模式。在高职教育研究界，有学者认为，高职院校内涵发展的根本要素是学生职业能力、教师创新实践能力和院校长领导力，过程要素包括创新的人才培养模式、动态调整的培养方案与课程体系、不断推进的教育教学改革，驱动要素包括以专业为纽带的产教对话机制、以就业为导向的校企合作机制和以岗位为载体的工学结合机制，保障要素包括良好的教育政策支持、强劲的区域经济环境和生态的区域院校协作环境。①

高职院校的内涵建设以注重质量、突出特色为价值追求，其发展意图直接指向高职院校可持续发展能力的深化与提升。理性地认识软实力与硬条件适配、外源压力与内生动力并重、传统传承与创新变革并举、成果显现与过程积累并行，有助于高职院校真正进入内涵建设的轨道。②

职业教育具有鲜明的职业性、先天的教育性；现代职业教育内涵发展的路径选择只能是"五个对接"：专业设置与产业需求对接是前提条件，课程内容与职业标准对接是内在要求，教学过程与生产过程对接是质量保障，毕业证书与职业资格证书对接是职业需求，职业教育与终身学习对接是终极目标。③

职业教育内涵发展的路径有如下特征。

（1）内生性。即不要盲目迎合政策等外部力量的需要，进行由外而内的被动应对式发展，而要立足自身需要，在适当参考政策标准的基础上，主要依靠内部力量进行由内而外的自然演进式发展。

（2）精致化。即秉持精益求精的理念，从执着于宏观概念转移到注重微观操作和具体执行，既注重"结果的精巧细致"，又注重"过程的精雕细琢"。

（3）特色化。即要积极创立并强化具有明显区分性的特殊品质，在特色形成和品牌培育中上升到新的高度和水平。

在职业教育内涵发展的系统模型中，要处理好内部系统与外部系统、教育生产系统与教育管理系统、内部核心要素（专业建设、课程开发、师资队伍和实训基地）间的关系。基于内涵发展的复杂系统，重点关注职业教育内涵建设的六大基本行动领域：专业建设、课程开发、师资建设、实训基地建设、规范管理和校企合作，其中前四项是为了完善内涵建设的内部生产性系统，规范管理是为了完善内部管理性系统，而校企合作旨在实现内外系统的交互。④

① 鲁武霞. 高职院校内涵发展的核心要素及其建设[J]. 教育与职业，2012（20）：31-33.

② 杨建新. 高职院校的内涵建设及其推进策略[J]. 教育研究，2016（3）：79-83.

③ 祝士明，吴文婕. 五个对接：现代职业教育内涵发展的路径选择[J]. 职教论坛，2014（27）：10-13.

④ 孙梅，于萍. 职业教育内涵建设基本行动领域及其策略[J]. 交通职业教育，2014（2）：29-32, 35.

　　旨在"技能"和"就业"的技工教育,是我国职业教育不可忽视的重要部分,其内涵发展并不排斥以数量的增长、规模的扩大、空间的拓展、外部资源输入等为特征的外延发展,但更强调技工教育的规模适度、结构优化、办学规范、质量提升、效益提高;课程体系改革、师资团队构建、产学研结合、国际交流合作、文化建设、办学体制机制创新等均是内涵发展模式的要素,课程体系改革特色化、师资建设配套化、产学研一体化、国际合作多样化、文化建设兼容化、办学体制机制制度化等都是内涵发展的基本途径。①

　　技工教育及其技师学院内涵发展的核心其实是文化氛围的培育、职业精神的坚持和传承;技工教育发展的瓶颈则在于校企合作缺乏有效机制、专业设置缺乏宏观调控、师资建设缺乏激励政策、人才观和用人观念缺乏更新。②

　　技工教育内涵发展的支点则在于特色发展。比如,广东省粤东技师学院认为,技工教育内涵发展是指以技工教育内部因素作为主要动力和资源,通过与政府、社会有效互动,与行业企业有效联盟,以实现技工教育规模、质量和效益三者达到最优状态的一种模式;内涵发展模式需要办学特色的引领,要从内涵发展中提炼出特色发展的概念。该校认为,与普通高中教育相比较,技工教育的特色在于技能教育特征;与其他职业教育类型相比较,技工教育的特色在于它的"双证书"模式、职业资格证书前置的特征;与其他技工院校相比较,该校确立了"坚持特色内涵发展,打造粤东地区技工教育示范窗口"的发展目标,立足粤东地区产业结构和潮汕文化,结合学校实际,提出、建构并实践"特色引领下的内涵发展模式"。③

　　技工教育内涵建设的诸多元素,按其重要性排名依次为:办学理念、师资建设、办学特色、学生综合素质培养、专业建设、办学模式、服务社会、校企合作、文化建设、课程改革、职业培训、质量控制;梳理总结内涵建设的特征,依次排名为:质量发展、效能发展、精细发展、特色发展和可持续发展。④如果立足于技工教育发展历史,结合技工教育实践探索,采用类比推理和逻辑分析的方法,则可将技工教育内涵发展阶段划分为"规模发展、效能发展、质量发展和可持续发展"四个阶段。⑤

　　① 董刚, 杨理连. 高职院校内涵发展模式的要素解析与途径研究[J]. 职教论坛, 2010(27): 8-10.

　　② 胡渠路. 浅议技工教育内涵发展的瓶颈[J]. 职业, 2014(20): 29-30.

　　③ 广萱. 为高技能人才成长提供肥沃土壤——广东省粤东技师学院"校企双制"建设工作纪实[N]. 中国劳动保障报, 2013-08-02(A6).

　　④ 陈伟, 黄大乾, 李姿. 技工教育内涵发展辨析[J]. 职教论坛, 2017, 683(31): 20-23.

　　⑤ 贾海成. 技工教育内涵发展政策文献研究[J]. 职业教育(下旬刊), 2015(12): 94-96.

二、内涵发展的认识误区

关于技工教育内涵发展问题，无论是理论研究的成果，还是政策规定，抑或是地方性实践和探索，一直处于见仁见智的状态。尽管这种百花齐放式状态并没有从根本上影响技工教育的继续建设和加快发展，但不可否认的是，有关技工教育内涵发展、内涵建设的争论尚待梳理，误读亟待厘清。

综观上述有关内涵建设的理论研究、政策规定及地方性探索，尽管都对实践产生了积极的、正面的、引导性作用，但从逻辑的角度看，对技工教育内涵发展的概念理解存在以下四个方面的误区。

误区之一是各取所需。无论是理论研究者，还是政策研制者，抑或是地方和技师学院的实践者，都倾向于按照自己的需要，从自己的角度理解和阐述内涵发展的内涵。事实上，深入理解内涵发展，必须先理解"何为内涵"。

从学理上讲，内涵与外延是逻辑学上彼此对应的两个概念，其中"内涵"是指一个概念所概括的思维对象本质特有的属性的总和，"外延"是指一个概念所概括的思维对象的数量或范围，前者强调事物的质的规定性，倾向于内容和实质，后者更侧重于事物的量的方面，如外观和形式。

技工教育和技师学院如何发展、发展水平如何，需要通过一系列的复杂指标来体现，如数量增长、规模扩张、结构转换、质量提高、效益提升、以人为本理念的贯穿、公平程度的提高等；在这些指标中，质量、效益和结构等要素往往被认为是内涵发展的核心内容。

许多理论研究者和实践工作者，不是从总体上全面理解和使用内涵发展概念，而是从各自的立场出发，观其一隅而失之全面，为了突出某个方面而相对忽视了其他要点，过分遵循绩效考核的要求去抓关键指标，反而丧失了对技工教育内涵发展的全局性观照。

误区之二是以偏概全。综观目前已有理论研究成果、政策文本及地方性实践，大多倾向于根据特定论点的需要抽取某些特定的要素来表征、强调内涵建设、内涵发展，难免陷入一叶障目的陷阱，窥其一斑而难见全貌，这也是造成不同主体对内涵建设、内涵发展众说纷纭的原因之所在。

综观国内近年来的研究成果，有关"内涵发展"概念的表述相对模糊，且可归纳为以下四种观点：相对于规模发展的质量发展；相对于同质发展的特色发展；相对于模仿发展的创新发展；箩筐论，即"内涵是一个筐，什么东西都可以往里装"，既可以指专业建设、师资建设、课程改革与管理、实训基地建设等，也可以由一大串阿拉伯数字来反映，而且片面地认为东西装得越多就意味着内涵建设越丰富、固执地相信内涵发展就意味着想方设法争取这些具有校际可比性的荣誉和外在话语权。[①]

误区之三是畸轻畸重。对于内涵建设和内涵发展，大多数的观点是"重具象轻抽象""重内容轻实质""重要素轻整体""重局部轻全局""重关键性指标轻整体性发展"，大多认为抓住内涵建设、内涵发展的具体内容就是抓住了工作、实践的抓手，就能将工作落到实处。这种实用主义的思想倾向，反而模糊了内涵建设、内涵发展的关键性内涵和根本性特质。

误区之四是人云亦云。梳理许多学者的理论研究观点，对比政策文本的潜在话语，观察技工教育的地方性实践，尽管各家的表述不一，内容稍有出入，但界定内涵建设、内涵发展的逻辑大多雷同，所面临的逻辑陷阱是一样的，导致这种状况的根本原因就在于缺乏独立思考和深入探讨、习惯于互相抄袭彼此照搬。

三、内涵发展的系统界定

从研究的角度看，熟知的往往并非详知，亦非深知；借助语言分析的手段，从熟知中挖掘其未知进而达到详知、深知，是基于概念的"能指"探讨其"所指"的重要途径，是学术研究的基本要求。对技工教育及其技师学院内涵发展概念在理论研究、政策文本及地方实践中的语用分析表明，其实际内涵是多维度的，每一个维度都有丰富的内涵，多维度的丰富内涵共同构建了技工教育内涵发展的"内涵系统"（表3-6）。

表 3-6　技工教育内涵发展的多维内涵

分析维度	具体内涵
内在动力	积极、主动，办学自主权等
内部条件	办学理念、办学模式、师资建设、学生综合素质培养、专业建设、校企合作、服务社会、文化建设、课程改革、职业培训、质量控制、办学特色等
内部功能	职业教育与培训的托底供给、优质供给
内在效能	规模适度发展 结构合理优化（地域、层次、专业结构等） 质量稳步提高 效益逐渐提升（社会效益、经济效益、教育效益）
内在特征	高效发展、精细发展、特色发展、可持续发展

---

① 马蒙蒙. 新世纪十年高等职业教育内涵发展研究[D]. 上海: 华东师范大学, 2011: 5-6.

第一，内涵发展旨在激发、强化技工教育发展的内在动力。具体而言，即促使技工教育借助必要且充足的办学自主权，挖掘内部资源、激活内在力量，通过向管理要效益、向师生要活力，强化有效教学、有效实训，实现积极发展、主动发展。

第二，内涵发展旨在优化技工教育发展的内部条件。其具体旨趣在于，从办学理念、办学模式、师资建设、学生综合素质培养、专业建设、校企合作、服务社会、文化建设、课程改革、职业培训、质量控制、办学特色等各个层面、各个方面保证技工教育的发展具备必要且充分优越的办学条件。这些办学条件，作为技工教育得以有序运行的基本要素，需要从两个方面进行管理：一是把所有要素作为办学资源予以整合①，二是对它们进行持续优化。其中，资源整合是内涵发展的前提和基础，条件优化是内涵发展的保障。

第三，内涵发展旨在强化技工教育发展的内部功能。组织的功能依赖于组织的结构，结构决定功能；组织的内在功能，决定组织能否承担、如何承担、承担多少外部职能。基于技工教育的基本要素，借助特定的要素组合结构，技工教育至少应该承担两大功能：一是职业教育的托底供给功能，即保证职业教育和培训机会的兜底、普惠性供给；二是职业教育的优质供给功能，即通过校企合作、理实一体化的人才培养模式，保证学以致用、优学优用，并面对日益变化的社会需求，通过快速反应、持续变革，不断提供高质量的职业教育和培训。与这两大功能密切相关，包括技工教育在内的我国职业教育，要在适应外部变革、快速实现内涵式发展的过程中，着力提升四个核心能力：高素质技能型人才的培养能力、促进区域经济社会发展的服务能力、适应市场变化的教育资源整合运作能力，以及遵循职业教育发展规律的院校管理能力。②

第四，内涵发展旨在激活技工教育发展的内在效能。效率意为投入与产出之比；效益即直接或间接的效果与利益，意指劳动（包括物化劳动与活劳动）占用、劳动消耗与获得的劳动成果之间的比较；效能意为达到系统目标的程度，或系统期望达到一组具体任务要求的程度。技工教育的发展，要以效率为基石、以效益为中介、以效能为目标；技工教育的效能目标可概括为：规模适度发展、结构合理优化（地域结构、层次结构、专业结构）、质量稳步提高、效益逐渐提升（社会效益、经济效益、教育效益）。

① 张立今. 高职院校内涵发展战略：资源整合[J]. 高等教育研究，2007(8)：82-87.
② 鲁武霞，马建富. 高职院校内涵发展的关键是提升"四个能力"[J]. 职教论坛，2012(10)：26-29.

第五，内涵发展旨在促进技工教育的良性发展。内涵发展的价值指向是正向的、积极的、前进的良性发展，其具体内涵丰富而多元，比如高效发展、精细发展、特色发展、可持续发展，等等。作为一个概念，同时也是作为一种发展理念，内涵发展指陈的是技工教育的发展趋势，代表的是技工教育的改革走向，追求的是技工教育改革与发展的价值追求。

总之，多维度、多旨趣的技工教育内涵发展，目的在于促使形成具有领先性的技工教育理念，建构起拥有完备要素的技工教育结构—功能体系，树立起技工教育发展的科学决策体制和机制，进而建成具有强大竞争力且善于与现代职业教育体系和国民教育体系保持"立交桥"沟通网络的技工教育体系。以技工教育的内涵发展为基础，技师学院才能通过有效发展，顺利实现"纳入高等学校序列"的战略目标。

第四章　立足现实的技师学院发展策略

　　2022 年 5 月 1 日起施行的新版《职业教育法》中，技工教育的地位和作用得到进一步彰显，不仅出现了"技工教育"、"技工学校"和"技师学院"等概念，还明确提出"大力发展技工教育"。如此清晰地将技工教育写进法律，在历史上还是第一次，也构成新《职业教育法》的一道亮丽风景①。

　　在第十五条规定，"高等职业学校教育由专科、本科及以上教育层次的高等职业学校和普通高等学校实施。根据高等职业学校设置制度规定，将符合条件的技师学院纳入高等职业学校序列"。这款法条基本保持了之前的提法，只是将"高等学校"改为"高等职业学校"。

　　从政策引导到法律规定，一方面体现了新时代党和国家对技工教育的高度重视，体现了全社会对技工教育的高度认可。另一方面，以立法的形式为技师学院从无名分、无身份、无学历的尴尬境地走向"专科、本科及以上教育层次的高等职业学校"，提供了法理依据，也奠定了今后一段时期高等职业教育的发展格局。

　　展望未来，技师学院何处去？技师学院纳入高等学校序列的名称称谓如何？如何保持技师学院在产业技术工人培养领域的独特优势？凡此种种，这一系列命题成为摆在数百所技师学院面前的焦点话题。本章基于前章的历史回顾和战略思考，再度思考过渡期的技师学院发展策略，略述浅见，以供同仁参考。

第一节　技工教育的"正名"与"命名"

　　列宁指出："人的概念并不是不动的，而是永恒运动的、相互转化的，往返流动的；否则，它们就不能反映活生生的生活。"一切科学的认识都必须借助于概念才能进行，因而任何一门科学都有自己一系列的基本概念。②清理我们使用的概念，弄清它的历史含义和现实含义、宽泛含义和严格含义、

---

① 崔秋立. 勇于肩负起法律赋予的历史使命[N]. 中国劳动保障报, 2022-05-11（4）.
② 季子林. 概念的辩证实质——谈谈概念的形成和发展[J]. 曲阜师院学报（自然科学版）, 1980（2）: 1-5.

绝对含义和相对含义，弄清它们的区别和联系，是必不可少的"正名"工作①。

　　"职业教育""技术教育""职业技术教育"等概念争论近百年，不仅没有妥善解决，还进而衍生出"技工教育"等新概念。截至 2020 年底，全国有技工院校 2423 所（其中技师学院 496 所），在校生 395.5 万人，每年面向社会开展职业培训超过 400 万人次。技工教育办学质量及社会影响力不断提升，却在学术界不见经传，"十四五"期间技工教育悄然"入法"，值得专文予以正名、责实、定分。

一、关注"技工教育"正名

　　"有名而无实，则其名不行；有实而无名，则其实不长。"对此，技工院校一线工作者深有体会。此前很多文件在表述技工教育、技工学校相关事务时，通常会加个括号，如（含技工学校）（不含技师学院）（技工教育是指技工学校教育）等。初看，觉得无关紧要。但要真添加进去，或者解释明白，还真不容易。作为公文系列的标准称谓，"职业教育"占据绝对主流。作为学术论文，仍然有"职业技术教育""职业教育""技术教育"等多种称谓。技工教育及其系列名词称谓的诞生和"入法"，可以说是长期奋斗的结果。

（一）"技工教育"序列概念延绵不绝

　　"职业教育"并不是一个"好"的概念，而是一个争辩与妥协的阶段性产物。如前章所述，在历史上"职业教育"概念有 3—4 次大型争论或转型，分别是清末民初"实业教育"到"职业教育"，新中国成立初期"职业教育"到"技术教育"，1996 年《职业教育法》立法前后"职业技术教育"和"职业教育"，《中华人民共和国国民经济和社会发展第十四个五年规划和 2035 年远景目标纲要》则提及"突出职业技术（技工）教育类型特色"。

　　其间，"技工教育"提法若隐若现，偶尔散见于文献。关于统一"职业教育"和"职业技术教育"的名称问题，国内各方面的认识还很不一致。目前，世界上各国对这一问题的认识也很不一致，各国采用的名称，其内涵差异也很大。

　　从孔子时代延续下来的"正名"思维，让国人对概念称谓相当看重。百

年来的职教概念争论，折射出我们认知轨迹的曲折发展。其中复杂内情，普通读者难以体会，但对技工教育工作者则意味着"话语权""生存权"，甚至是"发展权"。孔子称"名不正则言不顺，言不顺则事不成"。反映到现实的情况是，技工院校工作者在招生宣传、工作汇报、业内交流时存在着越解释越模糊、越解释越底气不足等现象。

由于长期的非同等待遇，导致技工教育发展一直备受困惑。2021年两会期间，全国人大代表梅建华建议把技工教育作为职业教育发展的一支骨干力量，明确技工教育的法律地位，给予同等的社会地位，给予同等的政策惠及水平，从而保持办学特色、优化发展环境，助力高质量发展，"打破技工院校毕业生学历桎梏，探索建立技工院校、职业院校毕业学历'双证互通'制度，畅通技能人才成长通道"[1]，道出业界心声，常年来技工教育深受学历不得之苦，无名无分，直到2022年新修订的《职业教育法》，才很好回应了这个历史悬疑。

（二）"技工教育"入法的意义及影响

"技工教育"载入《职业教育法》，让技工教育实现了法律地位上的巩固、领导体制上的明确、办学层次上的突破，为新时代中国技工教育的改革发展带来了新机遇、注入了新活力、催生了新动力，为建设教育强国和人力资源强国提供了法律支撑，也必将打开技工教育工作和技工院校发展的新局面，引起业界热议。

崔秋立认为，将技工教育写入《职业教育法》，体现了新时代党和国家对技工教育的高度重视，体现了技工教育在经济社会发展中、在职业教育体系中的价值所在、贡献所在，也体现了全社会对技工教育的高度认可。[2]《职业教育法》明确"国家采取措施，大力发展技工教育，全面提高产业工人素质"，这是从法律角度对技工教育定位和功能的阐述，明确了技工教育在职教体系中的发展特色，赋予了技工教育崇高的历史使命。

冯为远认为，新修订的《职业教育法》首次把"大力发展技工教育"写进《职业教育法》里，从法律层面确定了技工院校发展将作为我国今后长期社会建设与经济发展的一项重点工作。体现了技工教育在社会经济发展中、

---

① 尹文卓. 全国人大代表梅建华: 加大技工教育投入、打破技工院校毕业生学历桎梏[EB/OL]. (2021-03-12) [2022-05-25]. https://baijiahao.baidu.com/s?id=1694018660806625028&wfr=spider&for=pc.

② 崔秋立. 勇于肩负起法律赋予的历史使命[N]. 中国劳动保障报, 2022-05-11(4).

在职业教育体系中的价值所在、贡献所在，也体现了全社会对技工教育的期盼和高度认可。①

徐锡志和孔德磊认为，新《职业教育法》施行，技工教育在法治体系内有了制度保障，必然会得到社会更广泛的认可，会让技工教育工作者和技工院校学生更有信心和底气。技工教育依法定位，不仅有利于提升技工院校参与培养高素质技术技能人才的积极性和主动性，而且对技工教育长远稳定发展、依法规范发展将有巨大的推动作用。新《职业教育法》明确规定将符合条件的技师学院纳入高等职业学校序列，意味着技工教育在法律层面上实现了办学层次上的重大突破，构筑了独具特色的技工教育层次体系：不仅有中等职业学校教育的技工学校，还有高等职业学校教育的技师学院。②

尽管言其有利方面者众，但也不能忽视可能带来的不利影响。客观地看，"技工教育"入法，是机遇与挑战并存，利好与威胁均有体现。

先谈其有利的方面。高度精细的现代社会，必然需要高度精密、规范的社会治理。发展技工教育、举办技工学校等传统话语之所以需要现代法治定义，根本上说，是因为我们今天生活的环境是现代环境。新版《职业教育法》推动了我国在法治轨道上推进技工教育治理的进程，将技工院校带入规范的学术语境和现代环境，明显利大于弊。

我国1996年颁布的《职业教育法》，还只是一个囿于教育部门、囿于职业学校的"定界"法律③。究其原因，主要是职业教育法的制定忽视了我国职业教育体系中职业教育与技工教育并行发展的现实状况与特征，默认职业教育法中对职业教育的统一规定能够同样在法律层面起到保护和促进技工教育发展的作用。事实上，由于技工教育和职业教育之间的特性差异和分化发展的不同现实境遇，导致对职业教育的法律规定并不能完全适用于技工教育④。新版条文上出现了"技工教育""技工学校""技师学院""职业培训机构"等字样，"技工教育"也正式写入条文作为单独表述，是一种进步。

---

① 冯为远. 谈学习新《职业教育法》的体会[EB/OL]. (2022-05-09)[2022-05-25]. https://mp.weixin.qq.com/s/dYq9ugFBjYf0-yFyhTHT3Q.

② 徐锡志，孔德磊. 机遇之中，技工教育喜迎春天[EB/OL]. (2022-06-10)[2022-06-30]. https://mp.weixin.qq.com/s/EznqetPGI1qF2GkZYz6F0g.

③ 姜大源. 论职业教育体制机制改革的应然之策——关于《职业教育法》修订的跨界思考[J]. 中国职业技术教育，2015(27)：5-9.

④ 郭达，杨婷. 现代职业教育体系中技工教育与职业教育的融通发展研究[J]. 职教通讯，2021(5)：18-25.

从法治角度赋予技工教育应有地位，从而为技工教育发展提供了宏大背景，开阔了技工教育视野，也使得技能人才培养、提升的教育链条有效延伸。同时，也可以打破各类教育类型间的壁垒，减少它们之间的抵牾和摩擦，提升职业教育整体水平。

再看其不利的方面。新版《职业教育法》对"高级技工学校"和"未纳入高等职业学校的技师学院"造成身份尴尬。将技工学校明确为中等职业学校，这和1986年的《技工学校工作条例》[①]一脉相承，没有问题。在高等职业学校教育中，对技师学院的表述是"根据高等学校设置制度规定，将符合条件的技师学院纳入高等职业学校序列"，这一规定只是沿用并略改过往相关文件的表述。

按照《高等教育法》规定，设立实施专科教育的高等学校，由省、自治区、直辖市人民政府审批。设立高等学校的具体标准由国务院制定。但是，至今未见国务院出台高等职业学校设立具体标准。目前，专科高校设置标准由各省、自治区、直辖市参照教育部《关于颁布〈高等职业学校设置标准（暂行）〉的通知》（教发〔2000〕41号）执行。该暂行标准已经施行了20余年，亟待与时俱进、修改完善。

新版《职业教育法》规定了技工学校属于中等职业学校层次，符合条件的技师学院属于高等职业学校层次，致使现实中存在的"高级技工学校"无所适从。现有高级技工学校以培养5年制初中起点学生为主，新法实施后，这些学生的学历仍只能作为"中等职业学校"。未纳入高等职业学校序列的"技师学院"和"高级技工学校"一样，至少在过渡期内尚未明确定位，一样属于中等职业教育范畴。过去这些学校"无法可依"，尚可自然生长，今后高级技工学校"有法无据"，将面临无所适从的发展窘境。

二、回顾"技工院校"多名

技工院校更名不仅是名称上的简单变更,更牵涉深层次的社会文化观念、技工教育管理层级、高等教育资源配置等问题。在技工院校事业统计中，技工院校并不意味着都叫技工学校，包括技工学校、高级技工学校和技师学院三种。换句话说，技工院校性质的学校，有多种称呼，如有的就叫工业学校。

① 2010年11月12日人力资源社会保障部令第7号《关于废止和修改部分人力资源和社会保障规章的决定》将此文件名称修改为《技工学校工作规定》。

数据统计显示,过去 30 年,全国近 3000 所高校中将近一半曾改过名字。1981 年到 2010 年,全国 79% 的高校改过名或因合并除名[①]。技工院校的更名也是如此,可以说与高职教育领域一样普遍,只不过每次更名,"技工"字号保留较多罢了。

(一)"技工学校"为主的时期

1949 年 12 月,中央召开全国第一次教育工作会议。随后,全国开始有步骤地、谨慎地对旧有教育制度进行改革。旧的"职业教育"称谓被取消,取而代之的是"技术教育"。1951 年,政务院颁布的学制体系中有中等技术学校,包括中等专业学校。1952 年,高等教育部设立之后,其管理职能的一大特点在于将中等专业教育纳入管辖范畴。1952 年,鉴于全国中等技术人才的匮乏现状,高等教育部自成立之初就设中等技术管理处,专门负责中等职业教育的发展与管理,凸显中等职业教育在整个学制系统中的地位,加强中等职业教育与高等教育的联系,体现了新中国对职业技术人才的重视[②]。技术教育的任务主要由技工学校承担。中专与技校分别以培养中等专业干部和中级技术工人为目标,按计划培养。

"大跃进"运动期间,技工学校纷纷设立,有的称为技工学校,有的称职业学校、工业中学等。[③] 1960 年左右,劳动部主导统一了技术工人培养学校的称谓,统称为"技工学校",培养技工学校师资的称为"技工教育师范学校"。[④] 其间,各地纷纷上马了一批"技工师范学校",如旅大市技工师范学校[⑤]、湖北省技工师范学校[⑥]、河南技工师范学校、山东技工师范学校[⑦]、辽宁省技工师范学校[⑧]、贵州技工师范学校[⑨] 等。劳动部经国务院批准,在上海、天津、河南、辽宁筹建 4 所技工师范学校,后又陆续停办。

技工学校的隶属关系虽有多次变化,其中,1953 年政务院决定由劳动部

---

① 每日经济新闻. 中国高校改名史[EB/OL]. (2020-12-01)[2022-06-25]. https://baijiahao.baidu.com/s?id=1684842078647996494&wfr=spider&for=pc.

② 郑刚, 徐丹. 20 世纪 50 年代我国高等教育部的历史考察[J]. 高等教育研究, 2019, 40(5): 84-91.

③ 大连市史志办公室. 大连市志·劳动志[M]. 大连: 大连出版社, 1999: 383-386.

④ 来文静. 我国职技高师政策的发展轨迹、变迁逻辑及优化路径[J]. 中国职业技术教育, 2022(9): 23-31, 45.

⑤ 李德享. 旅大市技工师范学校开学[J]. 劳动, 1960(16): 7.

⑥ 金通达. 中国当代篆刻家辞典[M]. 杭州: 浙江人民出版社, 1997: 600.

⑦ 曹晔. 当代中国中等职业教育[M]. 天津: 南开大学出版社, 2016: 285.

⑧ 沈作新. 辽宁省劳动厅技工师范学校积极支援农业生产[J]. 劳动, 1961(4): 16.

⑨ 何光渝. 大道长歌: 我这四十年[M]. 贵阳: 孔学堂书局, 2018: 4.

管理，1964 年调整为教育部主管、劳动部协助，1978 年起重归国家劳动总局和地方劳动行政部门主管，但是，"技工学校"的称谓始终未变，培养技术工人的办学定位未曾改变。虽然"技工学校"基于培养高级技工的需要，发展出"高级技工学校""技师学院"，但技工学校的本质属性未曾改变。当然，已有不少地方将技工学校转制为中专、升格高职院校，但东部地区因普通教育的学位紧张、产业对技术技能人才的需求旺盛，技工学校的"基因"保存较好。

（二）"技工院校"为主的时期

1993 年 9 月，劳动部下发《关于深化技工学校教育改革的决定》，对技校的发展方向、办学形式、学校自主权以及招生、教学改革、学校内部管理等方面提出了要求。1993 年，劳动部组织有关人员开展了国家级重点技校评估工作。至 1994 年底全国共评出 356 所省（部）级重点技校、130 所国家级重点技校[①]。

同期，经劳动部批准，山东省试办两所高级技工学校。为适应经济发展和企业对高级技术工人的需求，劳动部下发了《关于扩大高级技工学校试点工作的通知》。截至 1994 年，全国技工学校共有 4430 所，在校生达 187 万人。经劳动部批准的高级技工学校有 11 所，在校生达 1200 多人。[②]

1992 年起，技工学校招生计划由"指令性"计划改为"指导性"计划，开启了技工学校市场化改革的步伐。随后，由于近水楼台的缘故，技工学校成为执行职业资格证书制度最扎实的领域，以至于形成毕业证书与职业资格证书"挂钩"的制度。随着职业资格证书制度的蓬勃发展，技工学校对应培养中级工、高级技工学校培养高级工，"技师学院"培养技师的命题呼之欲出。

教育部称，2006 年以来人力资源和社会保障部在技工学校中，组建了一批"技师学院"，其学历教育基础和依托仍是技工学校，办学层次仍属于中等职业教育，毕业生按要求毕业后可取得中职学历。[③]实际上，由于技师学院毕业生就业供不应求，其毕业多数取得三证（毕业证、技能证、大专证），各地人力资源和社会保障部门对高级工及以上的职业资格给予了"相当于"

① 徐广卿. 技工学校的发展趋势——从国家级重点技校评估谈起[J]. 职业技能培训教学, 1995(1): 16-17.

② 1994 年劳动事业发展年度公报[J]. 山东劳动, 1995(7): 42-44.

③ 教育部. 关于政协第十三届全国委员会第四次会议第 0302 号（教育类 037 号）提案答复的函[EB/OL]. (2021-10-08)[2022-06-25]. http://www.moe.gov.cn/jyb_xxgk/xxgk_jyta/jyta_zcs/202111/t20211104_577652.html.

大专的政策规定。这颇有叠床架屋的感觉，市场有时反应也比较迟钝，有些人力资源专员也分不清其中奥妙。

随着技工学校向"高级技工学校""技师学院"升级的不断加快，各地纷纷通过评估认定的方式，举办了一大批高级技工学校、技师学院。此刻，"技工学校"已不适应于现实称谓的需要，"技工院校"作为统称"技工学校""高级技工学校""技师学院"的名词，应运而生。

2009 年人力资源和社会保障部颁布《全国技工院校专业目录（2009 年修订）》，2010 年人力资源和社会保障部发布《关于大力推进技工院校改革发展的意见》（人社部发〔2010〕57 号），这两个文件可看作"技工院校"正式取代"技工学校"，用以指代三个层次技工学校的标志。

《技工教育"十三五"规划》不仅强化了"技工院校"的称谓，还正式提出了"技工教育"的称谓。《技工教育"十四五"规划》沿袭了这一做法，并强调"技师学院是优化技工教育结构和培育大国工匠、能工巧匠的重要载体，重点培养技师、预备技师、高级工等高技能人才。高级技工学校主要承担高级工、中级工培养任务，技工学校主要承担中级工培养任务"。

（三）"技工院校"多种称谓的启示

2000 年，教育部印发《高等职业学校设置标准（暂行）》（教发〔2000〕41 号）。2010 年，教育部印发《中等职业学校设置标准》。2012 年，人力资源和社会保障部印发《关于印发技工院校设置标准（试行）的通知》（人社部发〔2012〕8 号）。2020 年，教育部办公厅印发《高等学校命名暂行办法》。这四个文件决定了我国职业院校设置的方方面面，名称更是趋于统一、规范。

《教育部关于高等职业学校设置问题的几点意见》指出，新设高等职业学校一般称为职业技术学院，可根据学校所在地、隶属关系、学科门类等因素冠以某些适当的限定词；高等职业学校的英文译名必须与中文名称相一致。

各地略有变通，如《吉林省高等职业学校设置办法（试行）》指出，设置高等职业学校，一般称为职业技术学院或职业学院，并根据学校所在地域、领导体制、学科门类等冠以适当的限制词，确定名实相符的学校名称。前文所指"广东省轻工业技师职业学院""深圳技师职业学院"等奇特称谓，即是因为这个缘故。

总的来说，高校名称规范亟待加强，高等职业院校更是如此。《高等学校命名暂行办法》第四条规定，本科层次的高等学校称为"××大学"或"×

×学院"，专科层次的高等学校称为"××职业技术学院/职业学院"或"××高等专科学校"，本科层次职业学校称为"××职业技术大学/职业大学"。可以根据学校所在地域、行业、学科等特点，冠以适当的限定词。然而，历史上却存在过一批不甚规范的名称，如专科层次的职业大学、本科层次的应用技术学院。

回到"技工院校"称谓话题，可以发现：①技工学校、高级技工学校、技师学院的多层次称谓，确实比较庞杂，非系统内难以理解。这对技工院校的整体形象感知，特别是对处于最高层级的技师学院定位不利。②技工院校系统的称谓多次变迁，但近百年来，该类学校始终围绕"技工"不动摇，具有鲜明的"技术工人"培养本色，以至于老百姓将职业技术类学校简称为"技校"。③技工院校是工业化进程的产物，具有鲜明的工业化特色，在职业技术教育中具有独特的样本价值，是技术技能传承的重要载体。保留"技工""技师"基因，允许不同层次、不同类型的职业院校，因时而异、因地制宜构建特色的人才培养体系，有利于促进职业教育多样化发展。

三、参谋新"技师学院"命名

技师学院纳入高等学校序列后，该如何称谓？括号里的技师学院，或是保留字号的职业技术学院，抑或是技师职业学院？无论哪种组合，对于命名而言，只是一个符号，无对错之分，有分别的只是名称之"表"是否能准确反映高校之"里"的问题。

2019年4月，广东省人民政府向教育部报送了《广东省人民政府关于商请支持开展技师学院纳入高等职业教育试点的函》。2020年底，广东省人社厅会同省教育厅等有关部门启动对广东省轻工业技师学院、深圳技师学院、中山市技师学院等3所技师学院纳入高等学校序列相关工作，经过实地考察、专家评议、社会公示等环节，于2021年2月按程序提交省政府审批，并于2021年3月报教育部备案。[①]

值得注意的是，公示期间设立名称为"广东省轻工业技师职业学院""深圳技师职业学院"、"中山技师职业学院"或"中山信息职业学院（中山市技师学院）"。2022年5月26日，"重庆五一职业技术学院"为高职新生

---

① 广东省人力资源和社会保障厅. 关于广东省十三届人大五次会议第 1495 号代表建议答复的函[EB/OL]. (2022-05-24)[2022-06-25]. http://hrss.gd.gov.cn/gkmlpt/content/3/3936/mpost_3936281.html#4067.

发出第一封录取通知书。重庆五一职业技术学院即是在原来的重庆五一技师学院基础上，转设升格的普通高职（专科）院校。如此，就出现几种称谓的可能。

（一）方案1："技师学院"全保留

根据2022版《职业教育法》规定，符合条件的技师学院纳入"高等职业学校"序列，而高等职业学校教育由专科、本科及以上教育层次的高等职业学校和普通高等学校实施。这里有三层意思：①技师学院要符合条件才可以纳入高等学校序列；②这里的高等学校已明确为高等职业学校，而不是普通高等学校；③高等职业学校有专科、本科及以上教育层次。

从逻辑上讲，技师学院可以依法升格为专科层次，未来还可以升格为本科层次。所以，学校名称是否需要每一次升格，均需一次变更？多次变更以后，是否还可以保留原有技师学院办学的特色？名称的变更，是否意味着隶属关系的变更？

所以，"技师学院"名称全保留不失为一种很好的选择。这种方案的优点在于，保留本色而提升内涵。缺点在于：一是难以与未纳入高等职业学校的技师学院区别开来，导致对外宣传和对内管理上有一定的混淆；二是与教育部现行的部分规章条款不太吻合，规范统一性不足。当然，作为批量约定俗成的存在，也影响甚微。

（二）方案2："技师学院"半保留

在实践中，中山信息职业学院（中山市技师学院）类似的做法已为我们给出了"技师学院"半保留的第二种命名方案。似乎，还可把括号内外的位置调换过来，称为"中山市技师学院（中山信息职业学院）"更为妥帖。由于广东省已设有中山职业技术学院、广东轻工职业技术学院、深圳职业技术学院，所以无法直接升格为"中山市技师学院（中山职业技术学院）"等名称，但可以保留原来名称，加挂"城市+字号+职业技术学院"的方式加以解决。例如：中山技师学院（中山信息职业技术学院），广东轻工业技师学院（广东××职业技术学院），深圳技师学院（深圳××职业技术学院）。

值得注意的是，由于过往诸多历史遗留原因，有些技师学院名称中保留了"省""市"字样，而职业技术学院多数未保留"省""市"字样，这种差异导致技师学院的区域属性更加明显。这种情况，可以通过技师学院的升格、更名一并加以统一。从情理上讲，技师学院升格而加挂职业技术学院的牌子，对外不仅可以保留技师学院的牌子，传承既往文化积淀，又有职业技术学院牌子加持，不失为一种多方可以接受的方案。

这种方案的优点在于，尽可能地保留技师学院原貌又在内涵上加以充实，既兼顾了既往技师学院累计的办学声誉，又在层次上达到各方心理预期。缺点在于：一是从管理角度看，教育部门不太可能同意职业技术学院作为括号成为正式牌子；二是目前已有部分学校已是这种做法，如何加以区别，是个管理细节问题。当然，这里所谓的缺点，都是可以通过省级人民政府协调加以解决的，先省域内统一后逐步全国统一，是完全可行的。

（三）方案 3："技师学院"不保留

据查，在重庆五一技师学院基础上设立的重庆五一职业技术学院，创建于 1951 年，是经重庆市人民政府批准、教育部备案，隶属于重庆市人力资源和社会保障局的公办全日制普通高等学校。目前，由市人社局主管，教育教学管理接受市教委指导。这种情况，在 2000 年左右已发生一批，有的完全归口于教育部门主管，有的还归口于人社口主管（业务接受教育部门指导）。

这种方案，命名方面统称为"××职业技术学院"或"××职业学院"。管理上有两种可能：一是完全转制，划拨到教育部门主管；二是主管部门依然是人力资源和社会保障部门，业务接受教育部门指导（表 4-1）。

表 4-1　三种命名方案的优劣比较

方案选择	优点	缺点
方案 1 "技师学院"全保留	承续历史，保留特色。无须每一次升格均变换校名	和未纳入的技师学院之间难以区分，与现有部分条款规定不太吻合
方案 2 "技师学院"半保留	兼顾了既往技师学院累计的办学声誉又在层次上达到各方心理预期	加挂牌子不宜作为主体。目前已有部分学校已是这种做法，不太好区别
方案 3 "技师学院"不保留	符合管理规范	失去技师学院的特色，管理体制方面存在一定协调困难

四、保留"技工"元素命名

在命名上，本书认为尚有第四种备选折中方案，即纳入高等职业学校的技师学院，既不完全参照职业技术学院（或职业学院）的称谓，也不完全依赖于过往技师学院的称谓，而是基于历史和现实的需要，将其命名为"××

技工学院",依然隶属于人力资源和社会保障部门管理,业务接受教育部门指导。这种方案的主要考虑如下。

(一)有利于拓展技师学院发展空间

技师学院源于技工学校,在层次上高于技工学校,如果仍然保留技师学院名号,或者加括号去括号都无法符合多方预期,但"技工学院"是可以兼顾各部门权益和预期的一种提法,既保留了技工特色,又凸显了专科层次高等学校的特征。假使继续发展为"技工大学"或"技术大学",也未可知。

(二)有利于解决高级技工学校难题

如前文所述,技工院校的跨层次办学亟待解决。虽然大部分技师学院均以高级工(高级技能)及以上的人才培养为主,但技师学院包含高级技工学校功能的办学现状是当下明显的问题。如果技师学院升格为专科层次,《职业教育法》则明确"中等职业学校教育由高级中等教育层次的中等职业学校(含技工学校)实施",即技工学校为中等职业学校,那么,高级技工学校将置于何处?高级技工学校如果既不属于中等职业学校,又不属于高等职业学校,将来一个极大的历史包袱需要加以系统解决。用"技工学院"加以区别,简单易行。

(三)有利于形成办学两级制

如果采用"技工学院"等名称,将升格为专科的技师学院加以区别,暂时不对技师学院、高级技工学校、技工学校的多层次办学加以改革,则是过渡期最好的方案之一。即通过一段时间的改革,将符合条件的技师学院转设为专科层次的"技工学院",而将未能升格的技工学校、高级技工学校,统一调整为中等职业学校层次的"技工学校"。形成中等职业学校的"技工学校"和高等职业学校的"技工学院"两级分层,对"高级技工学校"这一层级进行评估,要么向下归于技工学校,要么向上升格为技工学院,与当下职业教育学校类型相适应,是比较稳妥和合理的选择。

(四)有利于中高职贯通衔接

如果采用"技工学院"等名称,与"技工学校"形成两层式架构,可以很好地实行"三二分段、五年一贯"的中高职贯通衔接。同时,也能很好地兼顾到"新八级工"(学徒工、初级工、中级工、高级工、技师、高级技师、特级技师、首席技师）的培养和培训问题。高级工及以下技能等级主要由"技工学校"完成，技师及以上主要由"技工学院"完成。

（五）有利于回归技工本色

过去由于历史认知的局限性，我国的产业技术工人培养走了不少弯路，以至于形成愈演愈烈的"技工荒"。单就技术工人培养胜任力来说，技工学校、高级技工学校和技师学院，作为技能人才、高级技能人才培养的主要阵地，为我国产业工人队伍建设和工业化发展做出了巨大贡献。但逻辑上技师学院之后，不太可能再建"高级技师学院"。

过去三类技工院校逐步升级而未升格的现实，已难以为继，需要系统加以改革，回归到技术工人培养的本源和初心上来。"产业技术工人"依旧是技工类学校的最佳战场，"技工"依然是技工类学校的最好产品和最好宣传品。"技师"作为概念来说，不是很好的概括性的类属概念，其内涵不如技工覆盖广阔，因此回归技工本色是最佳选择之一。

也有学者认为，技工学校属于中等职业学校，高级技工学校相当于专科层次，技师学院相当于本科层次。单就目前逐级升格的制度而言，除了本科高等职业学校直接兼并，这种可能性暂时是不存在的。

第二节　技师学院的"定位"与"定序"

技师学院能不能培养技师？答案是肯定的。长期以来，技师学院实施的是学制教育和职业培训并举的方针。对多数技师学院而言，采取的做法是通过学制教育培养预备技师，通过职业培训培养技师。少数地区，如江苏、广东、浙江、北京等地的个别技师学院，则直接成功地培养了学制技师。

《技工教育"十四五"规划》在"完善技工院校高技能人才培养体系"中强调，技师学院是优化技工教育结构和培育大国工匠、能工巧匠的重要载体，重点培养技师、预备技师、高级工等高技能人才。在"实施企业新型学徒培养计划"中强调，探索推行弹性学制，通过工学交替、校企双师联合培养高级工、预备技师和技师。

时过境迁，技师学院是继续延续过往的做法，还是有所突破？在构建现代职业教育体系中，技师学院在纵向教育阶梯体系中、在横向教育分类中该处于怎样的位置？技师学院与当下的高职院校，该是竞争还是互补的关系？

对于这些问题的探索，战略之下，均须进一步思考技师学院的"定位"策略，搞好技师学院的"定序"思路。

一、"预备技师"到"技师"培养溯源

2000 年左右，在"计划"走向"市场"的转型发展上，面临着诸多难题。技工学校招生人数、在校生人数和在校生均规模都几乎降到了历史最低点。2000 年 4 月，在广州召开的全国技工学校改革发展经验交流会上，时任劳动和社会保障部副部长林用三提出，技工学校发展要遵循"调整布局、提高层次、突出特色、服务就业"十六字方针。①通过整合、划转、改制和创新，技工教育资源得到优化，办学层次和水平得到提高，办学能力得到加强，迎来了发展的又一个春天，技师培养随后兴起。

（一）"预备技师"的渊源

2006 年，中共中央办公厅、国务院办公厅印发《关于进一步加强高技能人才工作的意见》，提及"在职业院校开展职业技能鉴定工作，大力推行职业资格证书制度，努力使学生在获得学历证书的同时，取得相应的职业资格证书。……选择部分职业院校进行预备技师考核试点，取得预备技师资格的毕业生在相应职业岗位工作满两年后，经单位认可，可申报参加技师考评"。有关人士介绍说，之所以制定这项制度，主要是考虑到当时通过院校培养很难直接培养出技师，即便是理论知识达到了技师水平，其实际操作能力也很难达到企业对技师岗位的标准要求。因此，只有通过学校和企业合作的方式，采取预备技师培养制度。②

随后，劳动和社会保障部下发《关于推动高级技工学校技师学院加快培养高技能人才有关问题的意见》（劳社部发〔2006〕31 号）文件，就建立预备技师制度提出要求。要求从 2006 年 9 月开始，各地在读和新招收各类技师专业学制学生，原则上实行预备技师培养考核制度。预备技师证书自颁发之日起有效期为 5 年。预备技师在相应职业岗位工作满 2 年后（工作业绩突出的可适当缩短），可申报参加技师综合评审和业绩评定。合格者按规定核发技师国家职业资格（二级）证书。预备技师证书由劳动和社会保障部统一样

---

① 李荣生. 全国技工学校改革经验交流活动在广州开展[J]. 中国培训，2000（5）：21.
② 行水. 新"十六字"方针：谋求技校新发展[J]. 职业技术教育，2007，28（21）：60-64.

式和编号并提供查询服务。

可见，"预备技师制度"是对技师学院通过全日制培养技师的不确定性的一种过渡措施，是"准技师"的制度安排。其中，最核心的特征是要求必须有企业参与，即通过校企合作培养准技师。技师学院培养技师的模式，当时不被认可。

（二）统筹设立"技师学院"

《关于推动高级技工学校技师学院加快培养高技能人才有关问题的意见》（劳社部发〔2006〕31号）还就技师学院的发展问题做出了规定，明确提出了技师学院的设立条件。要求各地依托高级技工学校或其他以培养高技能人才为主要目标的职业院校，建设技师学院。技师学院在探索学制教育培养预备技师的同时，要调整办学方向，逐步增加企业在职职工高技能人才培养比例。

2012年，人力资源和社会保障部印发《关于印发技工院校设置标准（试行）的通知》（人社部发〔2012〕8号），规定："技师学院实行学制教育与职业培训并举、学校教育与企业培养相结合的办学模式。技师学院重点培养适应现代化生产、服务需要的高级技工、预备技师，同时面向社会开展各类职业技能培训和师资培训，并承担企业技师和高级技师的提升培训与研修交流、考核鉴定与评价等任务。""申请设立技师学院原则上应具备高级技工学校资格，并经过办学水平评估，且举办过两期以上技师培训班。"该标准还从其他各个方面对技师学院的设立提出硬性要求，为技师学院的规范化发展奠定了基础。

可见，既有标准对技师学院的顶层设计，是学制教育与职业培训"两条腿"走路的制度安排。一方面，如前所述，技师学院通过全日制的"预备技师制度"培养"准技师"，在相应职业岗位工作满2年后通过鉴定考核成为"技师"。另一方面，技师学院通过非全日制的企业技师和高级技师的提升培训，鉴定合格后，直接出产"技师"和"高级技师"。

（三）加挂"技师学院"牌子案例

由于各地发展极不平衡，且技师学院成立之初，就面临着基于高级技工学校设立技师学院的政策环境，其办学主体依然是高级技工学校，后续有的变更为技师学院为办学主体。数量相当繁多，形式也相当复杂。

2003年以来，中山市技工学校先后晋升为国家重点技工学校、高级技工学校，并加挂技师学院牌子。2009年12月，经广东省人民政府批准，设立技师学院。

2014 年贵州省人民政府函复省人力资源和社会保障厅，同意以贵州航天职业技术学院（贵州航天高级技工学校）为依托加挂贵州航天技师学院牌子。学院隶属关系、机构编制事项及经费拨付渠道不变。学院成立后，与贵州航天职业技术学院（贵州航天高级技工学校）合署办公，实行一套人马、两块牌子。

2015 年，贵州省人民政府函复省人力资源和社会保障厅，同意以首钢水城钢铁（集团）有限责任公司高级技工学校为依托加挂贵州首钢水钢技师学院牌子。学院隶属关系、机构编制事项及经费拨付渠道不变。学院成立后，与首钢水城钢铁（集团）有限责任公司高级技工学校合署办公，实行一套人马、两块牌子。

2019 年，四川省人民政府同意眉山职业技术学院增挂眉山技师学院牌子。眉山技师学院行政隶属关系、办学管理体制、经费渠道等不变，教学指导工作由人力资源社会保障厅负责。

2019 年，江苏省教育厅、江苏省人社厅出台《关于优化全省职业教育资源配置有关工作的意见》指出，符合条件的高等职业院校经省人社厅、省教育厅会商，由省人社厅按程序评估并报省政府批准后，增挂技师学院校牌，举办高级工班、技师班。

2021 年，贵州省人民政府函复省人力资源和社会保障厅，同意中国铝业贵州高级技工学校升级为贵州铝业技师学院，并独立设置。学院隶属关系、机构编制事项及经费拨付渠道不变。

2021 年，山东省人力资源和社会保障厅对《关于统筹职业教育融合发展，推动技工院校更好服务全省新旧动能转换和产业转型升级的建议》的答复意见中指出，下一步将采取试点先行的办法，由省人力资源和社会保障厅、省教育厅共同研究，选取试点技师学院加挂高等职业学院的牌子；选取试点高职学院加挂技师学院的牌子。

类似案例，为数不少，每一起又略有不同。可见，加挂"技师学院"牌子，在各地、各个时期均有不同表现。和"高级技工学校"牌子一样，早期都是以前一个学校实体作为办学主体，后续才陆续认可为正式的办学主体。加挂"高级技工学校"牌子时，学校层级还是中等职业学校性质的"技工学校"。加挂"技师学院"牌子时，依旧如此，有的简称"中职部"。

值得一提的是，加挂"技师学院"牌子时，不少高级技工学校同时加挂了"高级职业技术培训学院"牌子。如广州市轻工技师学院（挂广州市轻工高级技工学校、广州市轻工高级职业技术培训学院牌子），广州市公用事业技师学院（挂广州市公用事业高级技工学校、广州市公用事业高级职业技术培训学院牌子）。

可以说，"技师学院"牌子的加挂，更多呈现的是高等"职业培训"属性，而不是高等"学制教育"属性。因此，教育部官方解释为其学历教育基础和依托仍是技工学校，办学层次仍属于中等职业教育，逻辑大致成立，但未兼顾职业培训高等性的现实。当然，职业培训是否分为初等、中等、高等，学界和法律尚未明确规定。

（四）预备技师培养存在的问题

2010 年，张帆结合预备技师培养的工作实践，撰写了《技师学院预备技师培养模式研究》的学位论文，主要围绕三个核心问题展开，即"预备技师的能力标准是什么"、"怎样实现预备技师的培养目标"和"如何优化预备技师培养模式"。他认为，预备技师培养存在的主要问题如下。

一是培养目标定位不准确。预备技师的培养目标本应依据相应工种的国家职业标准并充分考虑企业对技师人才的能力要求来确定，但在实践办学中存在着以下两种错误认识：①以合作企业对技师的能力要求作为培养目标，使培养出来的学生达不到相应国家职业标准提出的要求。②为了迎合招生的需要拔高人才培养目标，定位在"技师本科"的层次。在人才培养方案中把学历课程与技能训练课程掺杂在一起对技能的培养冲击很大。

二是专业设置不能满足企业需求。其当时调查的院校主要开设的预备技师专业集中在现代制造业，但高新技术产业和服务业所急需的技师人才却很少有院校去培养，如社会所急需的物流师、营销师、网络管理师、信息管理师、电子商务师等。

三是课程设置学术化倾向严重。虽然各院校对预备技师的培养课程进行了优化，尽量实现课程的项目化和课题化，但其整体的课程设置仍是板块组合的体系框架。特别是课程设置缺乏系统性和整体性，其预备技师培养阶段的课程与高级工培养阶段的课程存在一定程度的重复，没有凸显出预备技师教育在课程内容上的要求和特色。

四是校企合作难以深入。根据预备技师的成长规律，预备技师单纯依靠学院自身的力量是无法培养的，只能采取校企合作的方式共同培养。但在现实中实现校企合作培养的难度很大。企业不愿意参与技师人才培养的原因主要是：①技师是相对稀缺的人才，企业花费精力培养了不一定能留下，担心为竞争对手培养了人才；②预备技师在企业培养需要承担课题，影响生产；

③自己培养周期长，见效慢，不如直接到人才市场上招人；④对从学生中培养技师有疑虑，担心培养质量无法保证。校企合作培养模式实施难度大，导致部分技师学院主要依靠自己的力量去培养预备技师，这无疑会降低人才培养的质量。

五是师资队伍结构不尽合理。预备技师班的教学要求远高于高级技工班，所以多数技师学院都把最强的师资派去教预备技师班。尽管如此，由于教师普遍缺少企业工作经验，师资配置仍然难以达到要求。

六是评价体系单一。在评价方法及标准上未能突出预备技师培养的特色，主要表现有：①评价指标单一。部分学校仍然沿用多年不变的考试方式，采取"平时测验+期中考试+期末考试"的方式来评价学生，基本上是以书本知识为核心，以考试为主要方式，忽视对技能水平的综合考查。②评价手段落后。以纸笔测验为主，缺乏科学的评价手段。③过程化考核做得不到位。缺少客观公正的评价标准，主要由教师个人现场把握，随意性过大。

10多年后，再度回首张帆的研究，虽部分有所偏颇，但反映的问题基本有不同程度的体现。一方面，是因为企业参与校企合作积极性普遍不高，而校企合作又是预备技师培养的核心所在，故而不尽如人意。另一方面，也是因为通过学制教育培养预备技师，本身有试验探索的意味，各方都没有好的经验可以参照，尤其是"校企双制"其中一环存在缺失或不足的情况。

还有几个比较突出的问题，值得关注。

一是预备技师在招生方面存在困难。学制长、专业少、高等学历无，技艺娴熟和精湛的培养目标达成效果不佳。各种要素交织，在技师学院开展预备技师招生时，存在不好宣传、吸引力不足的现象。

二是预备技师在转正方面存在不确定性。预备技师证书自颁发之日起有效期为5年。预备技师在相应职业岗位工作满2年后（工作业绩突出的可适当缩短），可申报参加技师综合评审和业绩评定。合格者按规定核发技师国家职业资格（二级）证书。但是，青年技能人才就业不稳定的影响因素多，就业跟踪机制不完善，且技师本身吸引力不佳，如何吸引其回炉申请转正为"技师"？效果堪忧。

三是职业资格证书制度变革带来不利影响。本来，先前国家职业资格证书制度中的五级制（初级工、中级工、高级工、技师、高级技师）就不含"预备技师"这一级。作为尴尬的存在，后续职业资格证书目录清单管理，大多数水平评价类技能人员职业资格全部退出国家职业资格目录，不再由政府或其授权的单位认定发证。同时，人力资源和社会保障部门退出技能人员职业资格具体实施工作。预备技师无所依托，在新旧制度尚未充分衔接的窗口期，预备技师招生遭遇重创，为"学制技师"培养埋下了伏笔。

二、技师学院的人才培养定位再思考

当下，业界一个较为经典的辩题是，不能培养技师的技师学院，是否还可以称作技师学院？每到招生季，不少学生或家长咨询最多的问题是：技师学院是高职还是中职，能不能拿到大专毕业证？答案是显而易见的，但在操作中，仍然有很多模糊待决的问题，值得进一步探讨。其中，核心的议题是要厘清技师学院的人才培养定位。

（一）技师学院目前属于高等职业教育培训机构

包括技师学院在内的技工院校，一直在履行学制教育和职业培训并举的法定职责。《技师学院设置标准（试行）》指出，技师学院实行学制教育与职业培训并举、学校教育与企业培养相结合的办学模式。技师学院重点培养适应现代化生产、服务需要的高级技工、预备技师，同时面向社会开展各类职业技能培训和师资培训，并承担企业技师和高级技师的提升培训与研修交流、考核鉴定与评价等任务。

也就是说，一方面，技师学院通过学制教育培养预备技师的"准技师"，另一方面通过职业培训后，评价认定企业"技师和高级技师"。从这个意义上讲，技师学院是可以培养技师的，只不过通过职业培训的形式，而不是学制教育的形式。

《关于推动高级技工学校技师学院加快培养高技能人才有关问题的意见》（劳社部发〔2006〕31号）指出"技师学院是高等职业教育的组成部分，是以培养技师和高级技工为主要目标的高技能人才培养基地，同时，承担各类职业教育培训机构师资培训和进修任务"。劳动和社会保障部办公厅《关于规范技师学院管理有关工作的通知》（劳社厅发〔2006〕30号）继续强调，技师学院是高等职业教育的组成部分，在面向新生劳动力开展后备高技能人才学制教育的同时，承担企业在职职工高技能培训和各类职业教育培训机构师资培训任务。《技师学院设置标准（试行）》则没有"技师学院是高等职业教育的组成部分"的表述。各地虽然不同程度引用了这个表述，但效力不足，无法直接认定其高等教育的身份。

例如，《广东省人民政府办公厅转发〈广东省技师学院设置标准〉的通知》

（粤府办〔2008〕42 号）指出，技师学院是高等职业教育的组成部分，是在高级技工学校基础上设立的，以培养预备技师、技师和高级技师等高技能人才为主要目标的职业院校，同时承担各类职业教育培训机构实习指导教师的培训和进修任务。《四川省人民政府办公厅关于发展技师学院的意见》（川办函〔2008〕195 号）明确，技师学院是以培养技师、高级技工为主的高等职业教育培训机构，是高技能人才培养的重要基地，是职业教育事业的组成部分。

相对来说，四川省对技师学院性质的表述是精准的，广东省对技师学院高等职业教育属性的提法是超前的。

（二）技师学院在校生报读成人专科学历难以为继

虽然政策规定技工院校高级工、预备技师（技师）班毕业生在应征入伍、就业、确定工资起点标准、参加机关事业单位招聘、职称评审、职级晋升等方面，分别按照大学专科、本科学历毕业生享受同等待遇。[①]

但从现实操作上看，既往技师学院一般会与教育部门的高校合作办学，学生毕业时既可取得自修成人教育学历证书，也可通过考级获得人力资源和社会保障部的技能证书（中级工、高级工、预备技师），即所谓的"高级工"套读"大专班"。套读大专班比较复杂，主流途径有两种：成人高考或者国家开放大学。

但至今日，套读"大专"的道路也在不断收缩。如《2022 年安徽省成人高校招生考试报名公告》报考要求：申请报考成人高校的考生应符合相应报考条件，原则上应年满 18 周岁（截至 2022 年 12 月 31 日）。国家承认学历的各类高、中等学校在校生一律不得参加报考。《关于做好广东省 2022 年成人高校考试招生工作的通知》则强调：各高校要明确办学定位，充分体现为在职从业人员服务、以业余学习为主的特点，严格执行脱产、业余、函授等学习形式的有关规定并规范开展招生宣传，严禁虚假宣传、混淆办学类型、违规承诺。普通高等学校举办的成人高等学历教育一律不得招收脱产学生，凡违规招收脱产学生的普通高校将被取消成人高等学历教育招生资格。《广东省 2022 年成人高等学校招生工作规定》进一步规定，报考高起本或高起专考生，应高级中等教育学校毕业或者具有同等学力。高级中等教育学校在校学生，包括应届毕业班学生不得报考。

---

① "技能中国行动"实施方案[J]. 职业, 2021(16): 8-10.

特别是高职扩招以来，"职教高考"对技师学院招收的初中起点五年制高级工班，是个不小的挑战。对学生而言，与其套读大专，不如直接去升学就读全日制大专。各地情况，略有不同，不一一赘述。

（三）技师学院与高等职业院校政策须互通互认

2021 年，广东省高规格出台《关于推动"广东技工"工程高质量发展的意见》（粤办发〔2021〕10 号）和《广东省推动技工教育高质量发展若干政策措施》（粤府办〔2021〕54 号），推动各种资源要素向技工教育领域集聚。投入 4 亿元扶持创建 10 所全国一流、国际知名的高水平技师学院。推动首批 3 所技师学院纳入高等学校序列试点，在 10 所技师学院 50 个专业开展全日制技师班试点。[①]可以说，广东省在推进技工教育和职业教育融合发展方面走在前列。《广东省推动技工教育高质量发展若干政策措施》（粤府办〔2021〕54 号）文件在影响技师学院定位方面，最引人注目的措施有如下几个方面。

（1）推动技师学院与高等职业院校政策互通互认。建立学历、技能证书互认制度，支持技师学院与高等职业院校开展学分或课程互认，完成规定学分或课程的学生，可取得相应学历证书或职业技能等级证书。支持省属技师学院按照省属高等职业院校规格设置和建设。技师学院视同高等职业院校办学层次。

（2）技师学院办学经费按照高等职业院校标准统筹解决。技师学院生均拨款按照财政事权和支出责任划分原则由同级财政部门按照所属高等职业院校经费标准逐步统筹解决。各地要统筹资金，推动辖区内技师学院达到高等职业院校设置标准。

（3）统筹技师学院与高等职业院校招生政策。深化技师学院招生制度改革，加快建立将技师学院招生信息同步向高中应届毕业生推送机制。已纳入高等学校序列的技师学院在省高校招生考试平台上统一招生录取，加快推动其他技师学院纳入高等学校序列。支持技工院校参与中高职贯通培养三二分段、高职专业学院等高职院校招生考试改革试点。

（4）支持职业院校积极培养技能人才。符合条件的高等职业院校经省人力资源社会保障厅、省教育厅会商，由省人力资源社会保障厅按程序评估后增挂职业培训学院牌子。支持职业院校开展财政补贴职业培训项目，纳入现

---

① 广东省人力资源和社会保障厅. 关于省政协十二届五次会议第 20220446 号提案答复的函[EB/OL]. (2022-06-02)[2022-09-12]. http://hrss.gd.gov.cn/zwgk/jytabl/tabl/content/post_3951402.html.

行培训补贴政策支持。探索将"1+X"证书纳入职业技能等级证书体系管理，享受相关政策。

广东作为经济大省和创新强省，在技工教育管理上一直不断创新，集成了当下技工教育政策的最新成果：①已在推动 3 所技师学院纳入高等学校序列，拟将已纳入高等学校序列的技师学院在省高校招生考试平台上统一招生录取，加快推动其他技师学院纳入高等学校序列。②在过渡时期，采取了大量创新举措发展技工教育。支持省属技师学院按照省属高等职业院校规格设置和建设。技师学院视同高等职业院校办学层次。统筹技师学院办学经费按照高等职业院校标准，统筹技师学院与高等职业院校招生政策。③符合条件的高职院校增挂技师学院牌子，将"1+X"证书纳入职业技能等级证书体系管理。可以说，在技师学院未正式纳入高等职业学校之前，广东的做法比较现实。

（四）技师学院培养高技能人才的定位抉择

既往多数技师学院通过学制培养少量预备技师和多数高级工层次的高技能人才，通过培训培养大量的技师和高级技师。根据最新政策精神，"十四五"期间，人力资源和社会保障部门将在技工院校全面推行职业技能等级认定，鼓励学生积极获取相关职业资格证书或职业技能等级证书。支持技工院校依托合作企业为学生提供职业技能等级认定服务。鼓励技工院校学生通过参加各级各类职业技能竞赛，获得相关职业技能等级证书。加大将技工院校培育为社会培训评价机构力度，面向各类就业群体提供培训评价服务。调整改版技工院校毕业证书，将中级工班、高级工班、预备技师（技师）班等信息在毕业证书上明确体现。

1. 改革预备技师制度，培养"学制技师"

预备技师制度的逻辑起点在于，当时认为通过院校培养很难直接培养出技师，即便是理论知识达到了技师水平，其实际操作能力也很难达到企业对技师岗位的标准要求。由于预备技师随着职业资格证书制度的变革，已无法适应当前形势的需要，故而须改革预备技师制度，拓展"学制技师"培养渠道，保障学制与培训双轮驱动。在学制技师培养方面，北京、江苏、广东等走在前列。

北京市工业技师学院自 2009 年开始学制技师培养，2014 年初步形成了具有学院特色的"双导师"学制技师培养模式。到 2017 年，在校数控应用技术、汽车运用与维修、环境保护与检测专业、电气自动化设备安装与维修等专业共培养出 356 名学制技师，就业于中国航天科技集团有限公司、北京奔驰汽车有限公司、京东方科技集团股份有限公司、华润双鹤药业股份有限公司等知名企业，实现了高端引领。李可敬等的研究表明，"双导师"学制技师培养模式有利于学校自身发展，不断扩大技师培养规模；有利于技师职业能力的发展，提高企业认可度、满意度；有利于企业人才储备，实现校、企、生共赢。①

2000 年 6 月，常州高级技工学校增挂"常州技师学院"校牌。2000 年 9 月，即开始探索全日制技师教育，开设 3 个全日制技师专业：机械加工与数控技术、工业电气自动化、信息工程与网络技术。2022 年 9 月 15 日，全国首个智能制造技术全日制高级技师班在常州技师学院开班。学员经过 2 年的全日制学习，最终可获得高级技师证书。②

广东从 2018 年开始，在珠海市技师学院、东莞市技师学院、广东省机械技师学院、深圳技师学院等 4 所广东省高水平技师学院开展学制技师培养试点。专业主要包括模具设计与制造、数控加工（数控铣工方向）、机电一体化、汽车检测和汽车维修等 5 个专业。③

因此，技师学院当务之急是及时总结推广学制技师培养的路径、模式和经验，扩大学制技师培养规模，组织遴选一批技师学院开展一批专业的学制技师培养。不断提升校企共育人才的合作深度和培养技能人才的质量。

2. 推行中国特色企业新型学徒制，培养"企业技师"

人力资源和社会保障部的职责之一即统筹建立面向城乡劳动者的职业技能培训制度，为此设立了中国就业培训技术指导中心（人力资源和社会保障部职业技能鉴定中心），组织开展全国技工院校教育和职业培训的技术指导工作，推动校企合作，加强技能人才培养。整个国家职业技能培训事业归口人力资源和社会保障部管理，因此在职业技能培训事业上新政频出，且多依托技工院校。

---

① 李可敬，白滨，程华. 技工院校"双导师"学制技师培养模式初探——以北京市某技师学院为个案[J]. 职教论坛，2016(27)：21-26.

② 尤佳，彭和辉. 全国首个全日制高级技师班开班[EB/OL]. (2022-09-16)[2022-09-25]. https://baijiahao.baidu.com/s?id=1744128213408467751&wfr=spider&for=pc.

③ 广东省职业技术教研室. 征求对《关于进一步扩大学制技师培养试点的通知》（公开征求意见稿）的意见[EB/OL].(2022-10-11)[2022-10-14]. http://hrss.gd.gov.cn/zwgk/gsgg/content/post_4027004.html.

2021年，人力资源和社会保障部印发《"技能中国行动"实施方案》，围绕健全"技能中国"政策制度体系和实施"技能提升""技能强企""技能激励""技能合作"四大行动，提出20条具体举措的"技能中国行动"正火热开展。其中，提及支持技工院校建设成为集技工教育、公共实训、技师研修、竞赛集训、技能评价、就业指导等功能于一体的技能人才培养综合基地。[①]

2021年6月，人力资源和社会保障部、财政部、国务院国有资产监督管理委员会、中华全国总工会、中华全国工商业联合会印发《关于全面推行中国特色企业新型学徒制加强技能人才培养的指导意见》（简称《意见》），部署全面推行以"招工即招生、入企即入校、企校双师联合培养"为主要内容的中国特色企业新型学徒制。《意见》要求，中国特色企业新型学徒制以至少签订1年以上劳动合同的技能岗位新招用和转岗等人员为主要培养对象，发挥企业培养主体作用，推行培养和评价"双结合"，企业实训基地和院校培训基地"双基地"，企业导师和院校导师"双导师"培养模式。《意见》明确，学徒培养目标以符合企业岗位需求的中级工、高级工及技师、高级技师为主。培养期限为1年到2年，特殊情况可延长到3年。各类企业可采用举办培训班、集训班等形式，采取弹性学制和学分制等管理手段，按照"一班一方案"开展学徒培训。

随后，广东省在操作中，将培训范围界定为企业新型学徒制培训职业（工种）包括《中华人民共和国职业分类大典》中的技能类职业与人力资源和社会保障部公布的新职业。明确企业是技能人才培养的主体，新型学徒制培养的主要职责由所在企业承担[②]，但也对技工院校提出诸多要求。

包括技师学院在内的技工院校，一直在职业技能培训领域充当重要角色，成为人社系统推动技能训练、技能提升的最重要阵地。2021年，人力资源和社会保障部发布的《"十四五"职业技能培训规划》要求，突出职业技术（技工）教育类型特色，深入推进改革创新，扩大技术技能人才培训规模。大力发展技工教育，支持技师学院建设。充分发挥职业院校培训资源优势，提升培训规范化、专业化水平。实施院校职业技能培训行动，动员和支持各类职业院校积极开展职业培训，推行"学历证书+职业技能等级证书"制度，积

---

① "技能中国行动"实施方案[J]. 职业, 2021（16）: 8-10.

② 广东省人力资源和社会保障厅, 广东省财政厅, 广东省国资委, 等. 广东省人力资源和社会保障厅广东省财政厅广东省国资委广东省总工会广东省工商联关于全面推行中国特色企业新型学徒制加强技能人才培养的通知[EB/OL]. (2022-04-14)[2022-09-15]. http://hrss.gd.gov.cn/gkmlpt/content/3/3912/post_3912102.html#4033.

极为毕业年度学生提供职业技能培训服务并纳入职业培训补贴范畴。[①]

2022年，新修订的《职业教育法》中明确提出"国家推行中国特色学徒制"。至此，学徒制上升为国家层面的制度，并以法律形式得以确立。可以预见，学徒制将由此迎来大发展，成为职业教育的基本模式之一。

展望2025年乃至更长的一段时期，依托技师学院开展基于中国特色企业新型学徒制的职业技能培训，将是一个永恒的话题。技师学院要落实学制教育和职业培训并举的法定职责，积极参与企业新型学徒培养工作，将其作为校企合作的重要内容，充分动员合作资源参与新型学徒制培训，特别是参与到技师和高级技师等高端培训中来。

3. 带动高技能人才培养，助力产业工人队伍建设

技工教育是培养我国产业工人的主阵地，充分发挥优势和作用，为产业工人队伍建设服务，是技工教育的重要使命。新修订的《职业教育法》明确"国家采取措施，大力发展技工教育，全面提高产业工人素质"，这是从法律角度对技工教育定位和功能的阐述，明确了技工教育在职教体系中的发展特色，赋予了技工教育崇高的历史使命。

技工教育是伴随我国工业化进程，以培养技术工人为目标的教育类型。新中国成立初期，国家明确技工学校就是为满足国家经济建设需要而设立，技工学校多数依托产业部门和工业项目兴办，培养目标就是经济发展所需要的技术工人，为国家经济建设做出了历史性贡献。

时至今日，技工教育依然坚守着产业技术工人培养的办学定位和特色，并在长期的发展历程中形成了符合产业技术工人、技能人才培养的专业化的模式和方法，从20世纪的"校企一体，产训结合"到新时代的"校企双制，工学一体"，可以说，技工教育是最适合产业技术工人培养的教育类型，在提升产业工人素质方面责无旁贷。[②]

有研究认为，"机器换人"稀释掉数以百万计的就业机会，释放了大量从事简单重复生产的劳动者。中端技能市场的劳动力被不断压缩，低技能和高技能劳动者间的差距不断拉开。同时，劳动者在生产过程中的控制权和议价能力被进一步削弱。随着数字化工厂智能制造的不断演进，这种替代的范

---

① 人力资源和社会保障部,教育部,国家发展和改革委员会,等. 人力资源社会保障部教育部发展改革委财政部关于印发"十四五"职业技能培训规划的通知[EB/OL]. (2021-12-15)[2022-09-16]. http://www.mohrss.gov.cn/SYrlzyhshbzb/rencairenshi/zcwj/202201/t20220104_432182.html.

② 崔秋立. 勇于肩负起法律赋予的历史使命[N]. 中国劳动保障报,2022-05-11(4).

围和程度势必扩大，并将会是一个长期持续的过程。①

作为技工教育体系龙头的技师学院，应当顺应时代发展，做好与教育部门职业院校的错位发展，继承"从企业中来，到企业中去"的校企合作办学传统，发挥在制造业领域的技能人才培养优势，增强办学适应性，为制造业强国提供强大的技能人才支撑，成为产业技术工人来源的渠道供应者和晋升服务的提供者。

三、技师学院的学校发展定序再探索

对于符合条件而纳入高等职业学校序列的技师学院来说，自然进入高等职业学校教育范畴。对于尚未纳入的技师学院来说，如前所述，现阶段走参照高职院校标准建设之路，是过渡期最好的抉择。这既是遵照依法治教的体现，也是技工教育高质量发展的要求。那么在现代职业教育体系中，技工教育在横向分类、技师学院在纵向分层中处于怎样的位置呢？须加以详细考察。

（一）技工教育在横向分类中的序列

本书认为，技工教育是以人力资源和社会保障部门管理的技工院校（含技工学校、高级技工学校、技师学院）为主体的学校职业教育形态，是职业教育的重要组成部分，目前已经发展出自成体系的初、中、高三个层次。它遵从职业教育发展的一般规律，在具备职业教育一般特征的基础上，还兼备以产业发展为依据、以校企合作为优势、以充分就业为目标、以技能提升为根本、以职业资格（技能等级）为载体等独有特征。在历史上，技工教育主要培养第二产业技术工人，现逐步拓展，面向生产、技术、管理、服务一线培养技能人才。②

可以说，技工教育是一个动态发展的概念，是大职业教育的重要分支和重要组成，兼有职业学校教育和职业培训的双重职能。毫无疑问，技工教育隶属于职业教育，专门用来指代技工学校教育，它是职业教育的重要组成部分。只不过，技工教育不是"泛化"的职业教育，而是伴随着我国工业化进程，以国家需求为本位，培养技术工人、技能人才的专业化、系统化、高端化教育。③

---

① 刘晓, 钱鉴楠. 技能型社会下产业工人队伍建设与职业教育使命担当[J]. 中国职业技术教育, 2021(33): 5-10.

② 广州市职业技术教研室. 广东省技工教育内涵建设研究[R]. 2015: 1-10.

③ 崔秋立. 技工教育特色论[M]. 北京: 中国劳动社会保障出版社, 2021: 序

联合国教科文组织于 2011 年通过的《国际教育标准分类法（2011）》，是凝聚国际社会关于教育标准分类共识的重要成果。其界定教育分类的依据除教育人口、教育年限、学位或文凭结构等标准外，最主要的就是"课程标准"。孟凡华等认为，职业教育是以就业为导向的，既包括职业学校教育，也包括职业培训，培养的是技术技能型人才；而普通教育则以学校的全日制学历教育为主，培养的是学术型人才。前者决定了其课程结构是以工作过程逻辑展开的，是动态性的，需要企业和生产部门参与建设和实施；后者决定了其课程结构是以学科知识逻辑展开的，是静态的。正是这些内在的逻辑性，决定了作为类型教育的职业教育区别于普通教育的最为显性的特征。①

孟鸿伟发现，国际上的"5A 类课程"主要面向具有较强的理论基础并提供合格的资格证书以便能进入高等研究课程和高级技术专业的职业；而"5B 类课程"实际上是一种职业定向的特殊课程，主要设计成获得某一种职业或职业群所需要的实践技术和专门技能，对学习完全合格者通常给予进入劳动力市场的有关资格。②余荣宝等认为，上述分类标准为研究者提供了两个方面的引导，一是教育分类可以以课程定向和课程去向为标准，二是课程可以区分为职业的与普通的。也就是说，国际学术界认可职业教育与普通教育是两种不同教育类型的。③

徐国庆认为，应用型人才培养体系构建为"中等职业教育"确立了新使命。传统观点的"科学知识+技术知识"的应用型人才培养模式，其基本逻辑是：应用型人才培养应该先教授自然科学知识，然后在此基础上进行技术知识的教学；科学知识掌握牢固了，技术知识的掌握才能牢固；提高技术创新能力的基本方法是延长具有普遍性质的科学知识的教学时间，推迟专业教学进行的时间。但是，大量技术知识并非来自科学知识的应用，而是有它自身的生产逻辑；另一方面，通过对科学知识与技术知识的比较，发现技术知识在思维模式上与科学知识有本质区别。技术相对于科学的独立性的确立，要求建立基于技术知识的、具有相对独立性的应用型人才培养体系。因此，中等职业教育功能应从经济本位向教育本位转型，人才培养目标定位实现基础性转向。策略包括对不同中等职业学校与专业的人才培养功能定位进行分化，改革课程内容与教学方法、突出中等职业教育的教育功能，对中高等职

① 孟凡华, 岳金凤, 于志晶. 新《职业教育法》："类型教育"的作用和价值[J]. 职业技术教育, 2022, 43(15): 25-28.

② 孟鸿伟. 从新国际教育标准分类看国际职业教育的发展[J]. 职教论坛, 1998(2): 58-60.

③ 余荣宝, 陈新文. 职业教育类型化的内涵与特征探析[J]. 教育与职业, 2021(1): 13-20.

业教育的专业设置与教学标准进行一体化设计等①。

现实来看，黄斌认为，技工教育作为职业教育的子集，是与普通教育具有同等重要地位的教育类型。在功能定位和社会地位上具有社会性、区域性和人人性特征；在办学定位和培养目标上具有职业性、双重需求性和融合性特征；在培养途径和行为模式上具有实践性、灵活性和个性化特征。②

2022 年 2 月，教育部职业教育与成人教育司司长陈子季提出，推进中职学校多样化发展，从"以就业为导向"转为"就业与升学并重"。事实上，升学已是中职学校的主要去向，学生可以通过对口单招、五年一贯制、普通高考等各种途径继续深造。可见，在教育口中职学校就业功能基本完成历史使命后，其将转型成为应用型人才培养体系的基础教育。

根据北京大学中国教育财政科学研究所对 2020 年全国中职毕业生的抽样调查发现，在近 1.7 万份样本中就业的比例仅为 35%，约 65%升入高等院校继续学业，其中约 10%升入本科院校。在升学渠道上，对口单招和各种形式的直升（五年一贯制、中本贯通等）是主要的升学方式。也有近 9%的学生选择了普通高考，与普高生同台竞技。③据第一财经调研了解，2022 年技校生延续了往年供不应求的趋势，尤其是制造业相关专业的学生，即便在企业订单量减少的当口，依然抢手。④

技工教育同样作为教育类型，更多被赋予在中等职业教育的角色定位。和教育部门的中职升学率不断攀升比起来，技工院校特别是技师学院的毕业生，更多面向就业市场。截至 2022 年底，全国共有技工院校 2551 所，在校生 445 万人，在校生规模和开展职业培训规模创历史新高⑤。这恰恰是技工教育也作为类型教育，以就业为导向的特色和生命力所在，走出了一条不同于中等职业学校的道路。

（二）技师学院在纵向分层中的位置

《技工教育"十三五"规划》关于学制的表述为：技工院校招收初中毕业

① 徐国庆. 中等职业教育的基础性转向：类型教育的视角[J]. 教育研究, 2021, 42（4）：118-127.

② 黄斌. 职业教育作为类型教育的内涵、特征及其培育[J]. 中国职业技术教育, 2020（1）：67-72.

③ 田志磊. 中职教育升学：误解、事实与政策[EB/OL]. (2022-04-09)[2022-09-17]. https://mp.weixin.qq.com/s/ET8DGMrSPRur0Nbu2IP_Lg.

④ 吴斯旻, 何乐舒. 职校生的就业季：技校生"不存在就业难"，中职生忙升学[EB/OL]. (2022-06-27)[2022-09-17]. https://mp.weixin.qq.com/s/GcGxK_saURtlKNiqaSEovA.

⑤ 人力资源和社会保障部.我国高技能人才培养供给体系日益完善补贴性职业技能培训超 1 亿人次[EB/OL]. (2023-05-11)[2023-06-20]. https://mp.weixin.qq.com/s/dGifpXk7Vedk0fU0nhqBZw.

生，培养中级工、高级工、预备技师的学制教育期限分别为 3 年、5 年、6 年。高级技工学校、技师学院招收高中毕业生，培养高级工、预备技师的学制教育期限分别为 3 年、4 年。高级技工学校、技师学院招收对口专业中等职业学校（包括技工学校）达到中级技能水平学生，培养高级工、预备技师的学制教育期限分别为 2 年、3 年。技师学院招收达到高级技能水平学生，培养预备技师、技师的学制教育期限分别不少于 1 年、2 年。大体如表 4-2 所示。

表 4-2　技工院校学制与职业技能等级对照示意表

职业技能等级	技工学校	高级技工学校			技师学院			
	初中起点	初中起点	中级技能起点	高中起点	初中起点	中级技能起点	高中起点	高级技能起点
初级工	—	—	—	—	—	—	—	—
中级工	3 年	3 年	—	—	3 年	—	—	—
高级工	5 年	5 年	2 年	3 年	5 年	2 年	3 年	—
预备技师	6 年	6 年	3 年	4 年	6 年	3 年	4 年	≥1 年
技师	—	—	—	—	—	—	—	≥2 年
高级技师	—	—	—	—	—	—	—	—

注：根据《技工教育"十三五"规划》关于"规范技工院校学制"归纳而成。

2019 年，人力资源和社会保障部、教育部印发《人力资源社会保障部教育部关于做好技工院校招生工作的通知》（人社部发〔2019〕119 号）强调，要推进各省份技师学院、技工学校纳入职业教育统一招生平台，支持按照高校设置程序进入高等学校序列的技师学院纳入高职（专科）统一招生平台，并以××职业技术学院（××技师学院）予以明确体现，支持这些学院参与高职扩招。引导未进入高中阶段教育的应届初中毕业生，进入中职学校、技师学院和技工学校学习；引导动员更多符合条件的高中应届毕业生（含普通高中、中职学校、技工学校）和退役军人、下岗失业人员、农民工、新型职业农民等社会群体报考高职院校（含挂靠在高职院校的技师学院）。

《技工教育"十三五"规划》还提及"鼓励技工院校探索高级工班和预备技师（技师）班招收中级工班学生的内部招生、面向往届初高中毕业生和企业在岗职工等群体的社会招生……"。《技工教育"十四五"规划》强调，"面向应往届初高中毕业生、企业职工等各类群体组织开展招生工作。积极推进技工院校纳入职业教育统一招生平台，多举措多渠道扩大技工院校招收高中毕业生、退役军人、脱贫家庭新成长劳动力和农村转移劳动力。组织有技能提升需求的未就业高校毕业生就读技工院校"。

根据教育部等六部门印发的《现代职业教育体系建设规划（2014—2020年）》，拟构建从中职、专科、本科到专业学位研究生的培养体系，满足各层次技术技能人才的教育需求，服务一线劳动者的职业成长（图2-1）。

凡此种种，技师学院始终被限定在中等职业教育的层级上，其学历教育基础和依托仍是技工学校。和震等指出，我们应改变职业教育和普通教育固有体系的封闭状态，构建中国现代职业教育体系，这不仅要做好职业教育自身各阶段、各方面的相融，同时也应着手与普通教育的相互沟通，以学分为基础，实现学生在职业教育和普通教育之间的自由转换，为学生提供多种选择和发展机会，改变现在一旦选择终身遗憾的僵局[①]（图4-1）。

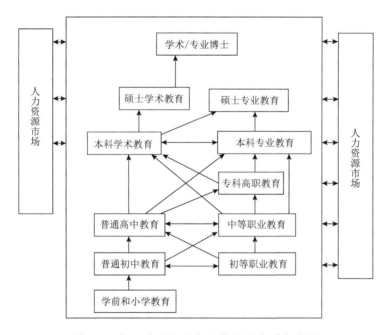

图 4-1　普职融通的现代职业教育体系参考图

随着《国家职业教育改革实施方案》《职业教育提质培优行动计划（2020—

---

① 和震, 李玉珠. 基于《国际教育标准分类法(2011)》构建中国现代职业教育体系[J]. 首都师范大学学报(社会科学版),2014(3): 127-135.

2023 年）》《关于推动现代职业教育高质量发展的意见》等系列文件的陆续出台，自 2019 年 5 月，教育部批准 15 所"职业学院"为首批本科层次职业教育试点学校以来，截至 2024 年 6 月 20 日全国已分批发展了 51 所"职业技术大学"，职业本科教育实践在全国各地开展得如火如荼。举办本科职业教育，能提供更为多元的教育选择，既能缓解日益严重的社会焦虑，又能为广大家长和学生提供更多的教育选择和学习自由，使高等教育真正从"筛选的教育"走向"选择的教育"①。

曾经的中专升格高职专科，当下升格职业教育本科的高职院校又前赴后继，如火如荼。而同期起步的技工学校，虽有"技工院校高级工班、预备技师（技师）班毕业生分别按相当于大专、本科学历落实相关待遇"的内部通行证，但毕竟在很多场合，显得苍白无力。

为之计深远，梳理《现代职业教育体系建设规划（2014—2020 年）》《国家职业教育改革实施方案》等文件，遵照新修订的《职业教育法》，省级行政单位应指导支持办学规范、质量较高的技师学院尽快达到标准要求，按照高等学校设置制度规定，纳入高等学校序列，并报教育部备案，方为技师学院福祉之所在。

第三节　技工培养的"本色"与"特色"

面向"十四五"乃至更长的时期，我国将开启全面建设社会主义现代化国家新征程，经济社会发展对高素质技能人才具有极其广泛的需求，为技工培养发展提供了良好机遇和广阔空间。

特别是 2021 年以来，《关于推动现代职业教育高质量发展的意见》《"技能中国行动"实施方案》《关于深化技工院校改革大力发展技工教育的意见》《技工教育"十四五"规划》等重磅文件频出，修订后的《职业教育法》首次增加"大力发展技工教育，全面提高产业工人素质"等表述，新版《中华人民共和国职业分类大典》通过终审并发布。一系列的利好消息传来，开启了技工教育发展新征程，必将激发技工院校的新作为，推动技术工人培养出新出彩。

伴随着新中国工业化而产生和发展起来的技工教育，历史积淀决定了它

---

① 匡瑛，邓卓，朱正茹."升格冲动"抑或"应时之需"：职业本科发展之辩[J]. 中国职业技术教育，2022（3）：5-11.

的技能开发属性和就业优先属性，其长期存在的价值，在于其办学模式的特色而非形态的特殊。展望未来，各地技工教育必将融入大职业教育，在支撑中国制造强国战略中充当主力军，在技能型社会建设中保持顽强生命力，为技能人才职业生涯发展闯出一条新路径。

一、增强技工教育适应性，融入现代大职业教育体系

2020 年 10 月 29 日，党的十九届五中全会审议通过的《中共中央关于制定国民经济和社会发展第十四个五年规划和二〇三五年远景目标的建议》提出，要"加大人力资本投入，增强职业技术教育适应性，深化职普融通、产教融合、校企合作，探索中国特色学徒制，大力培养技术技能人才"。随后，"增强职业技术教育适应性"迅速成为政策和学术热词，后来"增强职业教育适应性"写入 2022 年新修订的《职业教育法》。作为职业教育的重要组成部分，技工教育同样面临增强适应性的问题，并且还面临如何融入现代大职业教育体系，进而积极回应类型功能的时代之问。

（一）从"被动适应"到"创新引领"——以广东技工教育为例

适应性原本是一个生态学术语，指通过生物的遗传组成赋予某种生物生存潜力，实则是一种生物体与环境间相适应的状态。潘海生和林晓雯认为，在不同的发展阶段，职业教育适应性的内涵也呈现阶段性发展特征。每一个阶段职业教育适应性的内涵最终落脚点都是"人"与"产业"。[①]

（1）被动适应发展阶段。即适应产业调整与建设的"供给驱动"。新中国成立初期，我国采取高度集中的计划经济体制。国家政策按照工业化建设所需人才提出要求，职业教育按照要求供给人才。改革开放后，职业教育发展从"国家计划"转为"市场导向"，适应市场经济下的产业发展成为职业教育适应性的重要表现。

（2）主动适应发展阶段。适应服务人的就业与产业优化的"需求驱动"。21 世纪初期，职业教育的适应性内涵不断丰富，从"供给驱动"向"需求驱动"转变，强调"以服务为宗旨、以就业为导向、以能力为本位"。职业教育为经济建设和社会发展服务，以促进区域经济发展和社会进步为办学宗旨。

（3）适应引领发展阶段。即兼顾人的全面发展与产业转型升级的"创新

---

① 潘海生，林晓雯. 新发展格局下职业教育的适应性发展[J]. 职业技术教育，2021（15）：15-20.

驱动"。近期，职业教育也进入"提质培优"的新阶段，面对新一轮科技革命与产业变革，职业教育的适应性从主动式适应更深化为主动适应并兼具引领式发展，发挥其促进就业、适应产业、服务行业、引领业态等作用。

技工教育的适应性，除了要考量时间维度，还要考虑空间维度和行业维度。在我国技工教育发展历程中，技工教育发展的优势随着时间的变迁发生了区域转移。这种区域转移快慢，与当地工业化进程的速度高度相关。

在新中国成立初期，苏联援建的 156 项重点工程选址偏重东北、中部和西南地区，主要分布在国防、能源、原材料和机械加工等大型重工业领域。由于急需大量中等技术人才和技术工人，技工学校随之兴起。同期广东等沿海地区因工业基础差，企业数量少、规模小、设备陈旧、技术落后，绝大多数劳动力从事农业生产，技工培养比较落后。[1]

改革开放后，东部地区工业化进程迅速推进，尤其是进入工业化初、中期后，经济、技术发展和产业结构升级转型对人才的需求在层次、结构、规格上大幅提升，推动了高等职业教育的大发展[2]。对广东等沿海省份的技工教育而言，则是大量举办高级技工学校和技师学院。

例如，广东从相对落后的农业省发展成为全国第一的经济大省过程中，职业教育特别是技工教育，随着产业结构高端化发生了显著的变化（图 4-2）。

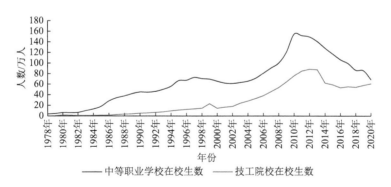

图 4-2　广东中等职业教育在校生数变化情况（1978—2020 年）
资料来源：《广东统计年鉴 2023》

如图 4-2 所示，随着工业化进程的加速，广东中等职业学校和技工院校在校生规模均呈现出较为平稳增长，随后缓缓下降的趋势。这种增长，一方

---

[1] 李兴军. 工业化进程与技工教育发展——以广东为例[J]. 中国培训, 2022(3): 24-27.
[2] 杨近. 我国工业化进程与职业教育体系发展的研究[D]. 上海: 上海师范大学, 2015: 154.

面是工业化催生了对技能人才的大量需求，使得招生规模节节攀升；另一方面由于工业化对城市化的带动，促使大量进城务工人员涌入广东，其子女大量选择中等职业教育导致其规模不断扩大。当然，广东工业化进程对技能人才需求是极其大量的，不仅依靠省内中职和技校培养，还有大量的高职毕业生进入第二、第三产业，更有大规模的外省劳动力，一起构成了浩浩荡荡的产业工人大军。

可以说，技工院校的兴衰和制造业繁荣休戚相关。广东工业经济由弱到强的过程中，工业结构由单一到健全发生了巨大转变，使广东省一跃成为全国工业大省，并不断推进制造业升级改造，实现"制造大省"向"制造强省"的转变①，随之技工院校发展迅猛。山东、江苏、浙江等技工教育发达省份也是如此，而中西部地区技工院校关、停、并、转较多。当然，部分城市因定位不同而对技工院校予以限制发展，另当别论。

当前，广东省正深入实施"1+1+9"工作部署，推进"双区"和两个合作区建设，实施"制造业当家"战略、构建现代经济体系、乡村振兴战略等重大战略，着力培养更多的高素质技能人才。广东的技工教育正极力对接广东省10个战略性支柱产业集群和10个战略性新兴产业集群，以高标准实施"粤菜师傅""广东技工""南粤家政"三项工程为抓手，全面建成技工教育强省，打造中国技工教育高地和高质量发展典范。

回顾这一蝶变过程，技工教育实现了"沧海桑田"的巨变，诸多落后的乡村也从原来的单一生产类型，向一座座充满现代气息的宜商、宜工、宜居的工业新城转型。相伴相随，工业化催生技工教育，并始终需要技工教育。技工教育如能从被动适应走向超越引领，当是技工之幸、职教之幸。

（二）从"并行不悖"到"跨界融合"——以江苏方案为例

增强适应性是我国当前和今后一个时期职业教育发展的重要任务，最关键的是要着眼于准确把握新发展阶段、深入贯彻新发展理念、加快构建新发展格局，紧紧抓住"类型特色、多元办学、融合发展、开放水平"四个关键词，处理好"普职、产教、校企、师生、中外"五大关系，推动我国职业技术教育更好"长入"经济、"汇入"生活、"融入"文化、"渗入"人心、"进入"

① 广东省统计局发布《新中国成立 70 周年广东经济社会发展成就系列报告》工业篇[EB/OL]. (2019-09-21) [2022-01-20]. https://static.nfapp.southcn.com/content/201909/21/c2644246.html?from=timeline&isappinstalled=0.

议程，稳步扩大技术技能人才培养规模，整体提升国民技术技能素养。[①]

对技工教育来说，此前与教育口的职业教育事业几番分治以来，几乎是各行其是，合作多于竞争，相同多于差异。"十四五"将是一个非常关键的时段，这个阶段的趋势定向，对今后技工教育的特色定位，具有里程碑的意义。山东、江苏、广东各有特色，就系统性、操作性、前瞻性而言，江苏的方案特别值得关注。

2021年10月，江苏省人社厅同时发布《江苏省"十四五"技能人才发展规划》和《江苏省"十四五"技工教育发展规划》，提出了"十四五"时期江苏技能人才队伍建设和技工教育发展主要指标，重点打造以"江苏工匠"为龙头、"江苏技校+江苏技工+江苏技造"为骨干的新时代江苏技能"1+3"品牌群，努力培养更多新时代的能工巧匠、大国工匠。

围绕实现"十四五"技能人才队伍建设目标，江苏将重点实施职业技能提升行动、技工院校提升行动、世界技能大赛夺金行动和江苏工匠培育工程，推动一系列重大改革事项落实落地，建设一批国家级高技能人才培训基地和技能大师工作室。《江苏省"十四五"技工教育发展规划》是江苏第一个关于技工教育的五年发展规划，也是全国范围内第一个发布的省级"十四五"技工教育发展规划。《江苏省"十四五"技工教育发展规划》明确坚持"政治建校，依法治校，改革兴校，质量立校，人才强校"，从政策、教学、培训、评价、竞赛等五个方面赋能技工院校高质量发展。[②]

江苏的规划主要有以下特点。

第一，问题分析精准恰当。在技能人才整体存在的突出问题方面，《江苏省"十四五"技能人才发展规划》从总量、结构、投入、培养、环境、体制机制等方面逐一分析，精准恰当，窥一斑而知全豹，这些问题既是区域的表现，也广泛存在于全国各地。在《江苏省"十四五"技工教育发展规划》中对问题的分析，更是直言不讳，如"现有的技工教育法律法规原则性条款较多，体例较为简单、笼统，存在一些工作盲区""技工院校准入与退出机制尚未形成闭环，技工院校办学管理制度需要进一步完善，治理能力、治理水平需要进一步提高"。可以说，切中要害。

第二，涵盖内容全面系统。《江苏省"十四五"技工教育发展规划》围

---

① 陈子季. 增强职业技术教育适应性，开拓高质量发展新格局[J]. 教育家，2021（5）：4-6.

② 孙兴伟. 江苏省"十四五"技能人才发展规划、技工教育发展规划正式发布[EB/OL].（2021-10-25）[2022-09-25].
https://mp.weixin.qq.com/s/DF_DQkhfzyX2yZxwZ6ZH7w.

绕江苏经济社会和地区产业发展大局,瞄准体系结构更加优化、办学质量明显提升、服务能力显著增强等三大发展方向,精准设定毕业生总体就业率、职业培训规模等 16 项主要参数指标,从坚定政治方向、统筹结构布局、提升办学水平、凸显技能特色、增强服务能力、规范办学行为、优化发展环境等方面提出主要任务和具体举措,尤其是创新性地提出政策赋能、教学赋能、培训赋能、评价赋能、竞赛赋能等重点计划。

2020 年以来,江苏先后出台一系列文件,对规范技工教育办学具有深远的意义。特别是,细化到规范全省技工院校名称(不少因之更名)、政府补贴性职业技能培训标准、职业技能比照认定,兼顾了创新性、系统性和操作性(表 4-3)。

表 4-3　江苏省技工教育发展文件摘选(2020—2022 年)

序号	文件名	文号	发布时间
1	省人力资源社会保障厅关于做好水平评价类职业资格退出目录有关工作的通知	苏人社函〔2020〕239 号	2020-09-14
2	省人力资源社会保障厅关于改革完善技能人才评价制度的实施意见	苏人社函〔2020〕127 号	2020-11-02
3	省人力资源社会保障厅省委编办省发展改革委省教育厅关于印发《江苏省重点技师学院评估标准》的通知	苏人社发〔2020〕111 号	2020-11-02
4	省人力资源社会保障厅关于印发《江苏省技工学校设立审批办法(试行)》的通知	苏人社规〔2020〕5 号	2020-12-09
5	省人力资源社会保障厅关于印发《江苏省技能人才评价技术资源快速响应机制(2021 年—2025 年)工作方案》的通知	苏人社发〔2021〕22 号	2021-04-08
6	省人力资源社会保障厅关于印发江苏省"十四五"技工教育发展规划的通知	苏人社发〔2021〕70 号	2021-07-21
7	省人力资源社会保障厅关于印发江苏省"十四五"技能人才发展规划的通知	苏人社发〔2021〕73 号	2021-07-25
8	省人力资源社会保障厅关于印发江苏省技工院校办学水平评估办法(试行)的通知	苏人社规〔2021〕4 号	2021-09-09
9	省人力资源社会保障厅关于印发江苏省技工教育督导办法(试行)的通知	苏人社规〔2021〕6 号	2021-09-23
10	省人力资源社会保障厅关于印发江苏省国(境)外职业技能比照认定实施办法的通知	苏人社规〔2021〕7 号	2021-10-13
11	省人力资源社会保障厅、省委编办、省民政厅关于规范全省技工院校名称的通知	不详	2022-02-25
12	省人力资源社会保障厅办公室关于进一步规范全省技能人才评价工作的通知	苏人社办函[2022]54 号	2022-04-08

序号	文件名	文号	时间
13	省人力资源社会保障厅关于印发全省人力资源社会保障系统服务数字经济发展若干措施的通知	苏人社发〔2022〕59号	2022-05-25
14	省人力资源社会保障厅关于加强和改进政府补贴性职业技能培训的若干意见	苏人社发〔2022〕102号	2022-08-02
15	省人力资源社会保障厅关于进一步加强职业技能培训规范管理工作的通知	苏人社函〔2022〕330号	2022-09-14

资料来源：根据江苏省人力资源和社会保障厅官网资料整理。

第三，始终体现内外"两个融合"。江苏规划是在国家部委文件指导下形成的地方性操作性方案，始终强调增强职业教育适应性，构建纵向贯通和横向融通并行的现代职业教育体系。

首先是对内注重融会贯通。《江苏省"十四五"教育发展规划》中强调一体化设计职业教育培养体系，推动各层次职业教育在专业设置、培养目标、课程体系、培养过程等方面的衔接贯通。《江苏省"十四五"技工教育发展规划》中，规划创建一批国家级优质技工院校、国家级优质专业，推进省重点技师学院、省级高水平技工院校建设。加大资源整合力度，扶优汰劣，壮大优质技工教育资源，大力发展技师学院，建设高水平技工院校。支持职业院校举办技师学院、技工学校。

其次是对外注重产教融合。江苏在不同场合均强调推动职业教育产教深度融合。《江苏省"十四五"技工教育发展规划》强调，从经济社会发展和产业转型升级对技能人才的多样化需求出发，构建教学与生产无缝对接的培养体系，建设一批理念先进、定位准确、特色鲜明，与区域产业集群发展相匹配的省级品牌特色专业群，开发一批专业建设标准、指导性人才培养方案和评价标准，规范和引领全省专业建设发展。《江苏省"十四五"技能人才发展规划》强调，重点聚焦全省13个先进制造业产业集群、50条重点产业链、30条优势产业链和现代服务业发展需求，摸清产业技能人才资源底数，配套产业地图同步绘制高技能人才地图，编制发布重点产业链急需紧缺高技能人才需求目录，助力产业与高技能人才精准对接，满足先进制造业、现代服务业、战略性新兴产业高技能人才需求。及时发布《江苏省技能人才需求报告》《江苏省技工院校专业与产业吻合度调研报告》，建立专业动态调整机制。实现高技能人才和专业技术人才职业发展的双向贯通，高技能人才选拔任用、流动激励、评选表彰机制进一步健全。

特别是 2019 年 11 月，江苏省教育厅、人社厅联合下发《关于优化全省职业教育资源配置有关工作的意见》指出，保持现有各类职业院校管理体制不变，充分发挥教育、人力资源社会保障部门各自优势，创造叠加效应。同时，符合高等院校设置要求的技师学院，根据国家统一政策安排，纳入高等学校序列。在编制高校设置规划前，江苏省人社厅统筹提出在规划期内拟设置为高等职业院校的技师学院名单，教育厅在统筹全省高等教育事业发展的基础上将符合条件的技师学院纳入高校设置规划，经省政府同意后报教育部备案。符合条件的高等职业院校经省人社厅、教育厅会商，由人社厅按程序评估并报江苏省政府批准后，增挂技师学院校牌，举办高级工班、技师班。

增挂技师学院校牌的高职院校举办高级工班、技师班，其高级工、技师的学籍管理和教学管理由人社厅负责。学生毕业时，符合毕业条件的毕业生由所在学校颁发高职学历证书，由人力资源和社会保障部门颁发职业资格证书（技能等级证书）。技工学校、中等专业学校经批准，分别增挂中等专业学校或技工学校校牌。增挂技工学校校牌的中等专业学校，同等享受人力资源和社会保障部门的相关政策支持，学生毕业由人力资源和社会保障部门按规定颁发职业资格证书（技能等级证书）。增挂中等专业学校校牌的技工学校，同等享受教育部门的相关政策支持。

江苏省教育厅、省人社厅共同建立统一的中等职业学校（含技工学校）学生学籍管理平台，学生学籍由人力资源和社会保障部门和教育部门在同一个学籍管理平台上分别进行管理，与统一招生录取平台信息一致。技工学校学生根据教育部门统一安排，参加中等职业学校学生学业水平考试，取得高等学校升学资格。教育部门会同人力资源和社会保障部门，统筹规划、合理布局，在有关技工学校建设中等职业学校学生学业水平考试标准化考点。

可以说，在职教"立交桥""快车道""多车次"的处理方面，"江苏方案"是在政策许可范围内最优化的选择，走出了一条部门协作、资源共享、效应叠加的宽阔道路。例如，2022 年 9 月，全国首个智能制造技术全日制高级技师班在江苏开班，为我国技工教育培养高端技术技能人才改革探路。在技工培养的特色方面，江苏走在前列，未来可期。

二、构建技能形成体系，推动学历社会走向技能型社会

2021 年，国务院印发的《"十四五"就业促进规划》指出："结构性就

业矛盾更加突出，将成为就业领域主要矛盾。"近期，全体劳动力、全人力资本口径、全产业链上均不同程度地存在"就业难"，主要原因有：①受"双减"政策影响，教育培训行业规模骤减，该行业多数从业人员习得新技能以顺利实现职业转换尚需时日，短期内尚无法实现稳定就业。②高等教育扩招至今，高校毕业生缺乏与就业岗位衔接的技能而导致就业困难，已经持续了多年。③受新冠疫情和经济增速放缓等影响，一方面企业经营困难导致就业岗位减少，另一方面出国（境）深造比例下降，就业形势更加严峻。④中年农民工人力资本水平较低，面临频繁的技术迭代，知识技能尚不能适应产业需求的变迁。

从需求侧看，劳动力需求的结构性变化是产生就业结构性矛盾的根源，再加上后疫情时代面临诸多不可控因素，来自需求侧的结构性变迁会更强烈。从供给侧看，老龄化叠加教育供给结构失衡。从教育供给结构看，多年"学历型社会"的发展惯性制动刹车不易，职业教育的发展亟待社会观念和社会制度的匹配推进。①

从直观上看，大学生"就业难"叠加企业"技工荒"，结构性就业矛盾日益凸显。促进劳动力供需适配，尤其是在劳动力供给侧建构促进劳动力技能形成的制度集合，覆盖全体劳动力、全生命周期、全产业链的技能需求，才是缓解矛盾的关键。

从顶层设计看，现有教育和职业培训制度需要建立融通等值的互换体系，促进学习者在两个路径的流动与迁移，建立技能供给与技能需求匹配的制度基础，同时通过学历和职业资格的等级等值认定改善技能人才的福利待遇和社会地位。当前，我国已建成世界最大规模高等教育体系，实现了历史性跨越，高等教育进入世界公认的普及化阶段。为此，从社会发展理念看，人才培养更应该向应用型人才、技能型人才培养的转型，特别要实现社会观念从"学历社会"向"技能型社会"的转变。

（一）"学历社会"须向"学力社会"转型

2021年末，曹德旺对话朱永新。曹德旺提及，在大学生就业难的背景下，类似福耀玻璃工业集团股份有限公司的工厂却很难招到合适的大学生，大学毕业生争着考公务员，或者宁可送快递、送外卖，也不愿意到制造业企业就

① 陈建伟，赖德胜. 周期性与结构性因素交织下就业结构性矛盾及其政策应对[J]. 中国特色社会主义研究，2019（1）：32-38.

业。朱永新回应说，现有教育体系培养的大学生尚不能很好地满足社会的需求，文凭不等于水平，学历不等于学力，中国迫切需要从"学历社会"向"学力社会"转型，这需要教育做出改革以适应社会发展的需求，才能从根本上解决问题①。

"学力"一词发源于中国，原指个体拥有学问的深厚程度，作为实际教学效果的学力则指学习者在教学过程中所习得的知识、能力和态度的总括，反映了学习者将学科内容进行内化的程度②，一般被视为"通过学校里的学习而获得的能力"或"以学业能力为表征的学力"③。按照联合国教科文组织汉堡教育研究所的主张，"学力"包含"自我教育态度"与"自我教育能力"两个维度。基于此，日本面向21世纪的课程改革把培养学生的"生存能力"作为学力的关键概念④。

以企业内培训著称的日本，为应对工业4.0发展的需求，也为了应对青年长期失业，实施了"学校—职场混合型教育-培训"，通过在学校和企业两个场域的交叉学习促进学校知识和企业技能的无缝对接。新加坡通过学历框架与资历框架的交叉融通与等值互换，弥合学校教育和企业需求之间天生的技能供需差距，在人才培养方向上倡导全民走进未来技能。可见，发达国家为应对技术进步下的结构性失业，均在努力提升"学力"，这已成为通行的做法。

就我国而言，大众对"学历"的尊崇程度相当高。但在"学历"系统内部，又存在等级层次观念。人们对重本、普本与职本差异尚心存芥蒂，对高职（高专）学历和技师资格更区别看待。近来，业界呼吁职业教育注重实际教学效果，关注实践技能需求训练的"学力"教育恰恰能够为学生提供技能相关知识、能力和态度，更能反映学习者将学习内容进行内化的程度，也许更符合需求侧的预期。

正如朱永新所言，我国须从"学历社会"向"学力社会"转型。比起"高学历"教育，经济社会发展更需要"高学力"教育，即以集"多元技能"于一体的"创新能力"培养为人才培养目标，凸显人才的适应性、表现性、技

① 贺佳雯. 朱永新对话曹德旺：办大学，不是追求再多一所大学[EB/OL]. (2021-12-07)[2022-01-03]. http://www.infzm.com/contents/219524.

② 齐宇歆. 从学力观的历史变迁审视"互联网+"时代的学习评价[J]. 远程教育杂志, 2017, 35（2）：43-55.

③ 钟启泉. 日本"学力"概念的演进[J]. 教育发展研究, 2014, 33（8）：23-29.

④ 钟启泉. 学力理论的历史发展[J]. 全球教育展望, 2001（12）：31-38.

能性、职业性、创造性等特征[①]。"学历"只证明过去，"学力"才意味着未来。通常"高学历"人才的创新体现在学术层面，而"高学力"人才的创新发明，则集中在应用、转化以及工作场域创新。从这个意义上讲，"学力"也是创造力。[②]

（二）"学力社会"等价于"技能型社会"

在职业教育框架内辨析"学力社会"与"学历社会"的概念时，《"技能中国行动"实施方案》的印发以及"人人持证、技能社会"全民技能提升工程等带来了新的思考逻辑：对产业工人或更广义的技工培养而言，内化考量的"学力"外显为劳动力的"技能"形成，"学力社会"具象化为"技能型社会"，更适应经济发展需要。

在技能人才培养过程中，过去很长一段时间里，我们通常将职业技能看作是一种个人的能力，看作是由个人的天然禀赋与后天学习共同塑造的体现在个体身上的知识、技能、态度和价值观等心理及动作特征的集合，进而将职业教育质量提升的关键局限于课程与教学，通过微观层面的改革——课堂教学改革、学校制度改革来提高学生的知识和能力。

然而，技能知识学习发生在学校，而技能经验的累积发生在车间。技能知识的学习与技能经验的累积是一个前后连接的紧密序列，只有知识学习的学校和经验累积的实训车间之间有机互动才能促进有效的技能形成。技能的培养与提升，除了依赖于课堂和学校场域，更依赖于工作场域，通常须通过参与社会实践或组建实践共同体来习得技能。

可见，技能不仅以个体为载体，更依赖于超越个体层面的组织、组织间的协作关系以及宏观的制度。因此，个人和组织均为技能的载体，传统的"学历"教育更强调个人载体，而"学力"的提升则更强调组织作为技能的载体，其储存和承载的技能不是单个成员技能的简单加和，而是因具备自身特性而深刻影响着个体层面的技能运用和技能形成。[③]

因此，技能形成不仅是个体教育与培训决策的结果，更是关涉技能形成多元主体行为范式的制度集合的抽象概念，这也决定了技能形成不仅是个体责任，更是上升到国家战略的政府责任，如我国政府推出"技能中国行动"、

---

① 柳心欢. "高学力"教育与"技能型创新人才"培养探究[J]. 职教论坛, 2012(31)：81-83.

② 朱永新. 名家笔谈："学力"就是创造力[N]. 人民日报, 2016-01-06(5).

③ 李俊. 组织、协作关系与制度——从技能形成的不同维度透视职业教育发展[J]. 教育发展研究, 2018, 38(11)：41-47, 60.

《"十四五"职业技能培训规划》就很好地体现了这种责任。

（三）"技能省市"与"技能型社会"的人才培养

我们欣喜地看到，我国的技能人才培养、职业技能开发、职业能力建设等事务均已上升到"现代职业教育高质量发展""技能中国行动"层面。特别是 2021 年以来，人力资源和社会保障部与有关省份签订战略合作协议，均将建设技能省市（技能天津、技能河南、技能浙江、技能辽宁等）作为重要内容，加强部省联动，推动各地加大技能人才工作力度。例如，山西印发《山西省新发展阶段"人人持证、技能社会"建设提质增效工作方案》，按照"14个战略性新兴产业集群"和"农产品精深加工十大产业集群"的需要，培养技术工人、高素质农民，通过全民技能提升推动全省经济高质量、高速度发展[①]，成效显著。

有研究指出，过度教育、知识与知识生产的高度商品化等因素共同催生了文凭主义。以文凭通货膨胀为主要特征的文凭社会里，知识被信息化、数据化进而被符号化，对文凭的追逐一定程度上替代了对知识真理的追求。对技能社会的倡导，一方面意在提醒我们警惕文凭证书泛滥给社会带来的危害，另一方面也试图找到应对知识生产过度异化的出路[②]。因此，"学历社会"须向"学力社会"转型，"技能社会"建设时不我待。

简言之，面向"技能型社会"培养人才：只在个体层面下功夫，不足以促进技能提升；只在课堂层面下功夫，不足以提升技能教学质量；只在院校层面下功夫，不足以提升技能人才培养效率；只在职教领域内部下功夫，不足以满足产业界的技能人才需求。

劳动力的技能提升问题，须放在"技能形成"的范畴内，在建构技能型社会的战略视野下做好制度安排，才能有效推进"技能中国"政策制度体系的建设，从而更准确地理解"技能提升，技能强企、技能激励、技能合作"四大行动框架的内涵。

技工院校工作者身处其间，"如人饮水，冷暖自知"，更应该坚持早就坚守的办学特色，更新不合时宜的办学做法。对内，须"求稳"，始终坚守校企合作办学的基本制度，始终坚守技能提升的基本手段，让技能获得成为

---

① 中共山西省委. 山西省新发展阶段"人人持证、技能社会"建设提质增效工作方案[EB/OL].(2021-12-07)[2022-01-03].http://www.shanxi.gov.cn/zfxxgk/zfxxgkzl/fdzdgknr/lzyj/swygwj/swygwj2/202112/t20211207_5988519.shtml.

② 王星. 走向技能社会: 国家技能形成体系与产业工人技能形成[M]. 北京: 中国工人出版社, 2021.

技能人才的鲜明底色；对外，须"求变"，积极跳出技工教育小范围，放眼职业教育大视野，以"企业客户"的需求变化来及时更新办学思路和教学模式。

三、畅通技术工人成长通道，探索技能人才职业生涯发展体系

技工教育显著的技能特点和就业属性，决定了它是国家人力资源开发系统中以推进就业为宗旨的一种特殊职业教育类型，是国家人力资源开发系统面向基层的一个最庞大的蓄水池，是国家人力资源和社会保障部门推进就业创业的主阵地，是我国实行劳动者终身职业技能培训制度的基础性社会化平台。

技工教育以培养、培训产业工人为己任，是推动经济高质量发展的重要支撑。在计划经济时期，产业工人更多是身份标签。改革开放后，随着劳动人事制度改革，产业工人慢慢成为劳动力市场中的自由职业者，更多是职业标签。王星研究认为，"技工荒"体现在技工数量短缺、技能质量滞后、技能不匹配三个层面。不少劳动者不管是产业工人与否，均觉得车间里的工作都是苦、脏、累的，其对此类工作岗位的兴趣普遍较低，不少人"努力学习技术的目的就是将来不做技术"[①]。该悖论告诉我们，产业工人培养既是一个教育问题，更是一个社会问题。

2017年，中共中央、国务院印发《新时期产业工人队伍建设改革方案》，为加快建设一支高素质的产业工人队伍明确了"路线图""时间表"。因此，技工教育应当紧紧围绕经济社会发展，更加坚定地以服务产业工人队伍建设为己任，更加自觉地融入产业工人技能形成体系和发展制度建设，认清使命、明确定位、完善职能、深化改革，进一步加强在职业教育体系中的鲜明特色和优势，以人为本，关注技能形成中的载体"专业"因素和宝贵的"人"的因素。

（一）围绕职业分类大典，加强技工院校专业内涵建设

产业、行业、专业、职业之间既有密切联系，又有明显区别。产业、行业、职业都是社会分工的产物，是社会生产力不断发展的必然结果。在技工院校发展和技工培养方面，尤其要注意基于专业的各种关系考量。

吕景泉提出"五业联动"，即职业院校以就业为导向，以职业能力为本位，在专业建设方面与产业、行业、企业、职业等要素密切联系，通过整合资源，相互对接、协同联动，将专业建设的各项内容落实到教学与实训的各

---

① 王星. 走向技能社会: 国家技能形成体系与产业工人技能形成[M]. 北京: 中国工人出版社, 2021.

个环节，从而实现办学结构和效能优化的一种办学模式。其认为通过专业建设与五业对接和联动，职业院校不仅优化了办学结构，而且逐步建立和发展出一系列有效的协同与合作运行机制。从效果看，五业联动促进了职业教育适应产业升级与新兴职业需求。^①这种思路，为我们认知技工培养的"入口""过程""出口"等三关提供了基本逻辑框架参考。

抽象来看，产业、行业、职业的不同之处是它们在国民经济领域中，从着眼点的层次上是由高到低、概念上涉及的范围是由大到小。产业的着眼点是生产力布局的宏观领域，体现的是以产业为单位的生产力布局的社会分工，产业由行业组成。行业的着眼点是企业或组织生产产品的微观领域，体现的是以行业为单位的产品生产上的社会分工，行业由企业或组织组成。职业的着眼点是组织内工作人员的具体工种，体现的是以人为单位的劳动技能上的社会分工，职业是由人的劳动技能组成的。

一种职业包括一个或几个工种，一个工种又包括多个岗位，有时岗位等同于职位。职业与工种、岗位之间是一种包含和被包含的关系。工作是指在一个岗位上做出一系列活动，侧重点是任务和职责。职业则由相似工作所组成，不同的岗位可以有相同的工作。在这几个概念之中稳定性最高的是职业，其次是工种。职业同时也是抽象程度最高的概念，与个体距离较远，在历史长河中逐渐发展起来。工作则是一系列活动，是几个概念之中稳定性最低的，也是最微观的概念，因而也是研究职业分类最基本的起点。

为了管理千百种职业，我国建立了职业分类管理制度，作为科学开发和利用人力资源的一项重要的基础性工作，并编制职业分类大典。它的实施不仅有利于我国人口、就业统计的规范合理，有利于我国职业划分的标准和国际接轨，而且对于开展职业教育、职业技能鉴定，提高劳动者素质以及职业介绍、就业指导和促进生产技术发展等都具有十分重要的意义。

截至目前，我国先后有三个版本的《中华人民共和国职业分类大典》（简称《大典》），即 1999 年版、2015 年版、2022 年版。2015 年版在 1999 年版的基础上，将职业分类体系修订为 8 个大类、75 个中类、434 个小类、1481 个职业，并列出了 2670 个工种，标注了 127 个绿色职业。与 1999 年版《大典》（含 2005 年版、2006 年版、2007 年版增补本）相比，2015 年版《大典》维持 8 个大类不变，增加了 9 个中类和 21 个小类，减少了 205 个职业，取消了 342 个"其他"余类职业（表 4-4）。

---

① 吕景泉. 五业联动——职业教育科学发展的新途径[J]. 中国职业技术教育, 2018(10): 30-36.

表 4-4 《大典》1999 年版与 2015 年版职业分类体系对比表

1999 年版《大典》				2015 年版《大典》			
大类	中类	小类	细类（职业）	大类	中类	小类	细类（职业）
第一大类国家机关、党群组织、企业、事业单位负责人	5	16	25	第一大类党的机关、国家机关、群众团体和社会组织、企事业单位负责人	6	15	23
第二大类专业技术人员	14	115	440	第二大类专业技术人员	11	120	451
第三大类办事人员和有关人员	4	12	53	第三大类办事人员和有关人员	3	9	25
第四大类商业、服务业人员	8	43	197	第四大类社会生产服务和生活服务人员	15	93	278
第五大类农、林、牧、渔、水利业生产人员	6	30	135	第五大类农、林、牧、渔业生产及辅助人员	6	24	52
第六大类生产、运输设备操作人员及有关人员	27	195	1176	第六大类生产制造及有关人员	32	171	650
第七大类军人	1	1	1	第七大类军人	1	1	1
第八大类不便分类的其他从业人员	1	1	1	第八大类不便分类的其他从业人员	1	1	1
合计	66	413	2028	合计	75	434	1481

2022 年版对比 2015 年版，则优化调整了部分归类，围绕建设制造强国、数字中国，以及发展绿色经济和依法治国等要求，专门增设或调整了相关中类、小类和细类（职业）。与 2015 年版《大典》相比，中类新增 5 个，取消 1 个，净增 4 个；小类新增 21 个，取消 5 个，净增 16 个；细类（职业）新增 168 个，取消 10 个，净增 158 个；工种新增 377 个，取消 80 个，净增 297 个。据此，2022 年版《大典》职业分类为 8 个大类、79 个中类、450 个小类、1639 个细类（职业）和 2967 个工种（表 4-5）。

表 4-5 《大典》2015 年版与 2022 年版职业分类体系对比表

2015 年版《大典》					2022 年版《大典》				
大类	中类	小类	细类（职业）	工种	大类	中类	小类	细类（职业）	工种
第一大类党的机关、国家机关、群众团体和社会组织、企事业单位负责人	6	15	23		第一大类党的机关、国家机关、群众团体和社会组织、企事业单位负责人	6	16	25	

2015 年版《大典》					2022 年版《大典》				
大类	中类	小类	细类（职业）	工种	大类	中类	小类	细类（职业）	工种
第二大类专业技术人员	11	120	451		第二大类专业技术人员	11	125	492	
第三大类办事人员和有关人员	3	9	25	15	第三大类办事人员和有关人员	4	12	36	24
第四大类社会生产服务和生活服务人员	15	93	278	338	第四大类社会生产服务和生活服务人员	15	96	356	460
第五大类农、林、牧、渔业生产及辅助人员	6	24	52	138	第五大类农、林、牧、渔业生产及辅助人员	6	24	54	150
第六大类生产制造及有关人员	32	171	650	2179	第六大类生产制造及有关人员	32	172	671	2333
第七大类军人	1	1	1		第七大类军队人员	4	4	4	
第八大类不便分类的其他从业人员	1	1	1		第八大类不便分类的其他从业人员	1	1	1	
合计	75	434	1481	2670	合计	79	450	1639	2967

2022 年版《大典》的一个亮点，就是首次标注了数字职业（标注为 S），合计 97 个。标注数字职业是我国职业分类的重大创新，有利于推动数字经济的发展，有利于加速数字技术创新，有利于数字人才队伍建设，有利于提升全民数字素养和技能。2022 年版《大典》沿用 2015 年版《大典》的做法，标注了绿色职业 133 个（标注为 L）。2022 年版《大典》中，既是绿色职业又是数字职业的有 23 个（标注为 L/S）。

面向未来，从将专业作为技工培养的核心载体来讲，要特别注意和国家职业分类的关系衔接。

第一，要关注职业分类变化，优化技工教育专业目录。每一次《大典》的修订，都有不小的变化。2022 年版《大典》充分适应和反映了近年来经济结构特别是产业结构变化，适应和反映了社会结构特别是人口、就业结构变化。调整后 2022 年版《大典》职业分类为 8 个大类，共计 1639 个职业。有 30 多个中类进行调整，有 100 余个小类进行调整，近 700 多个职业进行调整，有的是职业名称变了，有的是编码变化，有的是定义变化，更多实际上是工作任务发生了变化。

2021 年，教育部印发《职业教育专业目录（2021 年）》，统一采用专业大类、专业类、专业三级分类，一体化设计中等职业教育、高等职业教育专科、高等职业教育本科不同层次专业，共设置 19 个专业大类、97 个专业类、1349 个专业，其中中职专业 358 个、高职专科专业 744 个、高职本科专业 247 个。与中职专业目录（2010 年）及近年增补专业相比，中职保留 171 个，调整（含新增、更名、合并、撤销、归属调整、拆分）225 个，调整幅度 61.1%；高职专科较高职（专科）专业目录（2015 年）及历年增补专业，保留 414 个，调整 439 个，调整幅度 56.4%；高职本科较试点专业清单保留 39 个，调整 208 个，调整幅度 260%[①]。

与教育口专业目录略有不同的是，技工院校专业目录的分类逻辑更细，与职业工种更接近，而中高职专业目录与学科分类更接近。因此，从专业内涵上讲，技工院校的专业内涵略窄，尤其是前些年部分专业的名称几乎等同于某工种，每次修订变动不大，体现了一定的稳定性，实际上是衔接较好的缘故。宽窄的优劣，尚无定论。

2022 年 12 月，人力资源和社会保障部颁布《全国技工院校专业目录（2022 年修订）》。该目录依据《中华人民共和国职业分类大典（2022 年版）》《国家职业资格目录（2021 年版）》等，对专业对应职业（工种）、职业资格（职业技能等级）等内容进行了全面调整，涵盖了 15 个专业大类，330 个专业。特别是，根据《中华人民共和国职业分类大典（2022 年版）》，对全部专业对应（相关）的职业（工种）进行了全面修订，成为一大特色。如表 4-6 所示，机械类代码 0101—0110 的专业对应的职业（工种）或职业资格（职业技能等级）都非常清晰，有利于梳理"专业—职业"的对应关系，进而开展针对性教学和对口就业指导。

表 4-6　技工院校专业与职业对应案例

专业编码	专业名称	对应或相关职业（工种）	职业资格（职业技能等级）
0101	机床切削加工（车工）	车工（6-18-01-01）	车工（普通车床）
0102	机床切削加工（铣工）	铣工（6-18-01-02）	铣工（普通铣床）
0103	机床切削加工（磨工）	磨工（6-18-01-04）	磨工
0104	铸造成型	铸造工（6-18-02-01）	铸造工
0105	锻造成型	锻造工（6-18-02-02）	锻造工

---

① 今年起职业院校按19个专业大类招生，专家解读《职业教育专业目录（2021 年）》[EB/OL].(2021-03-22)[2022-09-24]. https://mp.weixin.qq.com/s/j5EdgaGlqAfRSqgXi0I7YA.

续表

专业编码	专业名称	对应或相关职业（工种）	职业资格（职业技能等级）
0106	数控加工（数控车工）	车工（6-18-01-01）	车工（数控车床）
0107	数控加工（数控铣工）	铣工（6-18-01-02）	铣工（数控铣床）
0108	数控加工（加工中心操作工）	多工序数控机床操作调整工（6-18-01-07）、加工中心操作工（6-18-01-07）、铣工（6-18-01-02）	多工序数控机床操作调整工
0109	数控机床装配与维修	机床装调维修工（6-20-03-01）、数控机床装调维修工（6-20-03-01）、机修钳工（6-31-01-02）、电工（6-31-01-03）	机床装调维修工
0110	数控编程	车工（6-18-01-01）、铣工（6-18-01-02）、多工序数控机床操作调整工（6-18-01-07）	车工（数控车床）、铣工（数控铣床）、多工序数控机床操作调整工

第二，要关注新职业和数字职业，调整技工院校专业设置。2022年《大典》的修订，共计新增168个职业，取消10个职业，净增158个职业，标注了97个数字职业。数字职业是从数字产业化和产业数字化两个视角，围绕数字语言表达、数字信息传输、数字内容生产三个维度及相关指标综合论证得出。它将有利于推动数字经济的发展，有利于加速数字技术创新，有利于数字人才队伍建设，有利于提升全民职业素养和技能[①]。

近年来，新业态、新职业层出不穷，我国新职业已经遍及数据库、机器人、制造工程、数据安全、数字孪生、农业数字化等多个数字经济细分领域。新产品、新业态、新商业模式的出现呼唤新技能，催生职业教育新亮点。当前，新零售、互联网医疗、在线直播、智慧供应链、智能化的生产制造以及数字化的社区管理展现在人们面前。这些新产业、新业态的背后，是数字技术的支撑和对产业应用型人才的巨大需求。未来，围绕数字技术应用、视商产业、智慧医疗、智慧供应链、智能建筑等领域的应用型、技能型人才培养将成为新亮点。

对于社会需求的出现，技工院校反应往往最快。为此，各技工院校应密切关注新职业的变化，在充分考虑区域产业发展需求的基础上，结合学校办学实际，进行新专业设置必要性和可行性论证，尽可能开设对接新职业，服务产业新业态、新模式的相关专业。新专业设置以后，要考虑学校的教学活动应该怎样与之配合开展，评价体系应该如何及时跟进等，并做好培养目标、

① 邱玥. 新修订国家职业分类大典公示：首次标注数字职业[N]. 光明日报，2022-07-14(10).

培养层次、对应职业或工种、职业资格（职业技能等级）的对应关系调整，促使专业设置更加适应职业动态变化。

第三，要关注后疫情时代职业结构变迁，充实技工院校专业内涵。所谓后疫情时代，并不是疫情完全消失、一切恢复如前的状况，而是疫情时起时伏，随时都可能小规模暴发，而且迁延较长时间，对各方面都产生深远影响的时代。就像一个人大病初愈，不可能还像没病之前一模一样，而是发生了很多生理、心理乃至行为方面的改变。简单来说，就是我们不可能再回到从前，教育界尤其如此[①]。

2020 年 3 月，经济合作与发展组织在全球范围调研了教育系统如何应对疫情以及大规模在线教育面临的挑战情况。研究发现：数字鸿沟正在加剧教育的不公平；教师的角色不会被人工智能替代，相反，疫情下凸显了学校的社会功能并对教师期待提出了更高的要求；学生的信息素养和情感教育也是当下全球教育体系普遍关注的议题。[②]

疫情期间，产业链、供应链受到疫情冲击，加上技术进步、商业模式变更、消费升级和劳动力成本上升等因素，导致职业结构变迁。具体表现为：技术进步影响数码相机、书刊印刷、有线电视、白炽灯等行业；传统百货、零售、餐饮、影院等行业受到在线平台冲击，自媒体和新媒体给传统媒体带来影响；消费者在衣食住行等方面提出更高要求，不能满足消费者更高消费需求的行业，如碳酸饮料行业将趋于衰退；服装和鞋类、电子产品、塑料制造以及玩具生产等劳动密集型行业为降低用工成本而进行行业迁徙。不少曾经大热的行业都骤然变冷，裁员、负债、破产，不少从事简单、机械、重复劳动的岗位被自动化大量取代。

虽然不少传统行业受到较大影响，但以大数据、人工智能等数字技术为支撑的新产业、新业态得到快速发展，使产业结构、生产方式发生较大变化，不断培育出新的就业机会。在线教育、互联网医疗、线上办公、产业平台化发展、传统企业数字化转型、虚拟产业园和产业集群、"无人经济"等新业态、新模式发展，预计带动上千万人就业，为技能人才培养带来新机遇。同时，在后疫情时代，技能人才可能急需的若干职业软技能，如适应性与灵活性、技术精通、创造与创新、数据素养、批判性思维、数码与编程技能、领

① 王竹立. 后疫情时代, 教育应如何转型?[J]. 电化教育研究, 2020, 41（4）: 13-20.

② 徐瑾劼. 新冠肺炎疫情下全球教育体系的应对与在线教育的挑战——基于 OECD 全球调研结果的发现与反思[J]. 比较教育研究, 2020, 42（6）: 3-10.

导力、情商，让就业者能更好地适应职场变化。此外，技能人才应具备跨专业能力以适应制造业生产方式的转变，对技能人才培养提出了更高要求。

为此，进入后疫情时代，技工院校线上教学对学校教育的影响会持续下去，"双线"（线上+线下）混合教学将成为未来学校在教学上的基本形态。课堂教学从"面对面"变成了"屏对屏"，知识获取方式和传输方式、"教"和"学"都发生了明显变化，学校教育形态呈现出全新的状态。同时，线下技能操作培训便于能力习得，在线教育痛点在于难以实现与线下技能培训同等的培训效果，传统的技工院校教学方式受到极大冲击。因此，技工院校专业内涵既要考虑疫情带来的客观影响，也要考虑更新专业内涵，培养学生技能与岗位技能的精准对接，从而加快技能人才充分就业、稳定就业，将就业优势打造为技工教育持久品牌。

（二）围绕"新八级工"等级制度，加强技能人才职业贯通发展

彭振宇指出，我国职业资格证书制度经历了八级工制度、工人技术等级考核制度、职业资格证书制度、国家职业资格目录制度、职业技能等级制度等五个发展阶段。[①]新时代、新阶段的技能人才评价制度体系先后经历了多次清理整顿、建立国家职业资格目录、建立并推行职业技能等级制度、推动高技能人才与专业技术人才职业发展贯通等不同发展节点，技能人才评价制度改革取得突破性进展。

特别是《国家职业资格目录（2021年版）》发布后，技能人员职业资格方面主要体现为"两退一进"：水平评价类技能人员职业资格退出国家职业资格目录，人力资源和社会保障部门退出技能人员职业资格具体实施工作，涉及人员资格的行政许可事项作为准入类技能人员职业资格纳入目录[②]。为做好水平评价类技能人员职业资格退出目录衔接工作，人力资源和社会保障部门大力推行职业技能等级认定，完善职业技能等级制度。职业技能等级认定由用人单位和社会培训评价组织两类主体按照有关规定开展。

伴随着制度转型，人力资源和社会保障部制定了《职业技能等级认定工作规程（试行）》以及《技能人才评价质量督导工作规程（试行）》等一系列文件，从而保障了新旧制度的有序衔接过渡。2022年3月，《人力资源社

① 彭振宇. 我国职业资格证书制度的历史回溯及述评[J]. 中国职业技术教育，2021（19）：29-36, 81.

② 权威解读《国家职业资格目录（2021年版）》[EB/OL]. (2021-12-02)[2022-09-25]. https://mp.weixin.qq.com/s/d7vXAW1MrSYy-Rhff0gYaQ.

会保障部关于健全完善新时代技能人才职业技能等级制度的意见（试行）》（人社部发〔2022〕14 号）将原有的"五级"技能等级延伸为"八级"，形成由学徒工、初级工、中级工、高级工、技师、高级技师、特级技师、首席技师构成的职业技能等级（岗位）序列，即所谓"新八级"。

"新八级"是相对于"老八级"而言的，"老八级"实际上是中国企业工人实行的一种工资等级制度，由"工资等级表"、"工资标准"（工资率）、"技术标准"三部分组成，最高等级可以到八级。这个制度的独特之处在于，工人的技术等级与工人工资收入直接挂钩，八级工对应的是八级工资制，"八级工"成为顶级工匠的代名词。每一个八级工都身怀绝技，是各大企业的镇厂之宝。在当时工资待遇普遍偏低的社会时代背景下，八级工的工资待遇和社会地位超过了同时代很多具有行政职务的领导，是许多工人一辈子追求的梦想。

在国家职业资格证书制度实施阶段，我国技能人才和技术工人的职业发展评价是"五级"，即初级工、中级工、高级工、技师、高级技师。技师学院主要通过学制培养高级工和预备技师，通过培训培养高级工、技师、高级技师，即操作定义中的高技能人才，且将其作为主要立足依据。教育口的诸多学校，也积极参与实施了国家职业资格证书制度。

对于职业院校（不含技工学校），2019 年 4 月教育部会同国家发展和改革委员会、财政部、国家市场监督管理总局制定了《关于在院校实施"学历证书+若干职业技能等级证书"制度试点方案》，启动"学历证书+若干职业技能等级证书"（简称 1+X 证书）制度试点工作，试点院校以高等职业学校、中等职业学校（不含技工学校）为主，本科层次职业教育试点学校、应用型本科高校及国家开放大学等积极参与。

对于技工院校，根据《人力资源社会保障部办公厅关于做好水平评价类技能人员职业资格退出目录有关工作的通知》（人社厅发〔2020〕80 号）要求，对按技能人才职业资格证书培养计划招生的职业院校（含技工院校），或企业招收的企业新型学徒，要支持其执行培养培训计划，保证政策不断线，帮助学生（学员）毕结业时能够取得相应职业资格证书或职业技能等级证书。

随后《人力资源社会保障部关于健全完善新时代技能人才职业技能等级制度的意见（试行）》（人社部发〔2022〕14 号）要求指导技工院校全面开展职业技能等级认定，即促进技工院校教学与企业用人需求紧密结合，推行工学一体化技能人才培养模式，加强专业设置与产业需求对接、课程内容与职业标准对接、教学过程与工作过程对接，积极为学生提供职业技能等级认定服务。

如此局面，在"新八级"时期，技工院校特别是技师学院的发展空间何在？值得深思。事实上，"新八级"职业技能等级序列，更多意义体现在畅通技能人才成长通道上，都是进一步提升企业人才选用效率、完善技能劳动者职业发展通道，以及推动职业教育与生产实践"无缝衔接"的有效手段，其影响力有待用人市场检验，而不能简单类比于"老八级"或"原五级"。

对于以培养技术工人为己任的技工院校来说，影响最大的还是技师学院，可能的发展趋势和建议如下。

第一，积极探索培养学制技师。大部分技师学院还在培养预备技师，少数技师学院探索培养学制技师和高级技师，在学历问题尚未解决的背景下，这已是最优选择。至少在很长一段时间内，很难探索学制培养特级技师、首席技师，或者说技师学院不具备培养特级技师、首席技师的条件和环境。因此，在学制技师或高级技师培养方面，一定要探索校企"双主体"育人机制，通过"工学交替、校企双师"联合培养，共同完成技师乃至更高层次技能人才培养和评价，实现岗位培养、岗位成才、三方共赢。

第二，积极践行终身职业技能培训制度。《"技能中国行动"实施方案》提出建立健全覆盖城乡全体劳动者、贯穿劳动者学习工作终身、适应就业创业和人才成长需要以及高质量发展需求的终身职业技能培训制度。技师学院要深入实施职业技能提升行动和重点群体专项职业培训计划，通过校企双师带徒、工学交替，培养适合企业发展和岗位需要的高技能人才。广泛开展新业态、新模式从业人员技能培训，有效提高培训质量。落实技工院校实施学制教育和职业培训并举的法定职责，拓展公共实训、技能竞赛、师资研修、就业服务等功能，通过与企业共建技能大师工作室、组织技师研修交流、校企联合开展科技攻关和技术革新项目等方式合作培养培训高技能人才。聚焦新产业、新技术、新职业发展方向，开展企业技师培养培训，为技能人才成长提供全方位多层次服务。

第三，积极拓展职业技能等级认定功能。随后《人力资源社会保障部关于健全完善新时代技能人才职业技能等级制度的意见（试行）》（人社部发〔2022〕14 号）要求指导技工院校全面开展职业技能等级认定，同时支持技工院校依托合作企业为学生提供职业技能等级认定服务。加大将技工院校培育为社会评价组织力度，面向各类就业群体提供职业技能等级认定服务。可见，对自有学生和对社会公众提供职业技能等级认定服务，是技工院校特别是技师学院的重要职能转型。如果技师学院能联合企业，成为技师、高级技师、特级技师、首席技师等层面的职业技能等级认定服务场所，势必会让技师学院增色不少，成为职业培训的佼佼者，从而占据职业培训的高端市场。

第四，积极促进职业技能人才职业生涯发展。在促进技能人才成长领域，政府在极力从纵向打破"天花板""隐形门"，形成技能人才的纵向职业技能等级阶梯，探索拓展技能人才"新八级"职业技能等级制度；横向是技能人才和专业技术人才等相应的人才可以贯通发展，2018年11月，人力资源和社会保障部印发《人力资源社会保障部关于在工程技术领域实现高技能人才与工程技术人才职业发展贯通的意见（试行）》（人社部发〔2018〕74号），在工程技术领域支持高技能人才参加职称评审。2020年12月，进一步印发了《人力资源社会保障部关于进一步加强高技能人才与专业技术人才职业发展贯通的实施意见》，以支持高技能人才参加工程系列职称评审为工作重点，将贯通领域扩大为工程、农业、工艺美术、文物博物、实验技术、艺术、体育、技工院校教师等职称系列。文件发布后取得良好的社会反响。广东省人社厅率先选择机电、轻工、食品、电力等4个专业领域先行开展高技能人才申报工程技术职称试点。山东省突破性地规定，获得企业特级技师证书并聘用到特级技师岗位的高级技师，可申报评审相应专业的正高级工程师。技师学院当以此为契机，积极推动高技能人才与专业技术人才职业发展贯通。同时，在人才培养层次中做好各级学员的职业生涯规划和职业指导工作，促使其明了各种生涯发展路径的必要性和可行性，让技能成才、人人出彩成为现实可能。

在实践中守正创新，才能不断超越自己；在开放中博采众长，才能不断发展完善。不忘本来，技师学院须回头梳理自身发展历程；吸收外来，技师学院须积极与高职院校在竞争合作中跨界发展；面向未来，技师学院须置身于新时代大格局下，和诸多一流职业院校一样，为职业教育高质量发展贡献精彩。

附　　录
江苏省技工院校毕业证书填写示例^①

一、技师学院毕业证书填写示例

（一）技师学院预备技师班毕业

学生：李明，性别：男，出生于 1991 年 5 月 8 日。于 2008 年 9 月至 2010 年 7 月在本校预备技师班数控加工专业学习，修业 2 年，完成教学计划规定的全部课程，成绩合格，准予毕业。

（二）技师学院高级技工班毕业

学生：李明，性别：男，出生于 1991 年 5 月 8 日。于 2008 年 9 月至 2010 年 7 月在本校高级技工班数控加工专业学习，修业 2 年，完成教学计划规定的全部课程，成绩合格，准予毕业。

（三）技师学院中级技工班毕业

学生：李明，性别：男，出生于 1991 年 5 月 8 日。于 2007 年 9 月至 2010 年 7 月在本校高级技工班数控加工专业学习，修业 3 年，完成教学计划规定的全部课程，成绩合格，准予毕业。

二、高级技工学校毕业证书填写示例

（一）高级技工学校高级技工班毕业

学生：李明，性别：男，出生于 1991 年 5 月 8 日。于 2008 年 9 月至 2010 年 7 月在本校高级技工班数控加工专业学习，修业 2 年，完成教学计划规定的全部课程，成绩合格，准予毕业。

---

① 资料来源：《省人力资源社会保障厅办公室关于加强全省技工院校毕业证书打印发放等管理工作的通知》（苏人社办〔2018〕10 号）。

（二）高级技工学校中级技工班毕业

　　学生：李明，性别：男，出生于 1991 年 5 月 8 日。于 2008 年 9 月至 2010 年 7 月在本校中级技工班数控加工专业学习，修业 3 年，完成教学计划规定的全部课程，成绩合格，准予毕业。

三、技工学校毕业证书填写示例

　　学生：李明，性别：男，出生于 1991 年 5 月 8 日。于 2008 年 9 月至 2010 年 7 月在本校数控加工专业学习，修业 3 年，完成教学计划规定的全部课程，成绩合格，准予毕业。

四、高级技工学校预备技师班毕业证书填写示例

　　学生：李明，性别：男，出生于 1991 年 5 月 8 日。于 2008 年 9 月至 2010 年 7 月在本校预备技师班数控加工专业学习，修业 2 年，完成教学计划规定的全部课程，成绩合格，准予毕业。

五、技工学校高级技工班毕业证书填写示例

　　学生：李明，性别：男，出生于 1991 年 5 月 8 日。于 2008 年 9 月至 2010 年 7 月在本校高级技工班数控加工专业学习，修业 2 年，完成教学计划规定的全部课程，成绩合格，准予毕业。

　　技工院校毕业证书按照学校办学层次予以发放，普通技工学校毕业生领取"技工学校毕业证书"，高级技工学校毕业生领取"高级技工学校毕业证书"，技师学院毕业生领取"技师学院毕业证书"。经省人力资源和社会保障厅批准，国家重点技工学校试办的高级技工班毕业生，使用"技工学校毕业证书"，其毕业证书写明"在本校高级技工班××专业学习"。高级技工学校试办的预备技师班毕业生，使用"高级技工学校毕业证书"，其毕业证书写明"在本校预备技师班××专业学习"。各设区市人力资源和社会保障部门与技工院校应在信息系统内，认真核实学校办学名称和办学层次，对于学校名称和办学层次发生改变的，要按照主管部门最新批准的学校名称和办学层次确定毕业证书的相应编号并在信息系统内进行变更。

后 记

2022 年 10 月上旬，中共中央办公厅、国务院办公厅印发的《关于加强新时代高技能人才队伍建设的意见》指出，要加强高级工及以上高技能人才队伍建设。这对巩固和发展工人阶级先进性、增强国家核心竞争力和科技创新能力、缓解就业结构性矛盾、推动高质量发展，具有重要意义。随后在 2022 年 10 月 18 日《人民日报》头版以《"既是最难的，也是最伟大的"（微镜头·习近平总书记参加党的二十大广西代表团讨论）》为题，报道了习近平总书记与柳州技术工人郑志明代表的对话。习近平总书记说："我们的现代化既是最难的，也是最伟大的。从这个角度看，紧紧依靠工人阶级是必不可少的，工人阶级代表先进生产力。""工人阶级也要不断提高自己的素质和觉悟。过去码头都是人拉肩扛，现在是智能化操作集装箱。要重视发展职业技术教育。不能瞧不起产业工人，一定要看实际贡献！我们这些年一步一个脚印，真正在添砖加瓦建设中国特色社会主义现代化强国大厦的人，他们都是值得我们尊敬的。而且我们要思考和研究怎么去培养他们、发挥他们的作用，这个才是重要的。"

党的二十大报告首次把教育、科技、人才"三位一体"统筹安排、一体部署，并摆放在"全面建设社会主义现代化国家的首要任务"即"高质量发展"之后的突出位置上，极具战略意义。这也表明，当前我们正处于中华民族实现伟大复兴的战略机遇期，也是各类人才建功立业和大展宏图的绝好时期；职业教育获得了绝佳的发展机遇，并呈现出定位类型化、办学多样化、体系融通化、制度系统化、合作纵深化、责任下移、高质量为重的新特点和新局面；技能人才成为支撑中国制造、中国创造的重要力量，技能人才培养能为国家强大和民族复兴提供强大的精神动力和智力支持。新时代的教育工作者、教育研究者，要积极贯彻落实"思考和研究怎么去培养他们、发挥他们的作用"的指示精神，不仅要埋头苦干，更要抬头看清党和国家为教育事业指明的发展道路，将党和国家的激励和支持，化为干事创业的劲头。

技工教育在产业工人素质提升方面具有传统优势，是伴随我国工业化进程、以培养技术工人为目标的教育类型。技师学院是优化技工教育结构和培育大国工匠、能工巧匠的重要载体，重点培养技师、预备技师、高级工等高技能人才。探讨技工教育和高等教育融合发展，描述、解读技师学院发展历程，引导更多同仁读懂并认同技师学院在职业教育"生态雨林"构建中的重要价值，针对现实疑难提出建设性意见，不但具有重大现实意义，而且具有重要的理论价值。

中国技工院校的办学规模尽管不可小觑，但并没有得到研究者的充分关注，这个领域的高水平学术成果非常稀缺。这种尴尬状况的产生，至少根源于两大原因。其一，职业教育研究数量远远少于普通教育研究，在大教育研究中，职业教育研究属于弱势领域；其二，在职业教育研究队伍中，以教育部主管的职业教育体系（包括中职、专科层次的高职、职业本科、专业学位研究生教育）为对象的研究者，远远多于以技工院校、技工教育为对象的研究者。这些使得技工教育研究偏居一隅，鲜有学术发声，得不到应有的理解和尊重。

职教之学，其实源出一家——中国现代意义上的中、高等职业学校和技工学校都奉福建船政学堂为其本源；只是在后续发展过程中，隶属于教育系统的职业教育与隶属于人力资源和社会保障部系统的技工教育因历史原因而"花开两朵、各表一枝"而已。技工院校因其管理体制、资历框架、术语名词、层次分级有所不同，故而未能与职业院校及时同频共振，进而美美与共。技师学院因其定位、属性、特色的归纳提炼、舆论宣传、组织赋能不足，虽有功而名难见于经传。

考虑到技工教育与职业教育的基本规律具有一致性，基于技师学院具有高等教育属性的理论假设，特别是在"根据高等职业学校设置制度规定，将符合条件的技师学院纳入高等职业学校序列"等政策法规的引导下，本书作者团队力争探赜索隐，尝试将若干浅见薄识汇聚成册，期待能起到厘清源头、讲明事理、批判偏激的初步功效。回顾本书成稿之路，并将它置于当今学术界的研究洪流之中，我们自觉本书具有如下四个特点。

第一，这是一本集腋成裘之作。知所从来，识其本来，方可思所将来。技工学校最初诞生于国防军工企业，技工在兵器生产、机械加工等行业中具有从业人数少、技术含量高、可替换性低、保密性强、宣传推广不足等特点。因此，文献资料收集起来比较困难，尤其是早期的技工教育史料特别匮乏。没有历史积淀和文献分析，技师学院研究可能成为无源之水。所以，本书集腋成裘，尽可能发掘史料、保留原貌并加以引注，使其成为文献集成的基础性的读物，期待后来人拾级而上，继续新的研究。

第二，这是一本求同存异之作。学问之道，各崇所见，当仁不让。无论是在职业教育理论界，还是在职业院校办学实践中，大家对技工教育的认识是不统一的，甚至可以说是撕裂的。合流、并流、平行流？众说纷纭，莫衷一是。基于"存在即合理"的假设，我们认为任何事物存在或发生都是有原因的。本书试图去还原、解释或预测，终究觉得：技工教育的单列，有历史缘故，也有现实考量；技师学院的高等职业培训属性强，而高等职业学校教育属性弱，是一个不争的事实。本书求同存异，各方观点均有吸收，虽未形成一家之言，但采百家之长痕迹尚在。

第三，这是一本擂鼓助威之作。"王于兴师，修我甲兵。与子偕行！"术业有专攻，隔行大不同，我们不是亲自办学者，只能做些摇旗呐喊、擂鼓助威、鼓舞士气的工作。全面建设社会主义现代化国家新征程已经开启，党和国家高度重视技工教育，经济社会发展对高素质技能人才具有广泛需求，为技工教育发展提供了良好机遇和广阔空间。《关于加强新时代高技能人才队伍建设的意见》指出，到"十四五"时期末，技能人才占就业人员的比例达到 30%以上，高技能人才占技能人才的比例达到 1/3，东部省份高技能人才占技能人才的比例达到 35%。力争到 2035 年，技能人才规模持续壮大、素质大幅提高，高技能人才数量、结构与基本实现社会主义现代化的要求相适应。技师学院应努力在大有可为的新时代大有作为，我们期待并相信技师学院在不久的将来，真正办成为技能人才成长提供全方位多层次服务的高等职业学校。

第四，这是一部如切如磋之作。在写作过程中，两位作者各展所长、力争协同创新。陈伟侧重学理解析、逻辑建构，李兴军则侧重原貌呈现、迂回解说。这些学术活动，不定时地在华南师范大学、广州大学城等处即兴开展。持续不断地交流、研讨，与时俱进地分享、写作，最终形成了这部尽管粗糙但在一定程度上可能填补某些研究空白的著作。

本书的写作分工是：陈伟负责第二章、第三章，李兴军负责第一章、第四章；陈伟、李兴军共同撰写绪论。两人共同研讨、商定写作提纲，一起讨论确定研究方法和表达逻辑，并交互审稿、互相补充相关资料，一起探究其中某些具有创新性的学术观点。广东机电职业技术学院的李姿参与了本研究的前期工作。

本书的前期调查研究完成于 2016—2020 年，一稿成于 2021 年春，二稿成于 2022 年春，最终于 2023 年冬完成全书定稿。定稿前后，襄阳技师学院、湖北三峡技师学院、深圳技师学院等 10 余所技师学院纳入高等职业学校序列，转设为专科层次的职业技术学院，为技师学院的改革探索提供了新的案例、为学术界的理论讨论提供了新的素材。显然，技师学院转设为高职院校，最直接的变化就是具备了颁发专科学历证书的资格，有助于技师学院走出"非学历困境"。从技师学院转设为高职院校，意味着办学层次提升到高等职业教育层次，将极大提升学校的竞争力和吸引力。但技师学院纳入高等学校序列后，该如何发展？是转型为高职院校办学模式，还是要保持自身办学定位和特色？这些问题，仍待学术界继续探索。

　　本书的撰写和顺利出版，要特别感谢技工教育管理部门的政策激励和精心呵护、技工教育实践者的持续探索和中国特色创新，他们的发展智慧、他们创造的成果让技师学院的特色得以被看见；要特别感谢技工教育研究的前辈和同行们，他们留下的珍贵文献给我们铺就了来时的路，让技师学院的理论研究价值得以体现；还要衷心感谢科学出版社华南分社的编辑，他们的伯乐慧眼和专业水准，保证了本书的顺利出版。

　　本书的研究，得到了国家社会科学基金"十四五"规划 2021 年度教育学一般课题"高等教育促进产教融合型城市建设的机制创新研究"（BIA210157）的资助；本书的出版，得到惠州学院学术出版专项资助、广东技术师范大学优秀学术著作出版基金资助。

　　探路者，最先遇到风景；攀登者，最早饱览日出。有关技工教育的学术研究，注定是孤独的。奔流不息的珠江口，江海在这里交汇，工业在这里腾飞，思潮在这里交锋，感恩遇见。技工教育往昔已展千重锦、技师学院明朝更进百尺竿。祈望有越来越多的学者关注这类学术论题，为助力中国式现代化、培养更多高技能人才而深度探究、全面梳理富有中国特色的技工教育发展规律。

　　物之初生，其形必丑。由于技师学院的学理探究尚不多见、学术积累较为薄弱，研究资料零星散落、诸多资料尚难获取，也由于本书作者的学术能力有限，认识可能尚欠周全深入，本书部分观点可能还有待进一步斟酌、探讨。若有不当之处，敬请学界同行批评指正。

陈　伟　李兴军